大国兵略

——新型陆权、陆战和陆军论略

窦国庆 著

群众出版社
·北京·

图书在版编目（CIP）数据
大国兵略：新型陆权、陆战和陆军论略 / 窦国庆著.
-- 北京 : 群众出版社，2019.1
ISBN 978-7-5014-5865-3
Ⅰ. ①大… Ⅱ. ①窦… Ⅲ. ①陆军—战略—研究
Ⅳ. ①E814
中国版本图书馆CIP数据核字（2018）第228960号

大国兵略——新型陆权、陆战和陆军论略
窦国庆 著

出版发行：群众出版社
地　　址：北京市西城区木樨地南里
邮政编码：100038
经　　销：新华书店
印　　刷：北京市科星印刷有限责任公司

版　　次：2019年1月第1版
印　　次：2020年7月第2次
印　　张：13.5
开　　本：787毫米 ×1092毫米　1/16
字　　数：245千字
书　　号：ISBN 978-7-5014-5865-3
定　　价：60.00元

网　　址：www.cppsup.com.cn
www.porclub.com.cn
电子邮箱：zbs@cppsup.com
zbs@cppsu.edu.cn

营销中心电话：010-83903254
读者服务部电话（门市）：010-83903257
警官读者俱乐部电话（网购、邮购）：010-83903253
公安业务分社电话：010-83905672

目 录
Contents

前　言

一、从摆脱旧思维到建立新思维：欧亚大陆陆权秩序的三次重构与陆军在大国间的战略博弈

陆权起源于人类追求权力的天性。追求权力的竞争导致了千百年来精彩纷呈却又无比冷酷的地缘政治博弈。航海技术的发展和资本逐利的天性，驱动西欧由海洋向印度和中国进发。恶劣的生存环境促使俄罗斯民族于莫斯科公国崛起后，在广阔的欧亚大陆腹地上一直向东扩张。西欧的崛起与扩张代表着工业文明冲击农业文明，俄罗斯民族取代草原游牧民族成为欧亚大陆新的最强力量，这两股力量推动着欧亚大陆陆权秩序由各地区孤立存在走向整体重构。列强与古老民族间的弱肉强食取代了古老民族专守各自畛域成为欧亚大陆陆权秩序的第一次重构。陆军成为列强谋求势力范围的支柱，更成为弱国安身立命之本。

两次世界大战成为人类追求权力的竞争导致激烈地缘政治博弈的顶峰，也是第一次整体重构的结束和第二次重构的开始。美苏冷战是人类历史上最强大海权与最强大陆权的对抗。两个超级大国展开了中心地带和边缘地带的

争夺、外太空争夺、海权争夺等各个地缘政治维度的斗争。美国在欧亚大陆上构筑了包括西欧和中国在内的遏制苏联的战略“防线”，西欧、苏联（含东欧）、中国三者中，没有任何一股力量可以压倒其他两股力量，成为类似于蒙古帝国式的决定性力量。战略均势成为欧亚大陆陆权秩序的第二次重构的结果。在战略均势格局下，核军备竞赛产生的人类共同毁灭的阴霾并没有阻止众多新兴独立国家政治进步、经济繁荣，所有大国既无能力、也无意志来面对一场苏德战争式的陆地战争。陆军的职能开始扩展成为大国对抗博弈的战略工具，而不仅仅是战争手段。

当苏联似乎处于力量顶峰时，入侵阿富汗却令其陷入外交孤立和国际道义低谷，并背负了沉重的财政、军事和心理负担。长期准备与美军交战的苏联陆军，无法适应非主要对手和预定的主要战场，使强大的苏联好像一个陷入泥潭而无法发力的巨人。入侵阿富汗的失败说明苏联陆军的能力结构失衡和遭到滥用，使其由一支大国地缘政治对抗的战略威慑工具变成了因为轻举妄动而使国家陷入灾难的象征。

海湾战争爆发时，正值苏联日衰而美国日盛的冷战终结前夜。美国主导的多国联合部队一举将伊拉克军队赶出科威特，说明了站在国际道义制高点时对陆军的合理使用，成为美国实现国家利益和战略目标的决定性战略手段。

冷战结束之始，许多人认为，全球将彻底消除军备竞赛、地缘政治零和博弈、核威慑，共同走向政治和谐和经济繁荣。然而，“9·11事件”打碎了人们美好的错觉。原来世界还是那么冷酷。一方面，国家群体间不再单纯以经济、军事实力为标准划分为三个世界，基于民主、人权、法制等的政治文明程度成为又一个新的更加重要的划线标准。大国间的零和博弈转变为共存互融。另外一方面，大国对抗遗留下来许多民族宗教矛盾和后患。当越来越多的国家和地区走向民主文明时，那些经济社会发展红利没有惠及的地区便滋生出复古倾向和仇恨异类的思潮，并促成了恐怖主义、极端主义的兴起。

全球化进程的加快，意味着由大国处于相对均势之下的战略博弈所导致的类似于朝鲜战争那样的大规模地面战争已经远离历史。欧亚大陆因为冷战结束和中东、中亚的乱局而陷入新的动荡，说明了欧亚大陆陆权秩序进入了第三次重构。这次重构与历史上的蒙古帝国横扫欧亚大陆、俄罗斯由莫斯科公国变成欧亚强国、法国和德国崛起掀翻欧洲大陆秩序以及美苏对抗，均不一样。从某种意义上看，这次重构是给所有大国带来同质的风险与机遇的重构，而不是导致零和博弈的重构。

在竞争关系和盟友关系，甚至敌对关系等各种关系模式充斥着欧亚大陆时，界定军队的角色是困难的，界定陆军的角色更是难上加难。美国继续在综合国力上远远领先于欧洲、俄罗斯和中国，再加上核扩散等公共威胁不断涌现，大国之间爆发地面战争的可能性微乎其微，代之而起的是，陆军成为大国应对反分裂威胁、制止人道主义灾难、反对恐怖和极端势力的利器，换言之，陆军成为维护欧亚大陆上新的大国平衡和应对新的公共威胁的重要力量。陆军战略职能的多样化趋势已经不可逆转。

虽然陆军在大国间战略博弈中的战略威慑价值降低，但其彰显大国地位的战略价值却不断提高。目前，欧亚大陆众多动荡和事端均根源于冷战结束和美国在阿富汗战争、伊拉克战争之际策动的所谓民主化运动。众多动荡和事端对欧洲、俄罗斯和中国均有不同程度的危害，对美国在欧亚大陆的战略地位也构成了巨大挑战。美国、欧洲、俄罗斯和中国等各大地缘政治力量不可能再回到冷战年代的互相利用以制衡对方的局面，而是既有制衡，更有日益广泛的合作。随着远程精确打击能力急剧增强、核武器确保互相摧毁、欧亚大陆交通与信息系统的不断扩展、网络使国家安全出现新的脆弱之处，大国利用传统陆军在大国俱乐部内部来形成战略威慑的年代已经一去不复返。

新型陆军建设成为大国间无声竞赛的重要内容，发展新型陆军是一个大国成为引领和占据军事制高点的重要标志，它能够彰显大国地位。拥有其他大国所不具备的陆军作战手段，要么使其他大国仿效，要么使其他大国在战略博弈时至少在塑造陆权态势方面疲于应付。

欧亚大陆未来秩序将要求未来新型陆军最优先具备的能力便是快速反应能力。快速反应将不仅体现在对事态的反应和灵活行动方面，还体现在对事态的控制和对多种战场的适应性方面。新型陆军不仅要有新型、更具杀伤性的火力，更要有为减少后勤负担而具备的可持续行动能力。它通常在与敌人接触前无须通过火力准备和机动便形成优势，因为实时精确的战场感知系统与通信工具足以使陆军部队形成全面优势。这些能力结构要求：新型陆军的核心是具备多种专业素质的陆军军人，能够迅速掌控作战区域内的地理要素，选择和利用最便捷的机动路线，与海上、空中及外层空间平台进行一体化联合作战；新型陆军的火力主要是以精确和远程火力为主，能够不断先敌发现、先敌开火而形成有效杀伤；新型陆军能够利用所有地形作为有利阵地而投入交战，一改以往各种传统兵器只能适应某些地形而使另外一些地形成为坟墓的弊端；新型陆军迸发出的出人意料的能力能够造成巨大的威慑效应，使战略领导者可以在更大范围内使用陆军，使战略选择具有更大的灵活性。

颠覆性的思想和前瞻，总是令习惯于以原有观念和逻辑来理解未来的人感到费解，甚至本能性拒绝。然而，未来欧亚大陆发展的大势和每个大国面临的新的地位诉求，却不得不要求我们以新的设想，尽快完成军队，尤其是陆军在思想、技术和组织结构等方面的变革，从而把握对未来的主动权。

二、从态势塑造到力量塑造：新陆战、新陆权、新陆军

海湾战争历时42天，其中38天的空袭与只有100小时的地面作战形成鲜明的对比，从而掩盖了一个战争基本规律——表现卓越从来不以作战时间长短来决定。忽视这条规律的后果就会造成代价巨大的错误——陆军地位下降。但是，和平时期军队建设的错误必将在战争中反映出来。俄军在第一次车臣战争中的惨痛教训，不得不使人猛然醒悟，陆军地位下降意味着大国陆权秩序中的地位下降。任何一个大国，如果国界线安全不保，或者在境外无法常态化施加影响力，都将丧失对陆权秩序重构的作用。

科索沃战争、阿富汗战争、伊拉克战争中的海军和空军，还有肉眼无法望及的卫星，其风头盖过陆军。然而，当出没于巴格达街头、阿富汗和巴基斯坦山洞的武装分子令美军头疼不已时，人们才似乎看到不断变“小”的陆军地位并未降低。主张降低陆军地位导致陆军能力降低的惨痛教训足以使大国认识到，要在危机争端或者战争中最终定局，仍需要强力精干的陆军，而不是作为空军、海军附属的陆军。

全球化时代，大国利益交汇，群雄争霸时代一去不复返，大国地位取决于对全球性资源的控制能力。控制能力对所有大国来说都是生死攸关的，大国并不需要担心大规模陆地入侵，而要担心的是丧失生存与维持大国地位必需的资源与意志。

陆权地位变动并非大国能频繁遭遇。但是，每一次陆权地位的变动要么是大国的机遇，要么是大国创造机遇的结果。否则，便是大国走向衰落的见证。因为大国的综合实力在一个阶段内相对确定，而权力增减却难以预知。因此，历史上陆权的核心是回答“大国如何通过实力去追求权力”。陆权代表着大国地位的现实与设想。陆军的根本职能是当大国不得不使用武力时，确保大国陆权地位，当大国需要避免使用武力时，确保大国陆权地位的可靠增进。因此，陆权使大国在面对纷繁复杂的众多利益诉求时，可以明确地确定优先次序，而陆军使最优先利益诉求的实现拥有最好的“效费比”。陆军与陆权的交汇点是最优先的利益。

以攻防便利程度和保证安全的代价效益为标准的地缘政治思维，产生了大国争夺陆权的对抗性与零和性。按照传统的中间地带理论，海洋大国担心陆地大国在支配欧亚大陆腹地后，将会拥有雄厚的物质资源，发展工业与军力，获得对所有国家的压倒性优势，最终从欧亚大陆出发，分别从太平洋、大西洋和北冰洋三个方向包围海洋，使海洋大国成为孤岛。按照传统的边缘地带理论，海洋大国只要掌控了欧亚大陆沿海地带，便可以支配全球绝大部分工商业财富与人口资源，拥有足够的优势防范欧亚大陆出现一个具有压倒性优势的强国，形成保护自己的前沿阻隔层。当今，所谓的中间地带或者边缘地带的地缘政治理论，其逻辑不可能适用于未来。因为单独在中间地带或者边缘地带成独大之势既无法称霸也无法保证安全，况且没有任何一个国家能够在中间地带或者边缘地带成独大之势。核武器和远程打击兵器的出现，使心脏地带无法成为欧亚大陆腹地大国的“天然要塞”，边缘地带也失去作为海洋大国的“屏障与跳板”的价值。

所有大国必须在推动欧亚大陆各个地区一体化时确保安全、实现繁荣和承担国际责任。所有大国的陆权战略均需要指向欧亚大陆腹地，即从东欧、东南欧向东南席卷，经过乌克兰、阿塞拜疆、伊朗，直抵中国新疆的一整片板块。然而，共同的战略指向不是近代到“二战”之间最终导致大战爆发的瓜分式争夺，而是在这一大片板块寻求大国合作。

欧亚大陆腹地对所有大国均产生两种威胁：其一，欧亚大陆遭到全球性封锁，导致贸易和文化交流中断，能源供需体系和市场体系崩溃。其二，欧亚大陆内部公害没有得到有效消除，反而愈演愈烈。这两种威胁的长期存在，决定了无论是欧亚大陆之外抑或是欧亚大陆之内的大国，其陆权必须建立在领土安全、经济繁荣、国际责任的基础之上，而非单纯的实力政策之上。全球化时代，所有大国利益深度融合，导致陆权成为获取生存与发展所必须的能源、市场，以及争取其他文明理解与欣赏的地缘政治财富。按照地表平面中的“中间”与“边缘”位置差异来衡量某些地区的地缘政治价值的思维已经过时了，代之而起的是，按照能源、人口分布和文化扩展来衡量某些地区的地缘政治价值的思维。

新陆权秩序蕴藏于大国自觉或者不自觉的“协作”当中。尽管欧亚大陆在可预见将来不可能出现一个如蒙古、苏联那样独大的超级强权，但是也并不必然性地出现“欧洲近代均势体系”［自1713年《乌得勒支和约》起直到第一次世界大战时的欧洲战略格局，均势体系一直成为欧洲国际秩序的代名词。1713年的《乌得勒支和约》明文将维护均势作为国际关系的基本原则，核心是大国权力平衡。主要特点有三个：大国作为国际矛盾平衡力量，应该实现地位平等和实力均等；大国领土应当平等补偿，即应在其他地方获得与其他大国所获领土相当的领土；大国应积极协调，以实现均等的力量分布］的欧亚大陆扩大版。这使全球所有大国都将可能面临或者创造新的历史机遇：大国无需付出重大代价和承担很高风险而介入欧亚大陆诸多争端、争议当中。欧亚大陆将出现多个形式灵活、有限期限长短不一的同盟或者伙伴共同体。这其中，所有大国均将不同程度地扮演“平衡者”和“推动者”的角色。

陆军面临着巨大的复杂性与不确定性：既是大国博弈最后的支柱，也是最先体现力量与意志的工具；对手也许是合作伙伴，也许是公共威胁。因此，陆军建设使用的逻辑基础遭到颠覆，其确保国家安全与利益的法则遭到反转。新型陆军应时而出。

冷战时期使传统陆军针对明确的对手，而新型陆军如果确定明确的对手或者笼统地执行针对多个对手的作战任务，均无法适用于未来格局，只会陷入僵化。

传统陆军依赖于快速获取情报和实施机动获得行动主动权，是建立在对战场态势变化的反应的基础上。新型陆军的反应是建立在如何塑造战略态势的基础上。新型陆军的独特功能远超攻城掠地，成为文化交流和政治控制的有力工具。这不仅是因为大国之间无法用陆军攻城掠地式的战争来迫使对方屈服，而更加重要的原因是陆军攻城掠地或者占领、控制造成的政治、经济、外交、国内社会的负担与风险，是国际社会文明前进中，任何一个大国都无法预判的。

无论是在充满敌意的地区，还是在集体安全氛围浓厚的地区，新型陆军与传统陆军最大的区别不是尽快地到达任务地区，而是能否迅速主导战场。主导战场的目标不是完全消灭有生力量，而是控制现实和潜在对手的反应。因此，新型陆军的本质是确保大国对外战略灵活性与主动性的战略工具，直接为国家战略目标服务。

新型陆军的价值大小取决于大国的力量与责任能否使任务地区适应于未来发展。因此，新型陆军的根本功能在于争取伙伴和减少敌人，促进国家经济繁荣和承担国际责任。擅长攻击对方领土但缺失社会功能与外交功能的传统陆军，显然不会对国家更加有利。在新陆权秩序中，传统陆军既无法帮助大国增强对地区伙伴的影响力、争取有力的战略地位，也无法震慑直接面临的对手。久而久之，大国的战略地位将会弱化。因为传统陆军最大的弊端在于强点鲜有使用机会，而弱点又经常暴露于不确定的任务当中。

地面机动工具有限的力量投送能力、陆战兵器有限的打击范围，使新型陆军在充满敌意的地区内行动时可能非常依赖来自空天与海上的支援。但是，空天军事力量、海军的远程打击能力无法保证地面之敌屈服或者被完全消灭，无法阻止他们死灰复燃。更令人忧心的是，空天军事力量和海军无法控制军事行动导致的地区动荡，容易导致政治失控。新型陆军快速增强的立体投送能力和远程打击能力，将弥补空天、海上力量的不足。尤其是当欧亚大陆一体化市场正在由东西两端快速向腹地延展，能源体系和市场体系扩大需要稳定的政治保障时，新型陆军作为政治辅助工具的作用是其他军事力量无法替代的。

新型陆军在危机、交战、从事政治和外交活动、履行社会功能等的多重职能，并不意味着“无所不能”。就目前的技术而言不可能实现，就未来的陆权秩序需求而言也无此必要。新型陆军仍然是整个军事力量体系的重要组成部分，新型陆军将与其他军事力量进行深度融合。这种深度融合不是能力的可代替与可置换，而是对各个军种加以合理的运用，最充分地利用他们的强点，同时将其弱点降低至最小的程度，以在需要时为实现国家战略目标提供恰当的力量。

深度融合意味着各方在承认各自相对优势与劣势的基础上进行功能互补、在广泛执行任务与专职任务能力之间平衡，既可能以陆军为主导，也可能以其他军种为主导。新型陆军必须具备主导者的能力，也必须能够在作为非主导者时充分发挥能力优势。

各个军种自成一体地独立发展使各军种战略功能遭到不加选择的割裂。所以，军种竞争促使各个军种为获得支配性地位或者不被其他军种挤掉有限的经费资源，极力扩展自身功能，最终结果却是，军种之间的战略功能存在着越来越多、越来越明显的重叠。新型陆军如果发展与海空军相同的能力，也会导致能力互相重叠而致使建设资源的浪费。新型陆军的发展方向将是以发展快速机动、中近程精确作战能力为主轴。这样的陆军变革，其代价和风险要小，而价值却具有战略性。

因此，新型陆军需要在欧亚大陆上应对分布广阔且位置分割、充满着诸多不确定性的威胁。如果仅能执行规模有限和目标明确的作战任务，这样的结果就是陆军行动僵化而力量不足，无法在陆权秩序重构中发挥作用。

三、全球化时代战争的新根源：陆军与现代国家制度

全球化使公共事务新生不穷，政府作为公共事务的职能力量，地位越来

越突出。民族和部落不具备公共事务职能，因此，国家仍然是对政治、经济、军事、社会等各方面事务施加产生决定性影响的主要国际行为体系，国家利益仍然是国际政治运作中的最高原则。

全球化萌发于宗教改革、文艺复兴，起源于地理大发现。工业革命和贸易、市场的扩展，令西欧的文化与政治形态冲击到其他地区的文化与政治形态，开启了全球化趋势。时值今日，美国取代西欧成为全球化新阶段的原发推力。

并不是每个地区、每个群体都认为自己成为美国文化与政治形态、生活方式影响下的受益者，甚至在美国文化与政治形态的发源地——西欧，也有人认为全球化和各地之间加强联系使自己成为受害者。这两个方面成为反对全球化的主要力量。前者是恐怖主义和极端主义者行为的思想指南；后者是地区保护者、贸易保护者、种族歧视者的基本纲领。

当今，许多原始部落在现代媒体、全球市场体系和通信技术、普世价值观的裹胁下，打破了封闭。这一股潮流与冷战结束后的前苏联、东欧、中亚加入全球市场一样，构成了当代全球化大势的先后两个阶段。

两个阶段至今均未结束。原因在于基地组织、伊斯兰国等恐怖主义和极端主义势力的兴起。它们力图将“封地”禁锢起来。越来越多的全球化推力与它们之间成为新的战争根源。这场新的战争是全球化与反对全球化之间关于意识形态、文化、生活方式的对立性审视，而不是互相交融。

单一维度的军备竞赛、地缘政治对抗和意识形态斗争的经验与逻辑支配下的战术原则、军事能力开发模式，已经不适应这场新的战争。代之而起的是如何使全人类更加文明、共同繁荣的经验与逻辑支配下战术原则与军事能力的开发模式。探索新的经验与逻辑，新思想革命、科技革命、经济革命、政治革命、军事革命由此而出。

民众个体权力不断放大促使公共权力体系重构，鼓励公民自治、共同应对公共威胁、推动市场与文化交流，成为国际社会主流，内政差异成为外交力量的资源，导致现代国家制度成为政治和战争问题的一切归宿。

长久以来的地缘政治博弈带来了灾难，灾难过后也促进了人类社会的反思与科技、思想、文明的进步，推动着人类社会从部落、王朝到现代国家的前进轨迹。“二战”结束后，全球范围内的众多殖民地成为新兴独立国家，预示着许多具有不同传统与历史的民族共存于欧亚大陆，它们经历曲折和外部冲击力后，均开始根据自身的民族文化而构建现代国家制度。冷战结束之后，全球化进程加快，加速了人类社会科技与文明发达的前进步伐。各个国家虽然有着不同的现代国家制度，但各个国家利益交融却形成了越来越大的趋同之势。阻止趋同意味着重新走向混乱，使和平走向瓦解。

因此，承载着不同民族文化的不同的现代国家制度取代民族主义，成为决定陆权秩序演变的根本因素。欧亚大陆陆权秩序的变化是因为现代国家制度发生了变化。

物质竞争和历史积怨导致每个大国必须将陆军作为战略工具，支撑自己的现代国家制度。换言之，陆军变革预示着大国格局开始发生变化，最终推动陆权秩序的变化。

自人类社会进入21世纪以来，欧亚大陆上开始了在和平时期人类历史上规模最大、程度最深的军队转型。所有大国的陆军变革必然推动欧亚大陆陆权秩序的变化。从中南欧开始沿中亚、南亚，再到欧亚大陆东端，陆军作为解决争端的最后手段，却为所有大国忌讳使用。在这样的情势下，陆军反而成为塑造和平的力量，而不是与他人主动开战或者制造麻烦的力量，从而巩固了现代国家制度在不同地区的存在，确保法治、市场、安全、可持续发展等人类社会共同理念的扩展。全球化使所有大国，无论海岸线多长，无论距离欧亚大陆多么遥不可及，其生存根基存在于欧亚大陆的陆权秩序当中。海洋的作用就是确保生存根基更加牢固，而不是转移位置。

上 篇

当代陆战对陆权秩序的重构

海湾战争

战争史上，对最后的胜利者而言，鲜有像海湾战争般“完美”的战争。美国获得国际社会空前支持而伊拉克在国际社会处于空前孤立；最可能掣肘美国的大国——苏联自顾不暇；主要以沙漠地带为主的战场对美军发挥先进武器装备的作战效能极为有利对防止中东地区大国称霸早有准备；等等诸多几乎是理想化的因素造就了美国的胜利。当然，战争的“完美”不仅仅体现在战争的技战术方面，更加体现在战争的地缘政治意义上。历史上也没有一场像海湾战争般，以如此短暂的进程来显示人类历史上规模最庞大的地缘政治对抗即将终结。令人耳目一新而又惊叹不已的作战方式、连自己都意想不到的伤亡代价、苏联始料未及的反应，这些致胜因素，背后体现着以布什总统为首的美国战争内阁和以科普夫为司令员的美军中央司令部对战争的“熟练”驾驭。

针对危机高效的军事反应：沙漠盾牌

“海湾危机”[1990 年 7 月 31 日，在沙特、埃及、约旦等国的调停下，伊拉克政府与科威特政府开始谈判解决所谓的“领土”和“石油分配”“债务”等问题。伊拉克政府向科威特政府提出科威特赔偿伊拉克 140 亿美元的石油“损失”款和 24 亿美元的“偷油”款，并要科威特答应伊拉克对科威特的领土要求。同时，伊拉克军队向伊科边境集结。谈判归于破裂后。8 月 2 日凌晨 2 时，伊拉克军队突然入侵科威特，10 个小时内吞并科威特，从而导致了海湾危机。海湾危机一爆发，国际社会迅速作出了反应，抗议伊拉克的侵略行径。紧接着，几乎是世界每个角落都在高呼：“伊拉克立即从科威特撤回去。”伊拉克侵占科威特的当天就立即宣布：萨巴赫家族已被推翻。联合国安理会为此迅速召开了紧急会议，通过了有关海湾危机的第一个决议，即 660 号决议：“（1）谴责伊拉克入侵科威特；（2）要求伊拉克立即无条件地将其所有部队撤至 1990 年 8 月 1 日所在的据点；（3）要求伊拉克和科威特立即进行谈判以解决它们的争执，并支持这方面的一切努力，特别是阿拉伯联盟的努力。”] 爆发之时，还没有明显迹象证明冷战即将结束，但精疲力竭的苏联与日益强势的美国之间已经形成鲜明对照。如果美国听任伊拉克吞并科威特，伊拉克将可能凭借更加丰富的石油储量操纵世界石油价格，经济实力的增长将刺激本来就充满野心的萨达姆谋求中东霸权。鉴于中东的地缘政治地位、自己及盟友对石油的依赖、国际号召力、苏联日益衰弱等因素，美国立即作出强烈反应，完全在情理之中，尽管那时美国这么做并使自己处于极为有利的态势，根本原因不是美国喜欢和擅长处理危机，而是国际社会文明程度不断增强，已经难以容忍主权国家独立地位和领土完整遭到破坏。尽管联合国自成立以来便成为美苏两个超级大国权力博弈的舞台，但随着核武器的互相毁灭作用导致双方共同致力于裁军和维护和平、西欧和日本的经济腾飞使之在政治上提高了独立性、越来越多的发展中国家影响力日益增强等因素综合在一起，主权独立和平等成为各国越来越强烈的心理认同，国际社会并没有因为冷战造成现实政治越来越冷酷。联合国始终站在国际社会的道义制高点上，伊拉克公然入侵、吞并科威特严重破坏了国际社会已经承认并且需要保护的基本准则，很难获得国际社会谅解。

作为国际社会中最重要的成员，美国如果对海湾危机的反应落后于国际社会，便在赢得冷战的迹象日益明显之时，陷入巨大的政治被动，将容易导致冷战对手苏联站在道德制高点上令美国蒙羞，有损于美国的国际形象，更有损于美国在西方的领导地位和在中东的战略地位。因此，当海湾危机刚刚爆发时，作出反应的美国立即面临着两项挑战：一是制止伊拉克可能作出的更大的威胁举动；二是惩罚伊拉克。前项挑战是直接而紧迫的，后一项挑战虽然不是直接和紧迫的，但却需要美国从国际秩序的未来和美国的地位出发全面谋划运作。

中东对美国之所以重要，直接因素是石油。如果伊拉克吞并科威特将掌握更多石油，有更强的能力通过控制石油产量来操纵石油价格，进而威胁美国及盟国的经济与安全。所以，美国最担心的是伊拉克吞并科威特之后，趁势再入侵石油储量更大、军力孱弱的毗邻沙特阿拉伯。即便伊拉克在入侵科威特后罢手，美国如果默认甚至接受既定的入侵现实，在苏联日益衰弱之际，石油储量增大的伊拉克也可能给美国主导中东秩序制造越来越大的威胁。

海湾危机爆发当天，美国需要立即表明自己的立场是与国际社会一致的，并明确告诉伊拉克和国际社会，伊拉克入侵并吞并科威特使中东地区安全、美国及其盟国安全均受到威胁。第二天，“布什紧急召开国家安全会议”［参加会议人员包括：国家安全顾问斯考克罗夫特、中央情报局局长韦伯斯特、安全委员会顾问中东问题专家哈斯、总统经济顾问博金斯和国防部副部长沃尔福维茨等人。在会议召开之前，美国国防部下令正在印度洋迪戈加西亚岛附近的“独立”号航空母舰战斗群驶向波斯湾，正在地中海的“艾森豪威尔”号航空母舰战斗群，准备驶入红海。另外，有2架驻扎在阿联酋的美国空军KC-X35空中加油机奉命原地待命]，立即发表正式声明，不仅强烈谴责伊拉克入侵科威特，要求伊拉克立刻无条件地撤军，还特别强调伊拉克占领科威特并企图恫吓或侵略、支配沙特阿拉伯，对美国的国家利益构成了严重威胁，美国需要对此作出有力反应。随后，为了配合这一声明，布什总统签署了一项行政命令，对伊拉克实施贸易制裁、冻结伊拉克与科威特财产。这份声明与国际社会的步调相一致，甚至影响了国际社会在随后通过决议的进程，成为美国在未来取得国际社会法理和舆论支持的前奏。

基于声明，美国开始了实质性战略运作。首先，美国主动与苏联接触。目的是即使无法争取苏联支持美国未来可能的军事行动，至少也避免苏联从中作梗。此时，苏联国内积弊横流，极力希望与美国共同结束冷战。当美国争取到国际社会的道义制高点，苏联即便为维护国际形象，也无法反对美国，对美国可能采取的军事行动进行制衡更无从谈起。

其次，美国推动国际社会共同制裁伊拉克。由于石油是世界性“工业血液”，以美国为首的工业国家无法容忍伊拉克操纵石油产量和价格带来的威胁。并且，与工业化国家的贸易关系对许多国家的经济、政治、社会具有举足轻重的影响。因此，伊拉克入侵吞并科威特的本质，不是威胁美国主导的工业化国家集团，而是触犯了国际社会“众怒”。共同制裁伊拉克的国际共识很快达成。联合国安理会自8月2日至9月25日期间以少有的速度和一致性通过了一系列决议，不仅强烈谴责伊拉克，还决定对伊拉克实施经济制裁和禁运、封锁，甚至在决议中出现“采取一切必要手段”这样的措辞。

最后，布什总统争取国会支持。根据美国政治体制的特点，布什为了避免党派斗争牵扯精力，需要推动国会两院通过制裁伊拉克的法案。由于石油产业在美国政治和经济体系中的重要地位，国会两院顺利通过制裁伊拉克的法案，使布什总统在未来任何可能的行动有了明确的法理依据。

伴随着政治、外交、经济准备，军事行动自然会紧锣密鼓地进行。布什总统于8月7日批准实施“沙漠盾牌”计划，大批美军部队开始向海湾地区集结。在越南战争阴影尚未完全褪去的时代，美国民众和国会两院对陷入长期战争的可能性非常敏感。因此，当美军开始越南战争之后的最大规模的集结时，布什总统马上向民众做出解释与预先通告，既希冀获得民众和国会两院支持，又提前使民众和国会两院对可能超出预期的战争做好心理准备。

美国政府成功处理海湾危机，离不开三个因素。

第一，美国政府充分发挥媒体作用。媒体在重大关头的作用被发挥至极致并非源自于美国。在海湾危机中，美国政府坚定而明确的态度通过发达的媒体向全美国和国际社会传播，无疑契合了国际社会的舆论氛围，尤其是盟国的心态。布什总统在批准实施“沙漠盾牌”计划的第二天，通过电视讲话明确了美国处理海湾危机的四项原则：“（1）所有伊拉克军队必须立即无条件地全部从科威特撤出；（2）恢复科威特合法政府，取代傀儡政权；（3）致力于波斯湾地区的安全与稳定；（4）保护美国公民的生命安全。”最后还特别说明：“任何人都不应怀疑我们的和平愿望，但也不能低估我们对付侵略的决心”[军事科学院军事历史研究部，《海湾战争全史》，解放军出版社，2000年，第86页]。媒体几乎成为美国政府的“发言人”。在表明美国政府明确目标和坚定决心的同时，也向民众和国会表明政府将对公民生命安全承担负责，更向国际社会表明，是美国，而不是苏联，承担起处理海湾危机、维护海湾地区和平与秩序的领导责任。

第二，美国获得了最重要的盟国——英国的有力支持。英国是“二战”爆发后美国最重要的盟友，在美国领导的北约军事力量体系里，英国海军实力仅次于美国海军，并经历过马岛战争，是“二战”之后唯一经过大规模实战锤炼的海上军事力量。最重要、最有战争经验的盟友的支持对美国处理海湾危机举足轻重。海湾危机爆发时，正值极为重视美英特殊关系的撒切尔夫人担任首相，“她在担任英国首相期间使美英特殊关系在继丘吉尔两次担任首相之后出现了又一次高峰。况且，1982年的英阿马岛战争，如果没有美国的支持，英国将不可能顺利取胜”[伊拉克入侵科威特正值英国首相撒切尔夫人在美国访问，她与布什总统发表联合声明，严厉谴责伊拉克入侵行为，要求伊拉克立即无条件从科威特境内撤出所有军队。8月3日，当布什宣布对伊拉克实施贸易制裁并冻结其财产后，撒切尔夫人也宣布英国冻结伊拉克和科威特在英国的所有资产。同日，英国国防部表示将“积极配合”美国的军事行动，并于8月6日下令两艘海军护卫舰驶往海湾地区，与在那里执勤的唯一一艘英国军舰会合，执行联合国对伊拉克制裁决议。布什宣布批准实施“沙漠盾牌”计划的次日，英国也随之宣布向海湾地区部署军队]。无论是领导人偏好，还是历史情怀，英国对美国的支持力度是最大的。

第三，美国获得了欧共体的共同支持。海湾危机爆发当天，欧洲共同体12国外长就在首都布鲁塞尔开会，一致谴责伊拉克入侵科威特，要求伊拉克立刻从科威特撤军。其中，伊拉克入侵科威特当天，法国总统弗朗索瓦·密特朗中止休假，召开内阁紧急会议，研究海湾局势和对策，并派出海军两艘驱逐舰赶赴海湾，8月6日，又派出一艘护卫舰增援。欧共体中最重要的国家——法国开始采取军事行动时，便意味着欧共体对美国军事行动的积极响应。法国甚至在英国之前，即在布什总统批准实施“沙漠盾牌”计划的同一天，宣布向海湾地区派出军队，其中包括向沙特阿拉伯派驻地面部队和军事顾问，并将“克莱蒙梭”号航空母舰派往波斯湾。地面部队的调动显然比战舰、战机调动更具政治和心理效应。“法国显示出参与解决海湾危机的愿望非常强烈，但是希望保持一定的独立性”[法国国防部长舍韦内在解释法国向海湾地区派兵时指出：“法国军事力量在海湾地区不是用于进攻伊拉克，而是承担四项任务：一是对伊拉克构成威慑；二是向沙特阿拉伯、阿联酋、卡塔尔等国提供可能的物资援助；三是执行联合国安理会对伊拉克实行禁运的决议；四是保护该地区法国侨民的安全。”]。因为自从戴高乐时代开始，法国便与美国保持着盟国间的独立性，比如法军作战指挥系统与美军主导的北约作战指挥系统是不兼容的。

英法派兵对美国是实质性的支持。“对于日本和其他海湾亲美国家，因为它们的石油依赖美国军事保护，美国并没有花费多少精力就说服他们支持美国出兵。”[8月12日，当美国已经开始陆续派出部队奔赴海湾时，正式向日本提出三点要求：一是向中东派遣工作人员；二是增加负担驻日美军的经费；三是研究部署空中预警机]此时，战争的军事指挥系统尽管没有完全组建，英法两国军队与美军指挥系统保持相对独立性，但美国已经没有必要急于将英法军队置于统一指挥体系之中。一是从萨达姆拒不妥协的态度看，美国动武解决危机的可能性随着军事部署的深化而越来越大。美国必须专注于自己的作战准备，以免被复杂的构建联军指挥体系牵扯精力。二是联合国和国际社会已经形成一致，如果动武，必定以美军为主，如果其他派出部队的国家军队想要提高战争之后的影响力，肯定需要主动与美军协调。三是随着派出部队的国家越来越多，美军根本不愁有其他国家军队主动加入美军指挥体系。基于以上三点原因，美军并不急于在刚刚宣布增兵之时便要求确定联军指挥体系。

美军和其他西方国家军队开始源源不断地到达海湾地区，意味着除非伊拉克同意所有条件，否则开战就是唯一结局。当8月12日，“伊拉克提出解决海湾危机中的建议时，美国立即表示拒绝”[伊拉克提出的解决海湾危机的建议主要有三点内容：（1）根据联合国安理会规定的原则来同时解决中东地区一切被占领的问题，以色列立即无条件地从它所占领的巴勒斯坦、叙利亚和黎巴嫩领土撤出，叙利亚军队从黎巴嫩撤出，伊拉克和伊朗相互撤出各自占领的地区；（2）对于科威特今后的安排问题，应该考虑伊拉克传统的领土权利并保证科威特人民决定自己前途的权利；（3）要求美国和其他外国军队立刻撤出沙特阿拉伯，由一支阿拉伯军队代替。但是，布什认为：“这些最新条件和威胁，是又一个旨在使人们转移对伊拉克的孤立状况的注意力和造成一种新的状况的企图。”]。其实，伊拉克主动提出谈判有缓兵之计图谋，但也暗示着有让步的可能，然而这反倒令美国等国家更加坚定了

"不同意所有条件就动武解决"的决心。因此，美国等国家的增兵速度与谈判可能性成反比的事实已经形成。当伊拉克于9月21日发表"绝不撤军"的声明时，尽管国际社会和一些国家从未放弃和平努力，但是，"人质危机"[8月16日晚，入侵科威特的伊拉克军队，强迫在科威特的美国人和英国人到科威特的一家旅馆集中。8月17日，伊拉克议长萨阿迪·萨利赫宣布："所有敌视伊拉克的国家的公民都不得离开科威特和伊拉克，直到有充分的证据表明对伊拉克人民的战争威胁已不复存在。"8月18日，伊拉克政府正式宣布，它已将反对伊拉克入侵科威特国家滞留在科威特和伊拉克的外国人全部扣留，并把他们扣留在可能遭到美国攻击的军事设施、石油设施、公共设施以及饮水净化厂内。很明显，如果美国及其盟国对伊拉克发动进攻，这些被扣留的外国人将是第一批牺牲者。根据1990年8月底统计，被伊拉克扣作人质的西方人达8000至1万人之多。其中，英国约有4000人、美国约有3000人、德国约400人、日本350人、法国330人、意大利300人。此外，还有荷兰、瑞士、加拿大等不少国家的部分人质]将国际社会全部和平希望彻底破灭，和平大门彻底被关闭使美国所有行动变成了围绕战争的准备。

美国出人意料的高效反应并迅速成为国际社会应对海湾危机的"领导"，其内部原因是美国政府对石油作为重要战略资源的敏感，以及全面的外交与战争准备。其外部原因主要有两个：一是伊拉克引起国际社会的强烈反应，并无视国际社会一致的立场，"仍然愚蠢地一意孤行，使自己陷入无可挽回的孤立"。[联合国宣布制裁伊拉克后，伊拉克政府于8月8日宣布伊拉克与科威特合并，组成"统一的国家"。8月17日，伊拉克政府扣留外国公民。8月28日，宣布科威特为伊拉克的第19个省。最严重的事件是9月14日，伊拉克军队强行闯入法国、比利时和荷兰等国驻科威特使馆，带走法国武官等人]二是苏联已经没有制衡美国的意志与能力。苏联曾经是伊拉克最强大盟友，伊拉克精锐部队的主战装备均从苏联引进。然而，"既无心也无力与美国对抗的苏联一改冷战习惯，破天荒地与美国站在一起"[苏联在伊拉克入侵科威特的8月2日当天，便发表声明谴责伊拉克入侵行为，要求伊拉克军队立即撤出科威特，甚至在声明中提到："伊拉克对科威特的侵略完全违背阿拉伯国家的利益，给中东冲突的解决制造了新的障碍，与国际生活中的积极、进步潮流背道而驰。"同时，苏联国防部宣布暂停对伊拉克的武器供应。第二天，美苏外长在莫斯科会晤时发表了措辞严厉的联合声明。在随后的联合国安理会上，苏联对制裁伊拉克投赞成票。9月9日，戈尔巴乔夫在赫尔辛基会晤布什时表示："只要危机存在，美苏就将配合起来反对侵略。"同时，为了获得来自沙特的40亿美元财政支援，戈尔巴乔夫又宣布将与沙特展开复交谈判]，尤其是伊拉克与国际社会顽固地唱反调，美国无需担心来自苏联的掣肘，集中精力进行战争准备。

战争史上，从来没有最后赢家经过完全和充分的准备一击而胜的。然而，美国却能够在开战前不受威胁地从容部署50万大军，这在战争史上实属罕见。

美国顺利进行直接的战争准备除去伊拉克只知被动应付之外，主要得益于富于战略远见的指挥准备。根据1986年通过的《戈德华特－尼科尔斯法》，美军在全球按照区域划分并建立数个战区联合作战指挥部。其中分管中东地区的战区联合作战指挥机构为中央司令部。依照美军高级指挥岗位的人事安排制度和惯例，战区最高司令官一般由陆海空将领轮流接任。1989年，时任中央司令部最高司令官的一名陆军将领到达任职年限，按照常理，应当由海军或者空军将领接任。但是，时任国防部长的切尼和参谋长联席会议主席鲍威尔向布什总统建议，鉴于苏联软化冷战对抗立场和中东地区力量格局变化，美国在中东面对的最大威胁变成具有野心的地区性大国。如果要对这样的地区性大国采取军事行动，陆军部队将成为最终的决胜力量，因而应由另外一名陆军将领接任。这一建议得到布什总统采纳。他任命施瓦茨科普夫将军担任中央司令部最高司令官。美军中央司令部总部设在美国本土佛罗里达洲的坦帕，施瓦茨科普夫将军可以专心研究中东地区的战略形势和应对计划。因为如果中央司令部设在中东某个地区，最高司令官专职进行研究作战指挥的主要精力将受到诸多外交事务和民事活动的牵扯。

从里根时代开始，美国一直将伊朗作为中东地区的最大威胁。但是，两伊战争后的伊拉克却被美国认为是另外一个潜在的威胁。之后，美军就可能针对伊朗和伊拉克的军事行动开始制订一系列军事行动计划，名为“《防御阿拉伯半岛作战计划》”［又名“90-1002”计划。1990年7月，中央司令部根据该计划举行名为“内部观察90”的指挥部演习，对该计划草案的战术方案、后勤计划和所需兵力进行了检验］。这套计划经过多次演习检验和修正，成为可操作性非常强的用兵指南。当海湾危机爆发后，中央司令部立即根据这套作战计划开始指挥所有军事行动。

作战计划可能由于行动设想与现实南辕北辙而无足轻重，但制订作战计划本身却举足轻重。《防御阿拉伯半岛作战计划》其中有一个重要的设想是伊拉克入侵沙特阿拉伯后，美国应立即作出军事反应。利用15周左右的时间向阿拉伯半岛部署约10万兵力并击退伊拉克入侵兵力。尽管该计划起初的设想是伊拉克直接入侵沙特阿拉伯，而现实却是伊拉克直接入侵科威特。但是，《防御阿拉伯半岛作战计划》使美军搞清楚了沙漠战场对作战行动的影响和怎样灵活应对战略形势变化。以《防御阿拉伯半岛作战计划》为基本依据的指挥部演练，使施瓦茨科普夫明确和掌握了中东沙漠地区对美军装甲部队、直升机部队和航空兵部队作战行动的影响。当指挥部演练的报告呈送给美国国防部后，美国国防部立即根据报告指出的情况，制定了各个军种部队装备、训练和后勤等各个方面的改进方案，其中作出的最重要决定就是，扩大采购“爱国者”防空导弹，并迅速向海湾地区部署。指挥部演练和爱国者导弹的部署，是与布什总统作出出兵海湾的决策，并向国际社会宣布向海湾地区派兵两个战略步骤有序衔接的。因此，经过检验的“90-1002”号作战计划成为具体军事行动的基本依据，为美国和多国部队在海湾迅速部署军队打下了良好的基础。

先期制订的由详实的情报支撑和经过系统研究过的作战计划，使美军中央司令部在危机爆发后第一时间就掌握了主动。1990 年 8 月 2 日上午，中央司令部最高司令官施瓦茨科普夫向国防部长切尼、参谋长联席会议主席鲍威尔和其他高级将领汇报时，提出了两个行动的设想：一是对伊拉克的目标进行单纯报复性空袭。由于美国在中东没有陆军和空军驻军，对伊拉克的空袭要由美国海军的舰载机来实施，空袭的目标包括侵科伊军、伊拉克境内的军事目标、输油管道以及海上的伊拉克油轮。这种攻击是有限的、惩罚性的，对伊拉克军事和经济力量难以造成重大打击。二是向海湾部署空中和地面部队，先稳定防线，待达到一定规模后展开反击。

前线指挥部快速反应和有效的策略准备，才能使国家最高当局有的放矢地会商应对措施。施瓦茨科普夫向国防部长和参谋长联席会议主席汇报结束当晚，布什总统指示国家安全顾问斯考克罗夫特牵头召开国家安全会议，讨论所有可能的军事反应。讨论结果就是立即向海湾地区增派陆军、海军、空军和海军陆战队力量，应对伊拉克对沙特阿拉伯可能的攻击，行动代号为“沙漠盾牌”。

应对危机的精髓是军事反应速度。海湾地区距离美国本土的空中距离为 1.1 万公里、海上距离为 2 万公里。如果从美国本土向海湾地区增派兵力，空军和空中运输是决定军事反应速度的关键。美国总统布什下令实施“沙漠盾牌”行动后 24 小时内，首批 48 架 F-15 战斗机便从各自基地起飞，在连续飞行 15 小时、经过 12 次空中加油后抵达沙特阿拉伯。与此同时，美国陆军空降第 82 师先头旅 1 个突击连乘坐空中运输机抵达沙特阿拉伯。随后三周内，美军总共有 400 余架先进作战飞机进驻沙特阿拉伯等 30 多个海湾国家，随即与伊拉克军队形成对峙态势。

为尽快适应战场，也为了宣示决心并进行心理震慑，美军各军种部队几乎一抵达集结地域便展开临战训练。1990 年 9 月 13 日，美军第一架 A-10 对地攻击机从德国法兰克福空军基地飞抵沙特阿拉伯空军基地，第二天便投入临战训练。此前，驾驭这种对地攻击机的飞行员习惯了欧洲布满森林和起伏不平的丘陵草原地形，对中东与天空连成一片的沙漠地带感到陌生。因此，刚刚展开临战训练时，尤其是模拟对地攻击时，难以辨别飞行高度，甚至出现过训练中坠毁事故。然而，中央司令部不为所动，仍持高强度临战训练。随着抵达海湾地区的部队规模不断扩大，临战训练不断加强。

临战训练的另外一个重要意义是，指挥员通过临战训练情况，评估部队和重要武器系统在沙漠地区的实际作战能力。比如，空中作战司令官霍纳中将在率领参谋班子制订空中作战计划前，便专门全程研究了空中战机从单机作战训练至小型编队合练，再到多机型协同演练，并以此作为依据，决定按照每昼夜2000—3000架次强度制订空中作战计划。后来的空中作战证明，建立在对部队实际训练水平客观评估基础上的作战计划可靠性比较强。

美军不仅将临战训练当作作战准备和心理威慑的重要环节，还在其中贯穿先期作战行动，即对伊军的试探、干扰、削弱、麻痹。从1990年10月开始，美军开始试探伊军防空系统和电子战系统。空军多种作战飞机在伊拉克周边上空进行飞行训练时，RC-135侦察机侦测伊军电子信号，并对其进行强烈的干扰。类似这样的试探和干扰迫使伊拉克为避免暴露目标关闭所有雷达和电子侦测设备。直到1991年1月17日开战日，伊军大多数雷达甚至处于未开机状态，以至于当美军炸弹落下后，伊军才发现自己已经遭到攻击。

美国针对海湾危机的军事反应快速而又高效，对盟友产生了巨大的触动。美军在“沙漠盾牌”行动体现出来的决心与效率，使英国、法国、德国等重要国家认识到快速高效的军事集结，对于在海湾危机中的地位、利益是多么重要。英国开始了代号为“格兰比行动”［其中最引人注目的是英国皇家空军的快速部署能力。英国国防部下令不到48小时，英国皇家空军一个中队的12架“旋风”战斗机便到达位于沙特的宰赫兰空军基地。其中有两架战斗机于到达后两个小时后便开始执行空中巡航任务。又仅过了48小时，英国皇家空军另外一个中队的8架“美洲虎”对地攻击机到达位于阿曼中部的塞迈里特空军基地并立即展开空中巡航］的大规模军事集结，法国和德国的军事集结也接踵而至。西方盟国大规模军事集结显示出的坚定政治立场，对于遏制早期可能扩大的危机具有决定性意义。通过军事集结反映出来的战略决心、作战能力及其背后良好的指挥与保障、有素的训练水平，令最容易遭受伊拉克攻击并在阿拉伯国家中具有重要影响的沙特阿拉伯感到安全，在海湾地区传导出强烈的心理保证。

美国及盟国能够顺畅地实施大规模军事集结以达成高效的军事反应，主要有两个因素。一是美军中央司令部不断根据军事集结进展充实新的指挥职能。从作战计划到保障计划，从美军单独行动到多国联合行动，需要对原有方案进行大幅删减与调整。尤其是指挥部门的规模不断扩大，战区内兵力调整导致指挥协调任务剧增。美军中央司令部出色地完成了这一任务。二是美国全球军事力量投送体系发挥了至关重要的作用。形成力量优势是军事反应成功的标志。基于全球战略行动需要，美军专门设置了运输司令部，负责向全球运输兵力和投送物资。在海湾危机的军事反应的全程，美军动用了当时编制内所有约500架远程运输飞机，还临时征用或者租用了220架民航远程运输机编入后备队［主要机型包括C-5A“银河”、C-141“运输星”、C-130“大力神”等运输机。在海湾危机阶段，美国约有120架运输机往返于美国本土与海湾地区。在开战前一个月，平均每10分钟就有一架远程运输机在海湾地区的机场降落］。搭建了世界各地向海湾地区的空中和海上运输通道，正是这些可靠的运输通道，将大规模的部队和战争所需物资源源不断地向海湾地区输送。按照参谋长联席会议主席鲍威尔的评价——“沙漠盾牌”完成了将“整个芝加哥城市搬到中东的重任”，或者能全新审视美国在海湾战争中的后勤工作的重要作用。

首战决胜于空中：沙漠风暴

美国及其盟国针对海湾危机的军事反应，如泰山压顶一般，使萨达姆只能面临两个选择：要么接受全部条件，要么负隅顽抗。实际上，他已无路可退。因为如果他在最后时刻同意执行联合国决议，则会导致其统治地位的基础——个人政治威望遭到毁灭性动摇。随之而来的将是其至高无上的权力地位随时被国际、国内的各种力量推翻和颠覆的可能性激增。对于享有长期权力的政治人物而言，不战而降代表着胆怯后的最大羞辱，未来的政治风险比遭到国外军事打击更加令其恐怖。所以，当美国获得联合国动武授权时，意味着外交解决海湾危机已无可能。

自立国以来，美国从未深入至欧亚大陆腹地进行大规模战争；朝鲜战争停火之后，美国从未再领导“联合国军”作战；越南战争结束后，美国也从未派出规模庞大的联合部队赴亚洲作战。美军奔赴海湾地区是其战史上的里程碑事件，决定着军威士气，更决定着美国的国运走向。因此，首战意义不言而喻。

从普遍的战争经验看，首战的战略效果取决于两个方面：一是能否振奋士气；二是能否获取战场主动权。作为远征之师的美军必须在最后期限过后尽快主动攻击，而不能让伊军以逸待劳先行开火。否则，美国在国际社会的威信和美军对多国部队指挥权威容易遭到削弱，美国主导战争的政治与外交走势的努力将受到极大制约。因此，美军首战决定主动攻击。如果想要获得战场主动权并进而提升多国部队士气，必须达成三个方面的战术效果：一是尽快削弱、摧毁伊军攻击性作战力量、指挥控制能力；二是令萨达姆和伊军感到一旦遭受攻击，难以还击而无法重新夺回主动权，甚至感到求胜无望；三是形成多国部队之间有利于美军主导、顺畅和良性的指挥关系。

因此，首战的重点打击目标是伊拉克军政领导指挥系统和伊军防空部队。打击军政领导指挥系统包括对萨达姆政权机构和电视台、伊军重要指挥机构与情报机构、重要雷达站、电子侦测系统等的精确打击。对军政领导指挥系统的打击务必达成两个目标：一是使萨达姆无法使用先进的指挥手段、通过指挥机构对政府、军队、情报机构实施有效指挥，从而削弱其抵抗意志。二是使伊军失去在电磁领域和对空中目标的感知与侦察能力，令其难以明确掌握美军攻击的武器手段、攻击发起时机与强度，无法准确判断战场现状与发展。

打击防空力量包括对防空雷达、防空导弹陆地、高炮部队、机场和空中战机的精确打击。根据作战计划，美军首先要取得绝对制空权。美军先进战机要最大限度保证空中安全，最大限度地减少可能战损，就必须先剥夺伊军防空和空战能力。其中，伊军防空力量是美军空袭的最大威胁，只要消除了这一威胁，美军将彻底获取战场主动权。

有人认为，沙漠风暴行动是空军取得战争胜利的明证。但是，空军大放异彩的背后却有着陆军默默无闻的支援。首战中，陆军行动尽管仅有战斗规模，但陆军实施的先期作战对于空中进攻战役却具有不可或缺、决定性意义的战略影响。

靠近伊科边境的伊军雷达站和电子侦听站是能最早侦察到美军攻击信息的战场感知系统。因此，首战能否顺利达成目的，成功打击这个系统是关键。美军可选择的打击手段和方式有四种：一是利于先进的空军或者海军战机进行精确轰炸或者对地攻击。但它们航程远、飞行高度高，无法直观评估打击效果。二是利用海军舰艇上的远程打击手段（如战斧式巡航导弹）精确打击。这种打击方式也无法直观评估效果。三是利用精锐特种部队实施突袭，虽然可以直观进行作战评估，但将面临着人员伤亡的风险。在无孔不入的现代媒体对战争全方位曝光的西方社会，首战便有军人伤亡，政府要经受巨大的政治与社会压力。四是利用武装直升机实施攻击。武装直升机不仅机动速度快，而且由于攻击距离近，可以通过搭载的人员实时观察攻击效果，即时就可决定是撤离或者进行后续行动。它的风险比使用特种部队小，可以弥补战机和导弹攻击的不足。所以，美军在首战中的先期作战行动中决定使用“陆军航空兵”［在1月17日首战使用的直升机是AH-6“阿帕奇”攻击直升机。它于1984年服役，主要用于打击坦克、装甲车和杀伤地面有生力量，共携带16枚激光制导的“海尔法”反坦克导弹或76枚70毫米火箭弹］对伊拉克边境的雷达实施突袭。陆军航空兵的使用表明了联合作战的本质，各个军种无法离开其他军种决定性的行动支援。海湾战争说明了战役规模的空中作战能够对战略上的陆权产生影响力，而战术规模的地面行动能够对战役上的制空权产生影响力。

早在1990年10月，美军就对伊拉克全境内的雷达站和电子侦听站实施干扰和试探，迫使伊军大多数预警雷达为躲避侦察并未开机。1991年年初，美军突然性攻击条件已经成熟。最后期限一过，1月17日清晨3点，美军4架从沙特阿拉伯军事基地起飞的“阿帕奇”攻击直升机，经过两小时贴地飞行，直接摧毁了伊拉克边境上3座防空雷达站。

代号为“沙漠风暴”［沙漠风暴从1991年1月17日开始，共持续38天。美军1800架战机和盟军435架战机组成的空袭机群，平均每日出动3000余架次，对伊拉克政治、经济和军事目标进行了打击，有效地夺取了制空权。其中，在战争第一周便出动作战飞机1万多架次，轰炸伊拉克及科威特境内约600个目标］的美军和盟军联合大规模空袭由此开始。随后，“F-15E战斗机和F-117隐形轰炸机”［F-15E战斗机于1989年服役，海湾战争是其首次用于实战。它加装了前视红外／激光跟踪、低空夜间导航和红外目标瞄准吊舱系统，能在黑夜恶劣气候条件下实施攻击。F-117A隐形轰炸机是首次被用于实战当中。它装配有红外搜索跟踪系统，当时并没有能够侦测到它的雷达，它能在夜间从50米低空飞行并完成轰炸任务。这两个轰炸机都装有近、中、远程空空导弹及各种集束炸弹、精确制导炸弹。其中，最出彩的是F-117A隐形轰炸机。1月17日凌晨，美军出动一架F-117A，投下一枚905公斤精确制导炸弹，命中伊拉克政府的通信中心大楼。之后，又出动30架次，对总统府、空军司令部及“飞毛腿”导弹库等重要目标实施精确打击］与从航母起飞的A-6E攻击轰炸机在该区域上空如入无人之境一样，摧毁了巴格达附近的防空导弹阵地，B-52重型轰炸机从路易斯安那州的巴克斯代尔空军基地经12小时不间断飞行，在E-3空中预警机的支援和F-15战斗机护航下，对位于伊科边境、伊沙边境、巴格达地区的防空导弹实施了“地毯式”轰炸。同时，美国海军EA-6B和空军EF-111电子战飞机对巴格达地区的防空雷达实施强烈的电磁干扰，F-4G“野鼬”战斗机发射反辐射导弹摧毁伊军多处预警雷达。由于在首日突袭中，出现了许多位置不确定的防空火力点和防空导弹发射架，美军在空袭次日利用平时作为靶机的无人机作为“诱饵”。由于这种无人机在雷达上显示与真实飞机器相差无几，它成功地引诱伊拉克防空部队开火，从而将位置暴露给正在上空巡航的战机。首战之时，美军便通过突然和猛烈的空袭，展示出充分的准备、良好的指挥协同能力、出人意料的理想的轰炸效果。

沙漠风暴行动持续38天，取得了巨大成功，表面上是因为有利于发挥美军先进侦察与精确打击优势的沙漠战场、萨达姆和伊军落后的作战思想，但根源却是以下三个方面：

第一，具有先进作战思想的前线指挥员。美军中央司令部最高司令官施瓦茨科普夫虽然出身于陆军，但指挥素养却并非囿于地面作战。海湾危机爆发当日，美国并没有一个专门针对伊拉克萨达姆政权及其军队的详尽的全盘计划。但是施瓦茨科普夫向国防部长和参谋长联席会议主席汇报时认为，无论以何种方式来应对伊拉克制造的危机，首先应尽快将美军部署于沙特阿拉伯和其他可能遭受侵略的中东国家，表明美国的立场与决心。并认为，美军应当尽可能利用技术装备、情报优势，以空军为先锋，在海湾地区形成海、陆、空的立体部署态势。当布什总统指示国防部立即组织美军部队大规模进驻海湾地区后，他立即责成中央司令部的空军司令霍纳中将组建一个包括空军作战参谋、情报和后勤人员在内的计划班子，专门制订空军向海湾地区部署与作战的全面计划。在开战前确定作战编组时，“施瓦茨科普夫打破陆海空三军军种藩篱，命令海军作战飞机部队与空军合并而成空中作战集团，统一由霍纳指挥”［施瓦茨科夫在制订空中作战计划时，对参战的陆军、海军、空军和海军陆战队的高级指挥官们说：“我们只需要一个空军司令，那就是霍纳……作为联合部队总司令，根据美国有关法令，他有权作出这样的决定。”］。

越南战争中的美军有一个极为重要的教训，就是各个军种控制自己的作战飞机，以至于空中作战自成一体，难以形成集中轰炸效果。施瓦茨科普夫这一打破军种建制界限的作战编组，在“二战”结束之后尚属首次，反映了联合作战的未来重要趋势之一，即联合作战只有战场和作战功能区分，没有军种区分。后来的事实证明，作战思想先进、头脑迅捷、对意外情况反应有力的施瓦茨科普夫，超越了自身军种的知识与技能局限，充分展示和使用空中优势，对于赢得战争极为关键。

第二，空中作战阶段的有序衔接。空中作战的战略价值主要有三个方面：一是摧毁敌方防空作战力量和空中作战力量，获得制空权；二是打击敌方军政领导指挥系统、经济设施，降低和削弱，甚至完全打垮敌方战争能力与敌方决策层的战争意志；三是对地和对海攻击支援其他军种作战。“沙漠风暴”行动成为体现空中作战战略价值首创性的典范。

沙漠风暴行动被划分为三个阶段，第一阶段是首战行动，重点打击伊拉克军政领导指挥系统、伊拉克军队防空部队、机场、飞毛腿导弹阵地等防空和空中作战力量，以及可能构成严重威胁的核、生、化设施。这一阶段的主要目的是，削弱萨达姆及其军队的作战意志和还击能力。尤其是打击和摧毁伊军防空力量和飞毛腿导弹等，消除它对美军及其基地、盟国安全的威胁。第二阶段是持续作战行动，重点打击伊拉克地面部队、军工企业和其他军事设施，以及紧密相关的经济潜力目标，使伊拉克失去战争直接能力和战争潜力。第三阶段是支援地面决战行动，全面夺取制空权后，直接打击部署于伊沙边境、伊科边境的伊军地面精锐部队，为地面作战奠定基础。其中，打击的重心目标是伊军中最精锐的共和国卫队，不仅打击它的防御阵地、坦克、火炮、直升机等重要目标，还打击增援补给线、交通枢纽等，确保地面作战前使之孤立无援、后继无力。沙漠风暴三个阶段并没有僵化地按照时间顺序进行，而是对各个作战阶段之间打击重心进行合理转移，从而完成由战略空袭转入战术轰炸的转进。空中作战阶段有序衔接，使各种战机作战任务分配合理、明确，使美军空中优势得以充分释放，“开战仅仅两周制空权便已经被美军绝对掌握”[1 月 30 日，空中作战司令官霍纳中将在记者招待会上宣布，多国部队已经掌握绝对的、不可动摇的空中优势]。

合理的作战计划总会为灵活应对留有“弹性空间”，利于部队应对预料之外的变化。霍纳中将制订空中作战计划之前，原定“内窥 90 计划”明确的空袭目标只有 100 个，“随后根据各种侦察，最终将战略性目标而非有生力量作为重点打击目标时，空袭目标增加至 300 个。空袭开始之后，不断发现新的突袭目标”[美军和中情局分析了大量卫星照片，在接触曾到过巴格达的科学家、曾在伊拉克承担过建筑项目的承包商、了解伊拉克经济和军事设施的技术人员之后，才划定空袭范围和确定空袭目标。随后在空袭过程中，还专门寻找萨达姆行踪，将其本人作为重要打击目标]。值得注意的是，美军在实施“沙漠风暴”行动的全程，都在不间断地侦察和寻找对地面作战构成最大威胁的飞毛腿导弹及发射阵地，使伊军最为倚重的武器几乎失去了实质作战价值。

美军的政治目标是解放科威特，决定了美军的作战目的是歼灭或者赶走入侵科威特的伊军部队。“沙漠风暴”不是直接达成政治目标的军事行动，而是达成政治目标的一系列行动中的重要部分。沙漠风暴使美军地面作战在绝对制空权优势条件下发起，从而在最便于减少伤亡的情况下进行。因此，仅依赖于空中力量进行的“沙漠风暴”行动，没有、也不可能迫使萨达姆接受联合国的条件。但是，如果没有“沙漠风暴”行动，美军地面作战难以在 100 小时内，以“微小的几乎可以忽略不计的战损率”[海湾战争开战之前，美国国防部后勤局准备了 15000 个装尸袋、46000 张抢救床位。中央司令部预测估计伤亡将达 5000 人，最乐观的是参联会主席鲍威尔，认为阵亡将不超过3000人。但是，持续42天的作战行动，美军阵亡总数只有146人，其中35人系友军误炸所致，超低的伤亡率前所未有］却获得超出意料的战果。

第三，西方国家与阿拉伯国家稳固的外交联盟。美国即便单干，军事实力也将占据压倒性优势。然而，在矛盾错综复杂的中东，如果没有得到中东大部分阿拉伯国家的支持，美国与西方盟国难以在海湾地区顺利展开军事行动。因此，美军展开作战行动最大的障碍，不是伊军，而是威胁阿拉伯国家与以色列的深重矛盾。美国面临的最大军事挑战不在战场，而在外交。如果萨达姆激化阿以矛盾，阿拉伯国家将很难支持美国的军事行动，联盟将可能瓦解。美国不仅会失去领导多国联盟赢得一次战争的良机，更重要的是，在苏联衰落之际，巩固全球战略地位的良机可能转瞬即逝。

伊拉克攻击以色列引起以色列还击，是激化阿以矛盾的最佳策略。萨达姆能够攻击以色列的武器有两种：一是空军飞机。二是远程导弹，即飞毛腿导弹。“美军绝对的空中优势令伊军飞机即使没有被摧毁也很难起飞作战。”［美军在空袭时担心伊军作战飞机携带核、生、化炸弹实施自杀性攻击，将大量弹药用于轰炸伊军机场，其中有一种被称为“地下杀手”的重磅弹药，每枚重达2000磅，具有自动延期引爆功能，在炸弹钻入地下10余米后才被引爆。这种弹药使伊军许多躲藏于掩体中的作战飞机被炸毁］因此，伊军发射飞毛腿导弹攻击以色列，是唯一可行的选择。飞毛腿导弹无法对美军构成实质性威胁，但却是一种政治武器和心理武器。美国成功劝说以色列不要反击并承诺保护以色列安全，美军“爱国者”导弹多次成功拦截飞毛腿导弹，伊拉克激化阿以矛盾的希望落空。

上述三个原因使美军新型技术装备和空地一体作战思想双重优势得以完全发挥。

“左勾拳”地面作战：沙漠军刀

美军短短两周掌握绝对制空权，但是还没有任何迹象表明萨达姆将接受执行联合国决议。为避免萨达姆所希望的战争长期化，尽快迫使他接受条件而结束战争，完成“最后一击”的地面作战必须付诸实施。即使是布什总统需要树立一个坚定、强硬、“说话算话”的统帅形象，装备精良、兵力达50万的庞大陆军部队，也必须卓越地显示战场价值和对战争结局的决定性作用。否则，美国政府与军方，尤其是陆军，会失去一个自我表现的契机，甚至难以向美国民众交待。

越南战争的痛苦回忆尚未退却，国内媒体和民众对战争伤亡极为关注，美国政府与军方必须极力避免美军伤亡。战争常理显示，地面作战比起空战与海战（海湾战争基本没有出现海战）更容易出现大量人员伤亡。因此，美国政府和美军高层在决定是否发动地面作战时，必须考虑两个因素：一是能否在最有利的条件下发动地面作战，最大限度地减少遇到的抵抗和作战难度。二是地面作战能否尽快促成政治目的，而不仅仅满足于战术性胜利。

空袭的军事效果显著但萨达姆并未就范，令两个条件互为矛盾。首先，美国希望尽快实施地面作战来达成政治目的，必须尽快将空袭重心由单独实施的战略性、战役性行动，转换到支援地面作战行动的联合性战术行动，突袭目标将是伊军地面部队及支撑其作战的后勤体系。然而，在突袭重点打击伊拉克军政领导指挥系统、经济目标等目标时，打击效果相对容易判别，但在重点打击伊军地面部队及交通线、弹药库等目标时，打击效果却难以准确判别。美军地面作战将可能遇到成建制、依托有利阵地和坚固设施、后勤补给充足的伊军的抵抗。其次，临近春天，沙漠中特有的沙尘风暴使地面作战面临着恶劣天气，不利于美军地面部队发挥情报与机动优势。当然，美国最高当局的一项重要决定有利于尽快结束战争，那就是战争的目的受到政治约束。布什决定美国军事行动的限度，仅是解放科威特，之后不再对伊拉克予以军事打击。如果布什超出这一政治目标，美军空袭和地面作战均可能长期化。

两个互为矛盾的政治考虑和政治目标约束，决定了拥有前线最高指挥权力的施瓦茨科普夫必须进行以下考虑：一是制空权已经牢牢在握，将空袭重点由打击战略性目标转变为打击伊军位于科威特境内和伊沙边境附近的部队、重要武器系统、交通枢纽、后勤补给等的条件已经成熟。二是加强对伊军心理战、电子干扰以震慑伊军，弱化其作战意志、扰乱其部署与机动。三是强化对伊军侦察并评估其在空袭、心理战、电子战中的损失与真实作战能力。四是力争在春天沙尘天气到来之前，歼灭或者赶走科威特境内的伊军部队，结束地面作战。

施瓦茨科普夫在综合权衡了有限的政治目标、空袭效果、恶劣的沙漠气象条件等诸多矛盾因素后，为利用可靠的空袭效果、避免恶劣天气影响，迎合国际、国内政治氛围，决定在 2 月 24 日发起地面作战。

确定发起地面作战时机之后，如何设计战术便成为施瓦茨科普夫要考虑的中心问题。从各种条件看，战术设计的基本准则应当是速决、限定战场。速决，即是力争最短时间内使伊军丧失抵抗能力；限定战场，即是力争将战场范围限制在科威特境内、伊科边境、伊沙边境地区，不深入伊拉克境内。这两条准则是合理的，既符合战争的政治约束，又有利于避免长期作战而增大伤亡。更加重要的是，这两条准则是建立在准确评估伊军作战能力基础之上的。部署于伊沙边境和科威特境内的伊军，无法得到有力的空中支援和来自伊拉克境内纵深的远程打击力量的火力支援，更处于后勤无继的疲惫虚弱之状。这样的态势预示着伊军无法提前撤退或者进行机动防御，美军只要切断其退路，便可将其全歼。另外，一马平川的沙漠地形和伊军落后、暴露无遗的线性防御部署，美军仅凭卫星、侦察机便可对伊军部署、机动、后勤，甚至官兵状态了如指掌。

伊军在科威特境内共有 42 个师，形成以科威特首都科威特城为中心的集团式防御部署。科威特东部沿海地区及浅近纵深部署 9 个师；南部科沙边境附近部署 11 个师，构筑有多层战壕与工事障碍（名为“萨达姆防线”）；西部科伊边境附近部署 5 个师；北部伊拉克南部重镇巴士拉附近部署有最为精锐的共和国卫队 7 个师。在平坦沙漠地带的梯队型兵力部署已经非常明显地暴露伊拉克决策层的战略意图和伊军作战企图。

首先，伊军中最为精锐的共和国卫队部署于伊拉克境内靠近科威特的重镇附近。这样的纵深部署足以说明伊拉克决策层根本就没有考虑过主动发起进攻，也没有打算充分利用机动性强的精锐，实施相对于阵地防御有利的机动作战，只是希望利用防御作战令美军无法进攻得手，再择机实施总反击。伊军昧于美军先进兵器与战法的现实、落后保守的防御作战思想、一厢情愿的作战构想，使美军无须考虑伊军反击威胁便可从容决定、选择发起地面作战的时机、方向、路线、方式等。

其次，伊军围绕科威特城的数个方向几乎平均分配兵力，表明伊军无法准确判断美军主要进攻方向而四处分兵把守，既要在海岸一线防止美军登陆，又要在陆地边境方向上防止美军侧翼迂回机动突击，还要防止美军在沙科边境上正面突击。四处分兵把守的防御体系，无法灵活进行机动增援，导致处处防范处处薄弱，只要一处防线遭到突破，整条战线皆溃。

造成伊军如此部署的直接原因有三个。其一，伊军缺乏对美军作战能力深入研究。从作战能力而言，美军是典型的攻强守弱之师。如果伊拉克军队无法发起攻势或者无力发动攻势，被动挨打就意味着输掉这场战争。主动发起攻势，尽管最终无法挽回败局，但至少可以给美军造成令其极其苦恼的伤亡而不至于使自己颜面扫地。其二，伊军没有从空袭与反空袭作战中发现美军作战规律。美军在持续的大规模、高强度的空袭中，对伊拉克政治、经济和军事目标等同步打击，令战场前方后方之分消失。作为伊军精锐的共和国卫队，即便部署于伊拉克境内，也无法保证能够安全无虞地准备与待机。其三，伊军将精锐的共和国卫队部署于境内将其作为反击之用，却将其他部队部署于最靠近美军之地。显然反映了萨达姆治军之道的政治偏狭，将最“出彩”、最安全任务赋予亲信的共和国卫队，却将最艰危任务给予其他部队。治军的政治偏狭严重削弱了其他部队的作战意志。美军只要击溃其他部队，即能孤立共和国卫队，或者只要击溃或者歼灭共和国卫队，萨达姆便毫无“本钱”，只能接受全部条件。

无法隐蔽的作战部署最容易暴露真实作战设想。萨达姆希望美军掉入他设下的阵地战陷阱，使用非亲信部队迟滞、消耗、疲惫美军，再使用共和国卫队完成“最后一击”，即使无法取胜，也可以在胶着战况中掌握政治谈判主动权。这样的如意算盘，却使美军看到了其致命弱点。伊军庞大的地面部队仅靠两条公路与伊拉克境内连接来运输补给和实施增援，即沿底格里斯河的 7 号公路和沿幼发拉底河的 6 号公路。两条公路之间是无法通行的哈马尔湖和大片沼泽。7 号公路与底格里斯河多处交叉，多处主要桥梁在空袭中被炸断，已无通行能力。所以，美军只要切断 6 号公路，无需在战壕、工事、堡垒地带苦战，便可致伊军于孤立而又无法依托阵地的绝境。

美军地面作战的核心是迂回至伊拉克地面作战力量后方，切断退路再实施歼灭战。这一后来被形象地称为“左勾拳行动”的关键主要有两个方面：一是机动性强且规模能力足够的部队完成决胜性的迂回侧击，从而控制 6 号公路。二是其他方向的有力牵制，配合迂回侧击。

施瓦茨科普夫亲任地面作战最高指挥官，指定陆军第 7 军、陆军第 24 机步师、第 101 空中突击师担任迂回侧击任务。其中，机动能力最强的第 101 空中突击师和善于沙漠作战的陆军第 24 机步师，在直升机支援下进行低空机动，绕过伊科边境地区的伊军地面部队防御正面，穿过伊沙边境后以迅猛的动作直插幼发拉底河谷的 6 号公路。陆军第 7 军作为主要攻击力量绕过伊科边境后直指巴士拉和科威特城之间的共和国卫队。

第 101 空中突击师和陆军第 24 机步师 2 月 10 日突然西调，秘密由沙特阿拉伯与科威特边境地区向西快速机动 300 公里后抵达达腊夫哈地区，第 7 军同时向西快速机动 200 公里，与第 101 空中突击师、陆军第 24 机步师形成钳形攻击部署。此次秘密调动前，施瓦茨科普夫拒绝了后勤部队提前行动以确保解决大批战时物资快速前送的建议，理由是避免过早暴露意图。施瓦茨科普夫要求各部队在秘密调动的开进过程中压缩无线电通信，到达各自位置后只能通过有线通信进行联络。

为了支撑这一庞大而秘密的战役机动，美第 101 空中突击师和陆军第 24 机步师频繁地实施低空机动，大量使用直升机进行兵力与物资投送，采取“蛙跳”方式跃进，平均每隔 60 至 100 公里就建立一个前进基地。大胆、严谨的秘密调动充分发挥了美军快速机动与远程打击优势，使美军能够在远离伊军杀伤性兵器打击范围之外，利用伊军防御部署的薄弱处实施突破，直插 6 号公路与攻击伊拉克精锐主力同步实施。第 101 空中突击师与第 24 机步师在发起攻击后 2 天内，就比计划提前 36 小时切断 6 号公路，战斗全程歼敌 3 个师另 1 个旅。第 24 师还创造了美陆军师机动攻击速度的最高纪录。“出其不意的突然性对萨达姆和伊拉克前线部队造成极大的心理震慑”［军事行动给人的震慑效应来自于短时间内的伤亡和补给。由于通信指挥系统遭到破坏，萨达姆无法得知伊拉克军事力量的每日伤亡，但后勤补给的损失却是可知的，在 6 号公路被美军控制当日，科威特境内的伊拉克地面作战力量所能获得的补给只有不足 1500 吨，而正常情况下，那些地面作战部队每日补给需要 2 万吨］。

“左勾拳”的成功离不开有效的欺骗和掩护。迂回侧击之前，美军将大部集中在战线东段，与科威特境内伊军形成正面对峙，制造了将从正面发起攻击的假象。其中，美第 1 骑兵师在哈费尔巴廷以北地区，沿巴丁干河谷进行机动，作出将从科伊沙三国边境交汇地区发起攻击的假象；美军海军陆战队第 1 师、第 2 师在美海军第 5 舰队支援下，展开了号称第二次世界大战以来最大规模的两栖登陆演习，甚至有部分海军特种部队抵达科威特滩头进行侦察袭扰，成功制造了美军将实施大规模登陆作战的假象。另外，还有阿拉伯国家联军部队在沙特阿拉伯与伊拉克边境上进行配合性进攻。

萨达姆在地面作战之初便上当受骗，当得知 6 号公路失守、精锐的共和国卫队遭到围攻时，恍然醒悟已晚，只好慌忙下达全军撤退命令，致使本已经士气低落和后援无望的几十万地面作战部队兵败如山倒，只能无条件接受执行联合国决议。

地面作战迫使萨达姆接受执行联合国决议的原因有两个：一是美军地面作战不拘泥于战术胜利，而是立足政治目标达成战略效果。比如地面作战开始前一天，萨达姆突然命令伊军弃守科威特城。然而，施瓦茨科普夫并没有被这一唾手可得的战果诱惑，而是命令担负攻占科威特城任务的部队无视这一变化，仍然按照原定计划准备。他认为，美军一旦占领科威特城，便容易向国际社会传递“萨达姆愿意接受联合国决议条件、战争已经结束”的信号，不利于美军按计划展开分割围歼，将会容易导致许多伊军主力逃脱，使萨达姆减少军事损失。

二是“左勾拳行动”的成功，是处理控制作战速度与作战节奏的成功，是对科学地设计整体作战行动、精确高效实施作战控制的褒奖。美军每支进攻部队直指伊军重兵集团，但不急于直接交战，而是快速直插各个战役、战术要点地区，形成分割合围之势，再主动攻击歼灭。美军如果直接进攻伊军重兵集团，不仅迫使伊军负隅顽抗，难以控制进程与减少人员伤亡。更重要的是，直接与伊军重兵集团交战降低了“左勾拳行动”达成突然性后的震慑效果。当伊军被分割包围且作战意志崩溃后，美军可相对容易地对伊军部队聚而歼之。

“左勾拳行动”尽管由陆军来直接达成战争政治目的，但本质上却是建立在“巨大的空袭效果”［根据中央司令部统计，经过五周左右的空袭，部署于科威特境内和伊科边境附近的伊拉克地面作战遭到严重削弱。42个师中，第一线14个师实力已不足50%；第二线有11个师实力仅存50%—75%。并且空袭摧毁了4280辆坦克中的38%、2280辆装甲车中的32%、3100门火炮中的47%。由于战场的复杂性和伊拉克方面难以进行准确显示的原因，这些数字的准确性存在疑问。但空袭对伊拉克地面作战力量的严重削弱是确定无疑的］基础上的空地一体作战。地面作战与空袭是两个连续并存却又复杂交叉的不同作战阶段。空中作战由空袭转为对地面作战的火力支援，对于孤立、分割伊军地面部队至关重要。美军地面作战严重依赖可靠和及时的空中支援。但是空中作战无法直接达成战争的政治目标，必须由地面作战来确定战局。海湾战争说明了陆战已经成为以陆军决胜为主多个军种联合进行的一体化作战，而非单纯的地面作战行动，各种作战力量相辅相成，而非互相替代。它们的一体化作战效能，大大超过两者简单相加之和。

超越军事领域来驾驭战争：统一指挥

指挥问题关系战争胜负，这是一条战争通则。高效作战必须依赖高效指挥。海湾战争中的各个国家有着不同的政治和经济等利益诉求，各个国家的军队也有各自不同的作战思想、力量结构、作战传统与习惯。多国部队的指挥问题已经远远超越军事领域，需要复杂的政治和外交运作。越南战争之后，美军从未将如此多样、庞大规模的军种部队和武器系统投入到亚洲。海湾战争成为首次落实和检验《戈德华特-尼科尔斯法》、空地一体战等新型指挥体制与作战思想的实践。

空中作战和地面作战的有序衔接、阿拉伯联军与以美军为首的联军之间的顺畅协同，涵盖美国最高当局和中央司令部的战略指挥体系、涵盖多国部队的战役指挥体系，这两套指挥体系功不可没。危机阶段进行军事反应的政治与外交努力和战争过程中的灵活控制战局的实践说明，这两套指挥体系运转非常高效。

在应对危机的军事反应中，直接经受最大考验的不是单个武器系统或者某一支参加军事反应的部队，而是国家最高指挥当局与拥有最高前线指挥权力的战区指挥机构之间构成的两套指挥体系。如果这两套指挥体系运转低效而又混乱，那么政治、外交、军事等事务便无法协调，部队调动与保障便无序和低效。美国最高指挥当局主要负责进行军事行动中的政治、外交等事务的决策与协调。中央司令部作为拥有海湾地区最高作战指挥权力的战区指挥体系，既要按照美军计划负责调动部队，也需要协调美军与西方盟国军队之间的兵力集结，还需要与阿拉伯联军进行协调。更加重要的是，两套指挥体系更是在无孔不入的现代媒体的“摄像机”下运转。如果稍有差池，沙漠盾牌行动将深陷被动与危险。

海湾危机爆发当天，美国最高指挥当局便根据《戈德华特-尼科尔斯法》，宣布将军事行动的指挥权全权赋予美军中央司令部，但对政治、外交、军事等重大军事问题则进行集中决策与控制。

首先，美国最高指挥当局确定开战时机。当多国部队、特别是美军所有参战部队于 1990 年 12 月中旬完成部署与准备时，天气情况非常适合发起攻击。因此，许多军方人士向布什总统建议，只要作战准备充分、天气条件允许，应当积极考虑在联合国安理会规定的伊拉克撤军最后期限之前发起军事行动，以达成突然性。但是布什总统不为所动，坚持必须只能在联合国安理会规定的最后期限之后开战，向美军参谋长联席会议和中央司令部强调主要地面战场范围应当尽量控制在科威特境内，在伊拉克境内的军事行动只侧重于打击政治、军事目标，尽量避免打击经济与民生目标。布什总统不希望国际社会认为美国主导联合国军事行动的真实用意，并非解放科威特体现国际公义，而是控制伊拉克强化地缘政治影响力。

其次，美国最高指挥当局严格限定军事行动，使之完全服从于政治目标。布什总统认为战争的直接目标仅限于解放科威特。当战争进程异常顺利，尤其是当地面作战进展超出预期时，美军总司令施瓦茨科普夫上将甚至有过乘胜直捣巴格达捉拿萨达姆的想法。但布什总统却宣布停火，避免国际社会认为美国凌驾于联合国之上。尽管宣布停火令美军许多将领大失所望，但布什仍然决心用政治目标来控制战争规模。

最后，美国最高当局努力进行政治与外交运作，使美军获得军事行动主导权。美国出动兵力规模最大、武器装备最先进，理应由美军将领来统一指挥整体军事行动。但是，出于尊重阿拉伯国家在海湾地区的政治威信，美国推动成立了两个平行的军事指挥系统：一是由美军主导的，包括西方盟国和其他国家的多国部队指挥系统，美中央司令部司令施瓦茨科普夫是拥有前线最高指挥权力的总指挥。二是由多个阿拉伯国家军队组成的阿拉伯联军指挥系统，最高司令官为沙特阿拉伯王子哈立德将军。另外，由于不同国家有不同的政治立场，美国最高指挥当局同意多国部队内部有不同的指挥关系，比如美军中央司令部对英国参战部队和法国参战部队具有不同的指挥关系。

照顾阿拉伯国家在中东地区政治威信而成立的两个平行的指挥系统，有利于在多国部队中灵活设置指挥体系和理顺指挥关系，表明了美国最高指挥当局的务实与成熟。如果强调美军是不可争辩的主要指挥者，有权统一划分指挥关系和使用指挥权力，容易使美国在国际社会中被贴上“唯我独尊者”的标签，而不是共同军事努力的领导者。正是这种务实与成熟，使美国在战争和美军在作战中的主导地位均得以凸显，当美军决定发起地面作战后，原本处于平等地位的阿拉伯联军，主动将作战指挥权交由施瓦茨科普夫实际控制。施瓦茨科普夫也充分尊重阿拉伯国家的自尊心，效仿艾森豪威尔让法国军队先进入被解放巴黎的做法，要求所有美军部队务必让科威特军队最先进入科威特城。另外，由于“法国在让渡陆军部队作战指挥权上出现变化”[法军虽曾一度表示仅听令于法国最高当局，但最终也按本国政府指示归属美军中央司令部指挥]，施瓦茨科普夫便让法军第 6 轻装甲师担负翼侧警戒任务，将美第 82 空降师 1 个旅置于其控制之下。由于“英国完全让渡出地面作战指挥权”[开战前夕，英国政府即宣布海湾英军将完全配属美军指挥]，施瓦茨科普夫将英军第 1 装甲师编入美第 7 军，遂行主要攻击任务。

空中与海上作战，政治性意味不如地面作战浓厚，美军当仁不让地行使最高指挥权力。各国军队和美军各军种的空中力量（不含攻击直升机）完全接受中央司令部空军司令霍纳中将的统一指挥。在海上，由于伊拉克无法产生海上威胁，施瓦茨科普夫只是划分各国海军任务区域，并未实施统一指挥。

美国最高军事当局的政治努力，使施瓦茨科普夫能理顺各种错综复杂的指挥关系，从而集中指挥权力，使来自 30 个国家总兵力规模达 70 余万的多国部队协调一致地行动。尽管美国最高当局进行统一领导，但并没有僵化地集中权力，而是通过政治、外交、军事等问题上的成熟运作，“释放了军事指挥系统的能量，充分发挥了前线指挥员的卓越才干”[美国总统布什曾公开宣称：“一旦战争爆发，决不会束缚将军们的手脚。”]。施瓦茨科普夫不仅拥有制订作战计划和督促部队实施的最高权威，还有根据战场实际变化调整应变的临机决断权。

一是尊重前线指挥员评估战况。按照美国最高当局已经批准的作战计划，空中作战两周左右便实施地面作战。突袭两周后，美军也的确获得绝对制空权。但是，中央司令部发现实际需要攻击的目标数量，远远多于战前计划所确定的攻击目标数量。另外，浓雾、沙尘和伊军躲藏、隐蔽、欺骗等，令空袭效果在初始阶段并不如战前预期。如果美军坚持按照原计划发起地面作战，很可能遭遇强度意想不到的抵抗。然而，如果美军不按照原定计划，便可能使战争长期化，容易导致国际联盟瓦解。当“施瓦茨科普夫向美国最高指挥当局请求，推迟原定地面作战计划并延长空中作战阶段时”，［施瓦茨科普夫坚持认为只有空袭使伊军损失率达40%—50%后，才能考虑发起地面作战］总统、国防部长、参谋长联席会议主席等美国国家最高当局的主要成员，几乎一致认为应当根据施瓦茨科普夫的判断来领导战争。他们采纳了施瓦茨科普夫推迟发起地面作战的建议，将原定的1—2周空袭最后延长至5周，使地面作战能够充分利用空袭效果，成功地规避了可能出现大规模伤亡的风险。

二是支持前线指挥官的合理冒险。1990年秋季，施瓦茨科普夫便提出了被他后来称之为“万福玛利亚”的冒险机动作战，即在地面作战发起前10天左右，将地面作战主力突然而隐蔽地向西调动至远离科威特的地区隐蔽待机，当地面作战打响后，再直指6号公路、伊军精锐共和国卫队等重要目标，最后完成对伊拉克南部及科威特的大包围。针对这一冒险性极强的作战设想，美国国防部和中央情报局均起初认为不宜采纳，理由是地形平坦无法隐蔽，一旦暴露便容易遭到伊拉克军队设伏，后勤和通信跟随保障的难度较大。针对这些风险、担心和警告，施瓦茨科普夫不为所动，并直接向布什总统和参谋长联席会议主席鲍威尔汇报这一冒险之举，最终获得了批准，“左勾拳行动”得以取得巨大成功。

三是鼓励前线指挥官创新战法。从20世纪70年代开始，美陆军奉行空地一体作战理论。空地一体作战的基本方式是，陆军在低空作战力量和空中作战力量的全程支援与掩护下，在战场全纵深内实施主动、灵敏、协调的攻击。因此，特别重视对部署于己方纵深地带的机动力量的使用，将其作为最后一击致胜的力量。空地一体作战一般将后勤基地开设在较为安全的后方。然而，施瓦茨科普夫并没有拘泥于空地一体战的教条原则，将全部地面作战力量一次性投入。他在调整地面作战计划时，将所有师级单位都编入作战序列，不留任何预备队，补给基地伴随机动作战而建立，甚至就建立在战场前沿地带，跟进式后勤保障使美军快速大胆的机动作战有了可靠的持续性。施瓦茨科普夫不拘泥于作战理论定律的作战设计，得到了美国最高当局的大力支持。

高超的指挥艺术、顺畅的指挥关系、科学的指挥权力分配有赖于先进的指挥工具，才能释放出最大的指挥效能。海湾战争是“二战”结束以来参战力量最为多元、行动样式最为复杂的战争。以地面作战为例，攻击行动的主要样式有：空中火力支援与远程火炮的火力支援、电子战、精确制导弹药的精确打击、特种作战、低空突击、空降作战、装甲机械化部队地面机动作战。其间，还有战场感知、谋略欺骗、空中遮断、指挥控制战、心理战等。攻击目标既有正面之敌，又有机动增援机动之敌，还有敌方的后勤保障系统。面对这些复杂的任务，中央司令部需要对情报、火力、机动、战场空间协调、工程、欺骗等方面做大量卓有成效的指挥协调工作。这些复杂巨量的指挥协调业务不仅需要参谋人员艰苦细致的作业，还需要先进的指挥工具提供支撑。

美军在海湾战争中的指挥工具并不是某个单件指挥手段，是被称为C3I的先进指挥系统。它由“先进的成像卫星”［美军在海湾战争期间共有多颗卫星。仅在海湾危机爆发前，便总共有4颗成像情报卫星在轨道上工作。3颗“凯南”KH-11光学成像卫星和1颗“长曲棍球”雷达成像卫星，这些卫星全都具备昼夜24小时工作能力，其中的KH-11卫星是借助某种影像增强系统来实现夜间成像的。1990年9月初，正是因为这些成像卫星，使美国较为准确和客观地作出估计：伊军在科威特战区的存在包括26.5万部队和2200辆坦克；9月中旬，伊军已增长到36万人和2800辆坦克。到1991年1月空袭行动开始前，据估计伊军兵力达到约54万人。正是这些估计，使海湾危机阶段中的美军可以有的放矢地制订作战计划］、“先进空中预警机”［多国部队动用了34架预警指挥机，包括15架E-3（美国7架、北约3架、沙特阿拉伯5架）和19架E-2C，美军在沙特等空军基地部署有3架E-3A预警机，在位于红海的航空母舰上部署有4架E-2C预警机。它们在开战前便对伊拉克和科威特实施昼夜全方位监视，掌握了许多重要的目标信息，如伊拉克空军机场位置、地面防空武器和地对空导弹部署情况。而伊拉克军队只装备有4架由苏制伊尔-76运输机改装的预警机，安装的雷达是法国汤姆逊-CSF公司的“虎”式雷达修改而成，4架预警机均未在战争中使用］、地面雷达、计算机、显示控制设备、大量保密和抗干扰的通信设备以及软件和数据库构成。美军动用的C3I分布在陆、海、空军不同平台上。中央司令部通过先进的指挥系统实施可靠、高效的指挥协调，使由28个国家军队组成的70多万兵力、3000多架飞机、4000多辆坦克装甲车协调一致地行动。

首先，C3I系统使美军能够实时感知战场。实时感知战场的最大作用是能够先敌反应，要求比对方更加快速地掌握战场信息。美军最需要的战场信息主要有两类：一类是以飞毛腿导弹发射阵地为主的目标信息；另一类是机动当中的作战部队的目标信息。美军人力侦察力量在“沙漠风暴”阶段尚未大规模进入伊拉克和科威特境内，太空侦察系统只能延时提供滞后的目标信息，无法满足实时的目标信息需求。美军主要依赖侦察与预警系统构成严密的空中侦察与警戒网，不间断地监视战场，满足实时感知战场、实时打击的需要。

空中侦察与警戒网的骨干力量是空中预警机。它们从开战前便开始监视和侦测伊军各种信息。开战后，空中预警机又成为跟踪重要目标、指挥协调各种作战飞机打击重要目标与评估作战效果的重要节点。空中预警机在海湾战争中最关键作用是监视与跟踪飞毛腿导弹发射阵地，通过第一时间探测发射信息以尽量延长预警时间。空中预警机对飞毛腿导弹发射的监视和侦测是有效的，使之基本处于无用之地。另外，美军分布在沙特阿拉伯、阿联酋、土耳其等军事基地中和部署于航空母舰上的F-16“战隼”、F-117A、A-6“入侵者”等先进战机，装配有先进的机载雷达系统。它们可以对任务空域内的地面与空中进行战场监视与侦察，侦察半径达100—150公里。EC-130H、EF-111A和EA-6B等电子战飞机不间断干扰伊军的雷达和通信联络，使伊军指挥体系瘫痪和行动混乱。

在空中侦察预警系统的支援下，美军高效地感知战场，从而实现高效的作战控制。美国对种类繁多、性能各异和来自不同军种的战机，合理分配任务。当发现目标时，侦察预警系统使指挥员迅速找到最便利实施打击的飞机，从而实现实时打击。当精确制导武器进行规模性使用时，美军空袭的效果被放大到极致。这也说明，精确打击并不是单项技术的结果，而是将制导技术、武器系统、信息流程等各个方面优势进行综合的结果。

承前启后的地缘政治影响：美俄争锋与群雄并起

海湾战争前有柏林墙倒塌，后有苏联解体。它们像“多米诺骨牌”中的最后三块，相继倒下，从而结束了冷战。柏林墙倒塌意味着苏联地缘政治地位的衰落，海湾战争意味着美国在全球秩序重构中占得先机，苏联解体意味着冷战结束。欧亚大陆地缘政治“生态系统的循环”又出现了新的起点，前景重新处于未知当中。

海湾战争结束时，美国尽管全胜，但并没有出现明显的迹象表明冷战必定会以苏联解体为终点。海湾战争使国际社会，甚至包括戈尔巴乔夫治下的苏联，从内心中感到美国已经赢得冷战胜利。这个不争的事实意味着海湾战争的战场虽然局限于中东，但影响却是全球性的。

从拿破仑战争之后的英国与俄罗斯在中东和中亚进行地缘政治争夺，直到第一次世界大战结束，英国既无心也无力经略中东和中亚。当俄罗斯变成苏联之后，将中亚揽入领土的同时，成为中亚的主宰者和中东事务的重要参与者。“二战”刚刚结束冷战便立即开始，美国接过英国衰落后留下的全球战略地位，与苏联在中东争夺。海湾战争则终结了这一争夺。海湾战争成为海权大国在欧亚大陆上又一次压倒陆权大国的新的历史标志。它比起英国压倒法国、俄罗斯、德国等所产生的对全球秩序的冲击力，颠覆了海陆对抗的旧循环，但并没有陷入下一次新的海陆对抗的循环。英国近代全球海权，是通过维持和保护脆弱均势取得的，因而每一次胜利都恢复到比之前更加脆弱的均势，又为自己培养了一个更加强大的潜在对手。海湾战争的胜利则预示着，美国即使主观上不愿意成为欧亚大陆秩序主导者，但欧亚大陆均势格局已经无法死灰复燃。否则，美国失去的不仅是冷战胜利，还有历史信誉。

海湾战争的胜利使美国面临着新的考验，如何利用即将到来的冷战胜利构建新国际秩序。美国不希望苏联衰落之后走向极端民族主义的危险，从而继续威胁美国安全与动摇美国全球地位，而是希望苏联成为美国主导的新秩序下的重要成员。因为再次世界大战和冷战爆发，说明美国无法独立构建和维持新秩序。

美国在海湾战争中的胜利反衬着本已沉疴累身的苏联的暗淡未来。海湾战争结束之后，苏联领导人戈尔巴乔夫只有唯一选择，如何在强势的美国面前，争取尽可能多的缓和条件。无论是物质力量，还是内心意志，美苏之间本来就不平衡的冷战态势彻底瓦解，苏联最黑暗的前景加速到来。

影响地缘政治秩序的诸多因素本难以从数学角度分析。当苏联衰落的前景变得日益清晰时，欧亚大陆地缘政治秩序的未来却日益模糊。经典地缘政治理论如马汉的“海权论”、麦金德的“陆权论”、斯派克曼的“边缘地带论”、格雷厄姆的“高边疆理论”等，已经无法解释、推理、描绘未来新秩序的前景。尤其是当苏联出人意料地解体后，美国成为唯一一个超级大国，在欧亚大陆众多重要地缘政治力量中一枝独秀。这种格局在欧亚大陆前所未有，即一个海权大国在没有任何一个大国与之抗衡，试图主导未来欧亚大陆新秩序。美国作为两百年来的后来者和新来者，预示着欧亚大陆地缘政治秩序即将发生新的深刻变化。

苏联解体令欧亚大陆处于重构秩序前夜的复杂状态中，虽无序但又未失控。在欧亚大陆西部的欧洲，西欧出现胜利后的迷茫，而东欧在陷入混乱之后一心坚定向西转向，欧洲一体化进程出现新的更大动力。在欧亚大陆腹地的中东和中亚，孤立和衰落的伊拉克失去了地区影响力，伊朗增加了危机感，坚定了成为有核打击能力国家的决心。两伊位势的倒转使以色列地位上升，美国以更强的敌意对待伊朗。中亚出现众多新国家，初建待兴，被掩盖的历史矛盾喷薄而出，成为恐怖主义和极端宗教主义等新兴动乱因素的策源地。在欧亚大陆的东部，中国于 1992 年全面转向市场经济，开始经济腾飞，成为一个不可忽视的大市场，也成为美国难以忽略的潜在对手。日本凭借雄厚的经济实力，在海湾战争结束后看到实现成为政治大国雄心的“机遇”。东南亚诸多小国成立东盟，塑造了自身历史上从未有过的新安全与发展道路。然而，中国、日本、东南亚部分国家之间存在着海洋海岛的主权争议，台海危机的根源尚未消除。东亚和西太平洋是否会成为新“巴尔干”的疑问，开始在国际社会上萌生。

这些矛盾挑战产生的根源是冷战。充斥着难以消解的军事对峙和意识形态生死较量的冷战，使欧亚大陆边缘和中间地带的地缘政治价值，在美苏对抗背景下变得极为扭曲，众多历史积怨被美苏对抗强力掩盖的同时，却以不被注意的方式悄然无声地进行新的快速积聚与发酵，要么只待一次机会彻底激化，要么在重构新秩序中被新的智慧与技巧溶解。但是，历史上既定秩序遭到颠覆必定产生权力真空地带的定律，已经无法再次发挥作用。

冷战结束令美国有足够的底气在面对任何一个大国时，直言不讳地发出明确的信号：“如果要成为影响欧亚大陆秩序的一个举足轻重的力量，就必须与我密切协调。”但是，有一个变化不可否认。西欧、中国、日本在冷战中要么成为美国的盟友，要么成为美苏之间的重要平稳砝码来体现地缘政治价值，从而成为重要的欧亚大陆的力量中心。但是，冷战结束后，西欧、中国、日本无法利用美苏对抗来发挥自己的地缘政治价值，又应当怎样创造和利用什么样的条件，强化自己在后冷战时期的地缘政治价值呢？这三支重要力量又将如何影响印度和潜力犹存的俄罗斯呢？面对这些未知变化，美国不可能不陷入一个胜利者的迷思当中。西欧、中国、日本、印度和俄罗斯同样也容易因此而陷入迷思当中。冷战后欧亚秩序重构中不确定性因素正根源于此。

继承苏联的俄罗斯，国界线退回至彼得大帝时代。独联体成员的组成说明了俄罗斯地缘政治影响仅限于具有类似民族文化的白俄罗斯、乌克兰、格鲁吉亚等有限周边地区，对东欧、东南欧和波罗的海地区暂时无力左右。

西欧面对的安全威胁骤减，但是东南欧（如波黑）爆发的民族冲突、东欧政治动荡导致的经济低迷与社会动荡，令它难以独力消弥矛盾。西欧希望东欧和东南欧成为友善而又能互惠的邻居。

中国经济实力快速增强，但面临着诸多挑战。出于发展经济和繁荣市场的考虑，中国一直采取坚定、克制的方式来理性对待海洋和海岛争端、台湾问题。苏联解体使中国西部开始受到中亚地区动荡的影响。显然，专心于经济发展的中国，暂时只能尽量防范中亚地区动荡带来的风险，而无法主动遏制风险。

印度是苏联的传统友好国家，自然希望利用俄印关系增强影响力。冷战结束，与大西洋共同环绕欧亚大陆腹地的印度洋，在全球地缘政治格局中的地位上升。印度凭借在印度洋的天然位势、南亚次大陆对中东和中亚地区地缘辐射效应，成为一支跃跃欲试的力量。但是，印度与周边两个最大邻国均有难以解决的争端，深深受制于周边两个大国的印度，尤其希望得到美国、欧洲、日本的支持。

日本在冷战中实现经济腾飞，经济实力增强并没有改变其亦步亦趋追随美国的政治发展轨迹。苏联解体令最大安全威胁消失之际，作为经济实力世界第二的日本，自然无法克制由经济大国变成政治大国、军事大国的决心。但是，对历史问题的态度和与周边国家的海洋、海岛争端始终成为日本无法摆脱的束缚。

冷战之后的欧亚大陆并没有像人们希望的那样趋向稳定，相反开始成为酝酿地区动荡与大国战争的“火药桶”。如果欧亚大陆陷入近代欧洲式的复杂大国博弈年代，不仅意味着美国影响力的衰落，更意味着美国将被挤出欧亚大陆，深陷来自太平洋、大西洋、北冰洋的包围。避免这种风险需要付出无法预见的努力，这也是美国成为冷战胜利者必须要付出的代价。美国需要重新定位与欧亚大陆上各支地缘政治力量的关系，还要主导平息欧亚大陆上各个不确定何时、以何种方式激化的矛盾。这就是冷战后美国在构建新秩序时需要面临的挑战。

美国在冷战时期将全球战略重点置于欧洲。这一全球性战略在冷战结束后，仍然具有巨大的历史惯性。然而，美国不可能再利用和团结西欧对抗苏联和东欧，而是力争使欧洲成为美国主导全球更加牢固和稳定的基石。美国需要鼓励西欧发挥更大的作用，并与西欧加强协调，还需要构建新美俄欧秩序。当欧洲一体化进程在冷战结束初期不可逆转地开始加速启动时，美国立即主动推动北约东扩，抢在欧洲一体化进程之前将东欧国家吸纳进入美国主导的北约安全体系，从而以安全与市场两手影响欧洲一体化进程。当东南欧地区的民族矛盾急剧激化时，美国又成为波黑战争的主导者。这无疑是在告诉包括法国、德国在内的欧洲，没有美国，新时代的欧洲仍然无法走向和平与繁荣。

美国重新主导欧洲不可避免地将调整美俄关系。历史上有一个规律，失败者总是急于改变，而胜利者却难以作出及时改变，因为失败者面对失败的痛苦，使之比胜利者更加容易痛定思痛地摆脱历史惯性。俄罗斯在冷战结束之初，急切地显示出亲西方的新姿态。但是，美国却没有显示出对等的亲密善意。美国仅承诺不吸收独联体国家成为北约新成员国，却对波兰、匈牙利等东欧国家的申请加入北约，进行高调的积极回应。无疑，这深深地伤害了俄罗斯的民族自尊心。俄罗斯认为北约东扩是美国和西方对自己势力范围的“巧取豪夺”。从此，美俄关系成为冷战历史惯性最鲜明的见证。虚弱的俄罗斯“被迫”走向“双头鹰”战略，即仍然以欧洲为重点，提高对亚洲的重视。

中国是俄罗斯直接接触边界最长、领土最大、经济发展最迅速、人口最多的亚洲邻国。因为与美国之间在台湾问题、意识形态等方面存在不可调和的矛盾，中俄关系快速开启了继 20 世纪 50 年代前期中苏同盟之后的新一段蜜月期。但是，中俄关系与中苏关系本质上存在着天壤之别。当中俄 1996 年签署《中俄睦邻友好合作条约》时，预示着欧亚大陆陆权秩序正式进入冷战结束之后的重构时期。因为中俄并非军事同盟，更非寻求共同对抗美国，而是显示了一股潮流，曾经敌友易辨、敌友易变的大国之间，开始了新的对手与伙伴交织的关系模式。

中俄关系迅速升温不仅基于美国这个共同的因素，还有着急需稳定长达 7000 多公里边界线和发展经贸关系的共同诉求。旨在发展市场经济的中国不可能希望缺少美国这个独一无二强大的消费市场，以扩大出口以赚取外汇，也希望引进美国先进的科技与成熟的资本运作经验，优化经济结构和繁荣本国市场。当然，中国在台独势力日益兴起之时，需要从俄罗斯引进先进的军工技术和武器装备增强军事实力，以应对可能的台独事变。缺乏轻工业产品的俄罗斯也是中国扩大国际贸易的对象。中国与欧洲之间的贸易也在快速增长。

经济已近于崩溃的俄罗斯希望从扩大中俄贸易中受益，也需要中国持续购买自己的军工产品，更希望中国成为制衡美国的帮手，而非俄罗斯的安全威胁。俄罗斯并不希望中国强大到能以一己之力解决自身的安全威胁。

美国对俄罗斯和中国的心理均充满着矛盾。美国需要与俄罗斯和中国合作，共同应对不断恶化的大规模杀伤性武器扩散的公共威胁。苏联解体增加了世界上有核国家的数量，还增加了非国家组织成为有核组织的可能性。因为前苏联许多地区的政治动荡和经济萧条，造成了大批专业工程技术人员失业，甚至流离失所，大量核武器的生产原料的管理失之于严格。当美国担心大规模杀伤性武器扩散至恐怖分子或者其他极端分子手上时，美国对待俄罗斯和中国的态度必须要以不触发敌意为底线，同时又需要利用一些矛盾来遏制俄罗斯与中国。

除吸收东欧国家加入北约之外，美国遏制俄罗斯还包括了削减常规兵力与控制核武器谈判。美国遏制中国的切入点主要是可资利用的矛盾，包括中国东部的海洋和海岛主权争端、“台独”势力，还可以利用中国日益依赖能源进口来制造“马六甲困局”。

中国处于地缘枢纽位置，与日本、印度、东盟等诸多日益重要的力量直接连接。因此，中国经济实力快速增强和综合国力显著提升产生了复杂的效应。一方面，拥有13亿人口的巨大市场急剧形成，以所有人都意想不到的速度与力度，推动西太平洋地区市场与经贸一体化，使各个国家利益在全球化加速背景下快速交融。另一方面，日本和印度对中国的防范之心日益强烈。

任何大国实力地位的变化必将导致安全战略的变化，从而使周边安全态势发生变化。冷战结束后，日本由近海为主的专守防御战略，开始转变为走向远洋的积极防御战略。即使在整个20世纪90年代，日本陷入经济低速发展泥潭，但凭借着先进的科技、雄厚的经济实力，它仍然成为发展用于海外行动的军事实力速度最快的国家。日本随着美国强化控制西太平洋而不断提升日美同盟。日本不断走向远洋和日美同盟扩大防卫范围，又为激化中日间海洋和海岛主权争端埋下伏笔。至此，欧亚大陆陆权秩序与西太平洋海权秩序开始以新的力度和深度互相影响。

印度仍然拥有传统俄印友谊，但无法得到如苏联时代般的强力支持。面对着亚太巨大经济发展成就向全球辐射、中国日益强大和领土争端的掣肘等多重矛盾的机遇与挑战，印度无法不增强在印度洋的话语权，希望提升自己在新的战略格局中的影响力。当然，最重要的是，印度需要将影响力伸向马六甲海峡这个咽喉要道，对美国、中国等大国增强战略筹码。同时，作为南亚次大陆人口最多、军事实力最强的国家，印度还不断拓展对南亚的影响力，加速发展核武器，并在1998年“冒天下之大不韪”进行核试验。

当美国强化主导欧洲新秩序而引起俄罗斯走向双头鹰战略，国力迅速增强的中国与俄罗斯出现共同取向，中国的变化又影响到西太平洋和印度洋，进而又影响到了美国对亚太地区的关注。美国如何应对这一系列连锁型变化，将决定欧亚大陆地缘政治格局，也就是陆权秩序的走向。

美国面对的大国战略格局正发生着前所未有的剧烈变化。欧洲、俄罗斯、中国、印度、日本各个重要的地缘政治支点性力量，没有一个可以独自对其他形成绝对强势，更无法摆脱对方而独自发展获利，但又存在矛盾激化为大国战争的可能。已经出现利益日益一体与矛盾丛生两个趋势并行不悖的错综复杂的趋势，既非近代欧陆均势格局的扩大翻版，也非近代欧陆均势遭到破坏前夜时大国冒险与实力外交导致的力量失衡格局。

没有任何一个大国可以在综合国力和国际影响力与美国相提并论，但不代表美国能够完全消除危险。不确定性因素不断增多，意味着美国必须认识到，面对错综复杂的格局，美国的危险源自于何处。显然，美国的危险根源于两个方面：一是来自欧亚大陆上大国的军事挑战。二是来自对美国在中东地区主导性战略地位的挑战。两者均对美国的国家安全、发展机遇共同构成威胁。

一体化进程加快的欧洲，尽管作为核心大国的法国，始终与美国保持着相对独立性。但是，欧洲比冷战时期更需要美国来解决欧洲地区的动荡与危机。更加重要的是，政治巨变之后的东欧，在重塑政治制度、发展市场经济时，争取美国的政治与经济支持成为外交的重心。对中东石油严重依赖的欧洲需要美国主导中东，以避免中东出现动荡。欧洲仍然是美国安全的屏障与扩展战略的助手，而非平起平坐的竞争者。

日美同盟是日本在冷战时期国家安全的保护伞。冷战结束后，日美同盟的防卫范围从日本周边近海逐步扩展至整个西太平洋。美国将日美同盟当作维护和增强西太平洋战略地位的基石。日本海上自卫队、空中自卫队和陆上自卫队装备的先进武器，均是从美国进口，其中主要雷达和其他情报侦察系统，只能在驻日美军首肯下才能装备使用。日本将中东—印度洋—台湾海峡看作生命线。日本比欧洲更加需要中东在美国主导下稳定。

印度作为大力快速发展海上实力和核打击能力的国家，没有独立和完整的国防工业体系。但是，大量的人口和优势的英语水平，使印度成为美国在印度洋的潜在伙伴，防止中东南部陷入动荡的重要支点。

俄罗斯拥有规模与美国旗鼓相当的核武库，国内丰富的自然资源不需要依赖中东进口，况且中东如果能够离心美国的主导而处于动荡中，美国便无法集中足够的力量推动北约东扩。地跨欧亚两大洲的俄罗斯，不仅影响着欧洲的安全治乱，还在朝鲜半岛、西北太平洋、北冰洋等地缘政治板块中拥有重要的影响力。

中国经济快速发展，军队在冷战结束后也开始快速转型，但并没有足够的军事实力和经济实力来挑战美国。与邻国的海洋和海岛主权争端阻碍着中国走向海外。中国从 1993 年变成石油进口国后，也需要中东保持稳定，而非动荡。

所以，冷战结束的相当时期内，对美国构成最大威胁的是俄罗斯，其余各个地缘政治力量，充其量只是潜在对手，而且有一个趋势越来越明确：欧亚大陆地缘政治格局中的各个支点性力量，必须与美国密切协调才能确保自身的利益与安全。

因此，欧亚大陆陆权秩序是以美俄互动为基础，由美俄互动影响到的美俄中三角、美俄欧三角、美中日三角、美印中巴四角等多个力量支点所形成的复杂互动。

美俄互动是欧亚大陆陆权秩序的基础。俄罗斯周边成为权力博弈的焦点，东欧正在极力摆脱俄罗斯的约束；俄罗斯在中东的传统盟友如伊朗、叙利亚继续保持着与美国的对立；俄罗斯与日本之间仍然存在北方四岛争端；俄罗斯与中国关系日益稳定，中国不可能再像冷战时期与美国联合共同遏制苏联那样遏制俄罗斯。美国极力推动北约东扩并没有遇到俄罗斯实质性抵抗；美国继续孤立伊朗和叙利亚；美国开始向前苏联的软腹部中亚渗透；美国与中国开始出现复杂的关系态势，一方面美国与中国互为日益重要的贸易伙伴，另一方面，美国加大了利用台独牵制中国的力度。

在这种情况下，苏德战争式的战争模式不可能再出现在欧亚大陆。各大国面临的战争威胁是局部战争，即战场只局限于某个或者某几个地区、规模有限、政治目标有限、参战兵力规模有限的战争。要赢得这样的战争，必须建设一支这样的军队：先进的作战思想、密集的技术装备、快速的反应能力、高效的部署能力、精干的兵力结构、优秀的职业军人。复杂交错的地缘政治格局对各个大国建设军队有了新的时代背景，海湾战争使美军成为各个大国重塑军事力量的重要参照。

第二次车臣战争

大国命运沉沦造成地缘政治格局突变，民族矛盾、社会矛盾也会趁势相继激化爆发。冷战结束后，作为苏联继承者的俄罗斯，对外在美国失去的北约东扩面前步步后退，对内在混乱的政治和崩溃的经济面前几乎束手无策。旨在使车臣独立的车臣武装组织，借助长久累积的民族矛盾，使俄罗斯处于滑向绝境的边缘。“第一次车臣战争”［俄军于 1994 年 12 月开始发动针对车臣武装叛乱分子的军事打击。经过近两年的作战，俄军损失惨重，取得的最大一次战果是 1996 年 4 月 21 日，俄军用精确制导导弹击毙车臣分裂势力首领左卡尔·杜达耶夫。1996 年 5 月 27 日，俄罗斯总统叶利钦亲身前往车臣宣布俄军取得战争胜利并结束战争。然而，1996 年 8 月 30 日，俄总统驻车臣全权代表、俄安全会议秘书列别德与车臣非法武装参谋长马斯哈多夫在达吉斯坦共和国首府签订了被俄罗斯举国认为是一纸屈辱的《哈萨维尤尔特协议》，因为协议中双方同意无条件停止使用武力和以武力相威胁解决冲突；将车臣地位问题在 2001 年以前解决。1996 年 10 月 19 日，雷布金接任列别德解决车臣问题。12 月 29 日，雷布金宣布，原定常驻车臣的 101 旅和 205 旅全部撤出车臣。第一次车臣战争结束。据俄国防部统计，截至 1996 年 8 月 30 日，俄军阵亡 2837 人、伤 13270 人、失踪 337 人、被俘 432 人；损失飞机 5 架，作战直升机 8 架，坦克、装甲输送车、步兵战斗车和装甲侦察车 500 余辆；直接经济损失约 50 亿美元；车臣武装分子有 15000 人被消灭］中，低落的军心士气、陌生的战场环境、对敌手的低估、军队缺乏有效的作战准备等因素，使看似令人生畏的俄军损兵折将，最终在胜利无望的情况下被迫撤兵。虽然车臣没有宣布独立，但这样的战局令俄罗斯的实力地位处于拿破仑战争结束以来的历史最低点，亦令历史上赫赫威名的俄军颜面扫地。

为了防止继续衰落，经过一系列政治、军事和经济准备后的俄罗斯，于 1999 年 8 月 26 日发起了“第二次车臣战争”［1999 年 10 月 1 日，俄军进入车臣，2000 年 1 月攻车臣首府格罗兹尼，车臣分裂势力基本被消灭。随后，车臣境内经常出现车臣武装组织零星袭扰和制造恐怖事件］。如果第二次车臣战争再一次失败，俄罗斯将面临苏联解体之后又一次更加严重的地缘政治地位的衰落，将遭受更加深重的民族灾难。战争实践说明，第二次车臣战争是俄罗斯濒临绝境时挽狂澜于即倒的战争。俄罗斯高举反民族分裂的旗帜，统一了全国的政治意志、重振了军事威信。

第二次车臣战争之后，俄罗斯不仅挽回了继续衰落的颓势，还阻止了其在欧亚大陆中地缘政治地位的衰落。否则，如果俄罗斯继续衰落，那么欧亚大陆秩序的演变将又是另外一番景象。

知耻而后勇：重新集中军队的领导权

尽管"车臣问题"［早在沙皇时代，高加索地区就动荡频发。1917年十月革命成功，高加索地区出现数个各自独立的"国家"政府。1922年底，苏联收回全部高加索地区。但是，高加索地区仍然频繁出现民族部落叛乱事件，斯大林采取强力手段镇压，导致民族积怨颇深。1941年6月，苏德战争爆发后，富含石油和天然气的高加索地区成为焦点，双方均派出重兵争夺。希特勒在兵力非常紧张的情况下，派遣霍特率领1个坦克集团军群前出到高加索山区，抢夺格罗兹尼石油。如果把这支劲旅用在斯大林格勒，战争的过程就会有所变化。斯大林担心车臣投向德国。贝利亚了解到斯大林的担心，于1944年3月动用内卫部队，用火车将整个车臣民族人口迁往西伯利亚，导致民族积怨更深。1991年8月19日，苏联解体。1991年10月27日，杜达耶夫通过"合法选举"成为车臣－印古什共和国总统，随后宣布车臣是主权国家，11月2日，俄罗斯联邦最高苏维埃宣布车臣－印古什总统选举非法］由来已久，但车臣武装组织制造民族分裂的行径恶化为俄罗斯民族危机，其根源不是民族问题，而是俄罗斯国力衰败导致的政治动荡、经济凋零、社会混乱、外交被动。

缺乏理性判断敌我战略形势、战场实际的军队，总容易处于过度怀疑和过度自信两种摇摆之中。1994年11月，俄罗斯时任总统叶利钦决心武力消灭车臣武装组织，俄罗斯政坛对是否使用军事手段解决问题众说纷纭、意见不一。"俄军部队接到下达开进车臣境内的作战命令的当天"［1994年12月11日，叶利钦签署《解除非法武装和在车臣境内恢复宪法法律制度》的命令，同日，俄军和内务部部队共约3万余兵力，从西部、西北和东部三个方向向格罗兹尼开进，先头部队于12月16日进入车臣，12月31日便开始正式打响攻城战］，俄罗斯国防部有三名副部长公开表示反对动用军队，质疑军队在本国境内作战的合法性，还有一些参战部队的高级指挥官拒绝担任前线指挥员职务。参战部队中，挫伤作战意志和涣散作战纪律的事件屡见不鲜。许多俄军军官认为战争是"自己人打自己人"，甚至有参战部队出现了士兵母亲到前线去领儿子回家的事件。与质疑和反对车臣动武相反的是，还有一大批"包括国防部长在内的盲目乐观的高级军官"［俄罗斯国防部下达作战命令后，国防部长П·格拉乔夫大将在记者招待会上宣称："粉碎车臣武装对俄军来说不成问题……只需要一个伞兵团，两个小时内就可解决一切问题。"然而，当他亲自指挥攻打格罗兹尼城区时，指挥部连合适的作战地图都没有（城区作战所需要的地图比例至少需要 1 ∶ 50000，而攻城俄军使用的是 1 ∶ 100000 的地图）。攻城作战开始三周后，他不得不临时增派攻城部队，使攻打格罗兹尼城区的总兵力达 38000 人，坦克 230 辆、步兵战斗车 454 辆、火炮和迫击炮 388 门］。他们可能仍然陶醉于苏军时代的强大，也可能忘记了苏联入侵阿富汗的惨重教训，轻敌之心溢于言表。

人心不一和党派斗争超越了国家存亡时，军队领导权既是产生危机的原因，也是其结果。没有统一的领导指挥，武器装备看似可比肩美军的俄军，在经济崩溃和社会混乱的腐蚀下，官兵士气低落、兵种协同混乱，后勤保障不足，最终在第一次车臣战争中落败而归。

曾经引以为傲的军队如此蒙羞，不仅令举步维艰的政府难堪，也令忙于攻讦政府的在野政治力量感到震惊，更令充满着荣誉感和拥有辉煌历史的俄罗斯军队全体将士感到耻辱。因此，尽管第一次车臣战争使本已危机不断的俄罗斯雪上加霜，但其从没有放弃过重整旗鼓的准备。

第一次车臣战争的失败，使车臣问题由俄罗斯“肌体”上的切肤之痛变成“致命毒瘤”。如果再次发作，俄罗斯将可能由衰而亡。亡国造成的恐惧最容易弥平政治分野。第一次车臣战争失败给俄罗斯政界、军界的最大教训就是，国家政策和军事战略没有统一的思想与意志，政治决心和军事目标互相干扰，导致战争缺乏整体谋划与准备，以至于落败而归。

俄罗斯政坛虽然意识到车臣危机造成民族分裂的巨大危害，但车臣问题已经成为各种政治力量博弈以抬高自己和打压对手的政治焦点。由于不排除总统叶利钦及其支持者决心采取军事手段解决车臣问题的众多动机中，包含着在国家经济社会发展乏力时，转移注意力的可能性，众多在野政治党派极力与政府“作对”所渲染出来的政治氛围，形成的政治掣肘和社会舆论纷扰，令叶利钦在实施战争决策后，畏首畏尾、患得患失。尽管政府对车臣危机作出第一时间的军事反应，但是政治混乱导致军事行动有速度但低效果，从而丧失了反分裂的“黄金时间”，丧失了以较少流血、较小动荡来扑灭危机的良机。

政治混乱和社会舆论纷扰不可能不影响到俄罗斯军队。首先，政治混乱和社会舆论纷扰，使俄罗斯军队战略指挥层面无法正确地理解政治决心，军队内部对是否武力解决也是意见不一、众说纷纭，战略指挥的众多作战目标之间互相干扰冲突，无法协调。

其次，一支军队多个作战目标互相干扰冲突而无法协调，必将导致在战役战术层面上，参战部队无法进行有针对性的作战准备，指挥员的主观判断与战场的客观实际不符，部队既不“知彼”，也不“知己”。混乱的政治领导与战略指挥，使俄军部队疏于掌握车臣武装分子的作战特点与专长、战场地形天候等，也没有客观评估自身弱点。当面对不利地形、复杂社情时，参战部队对作战行动艰巨性、长期性的心理与物资准备不足。政治、经济和社会危机严重不仅影响军心，而且还使政府无法提供足够的军费，致使各种武器装备与军事设备的完好率低下、部队训练时间和效果无法落实。

最后，叶利钦为了巩固脆弱的政治地位，防止军队尾大不掉地威胁其权力，对俄罗斯武装力量进行分而治之，致使军队领导权力软弱分散。军队领导权力软弱分散，直接的危害是前线战役指挥混乱。第一次车臣战争中，俄军以北高加索军区为基础，组建了由北高加索军区司令员担任最高指挥官的前线战役指挥机构，统一指挥车臣地区军事行动。根据苏军惯例，俄军总参谋部成立了以作战部副部长 Л·舍夫佐夫中将领导的作战小组，负责在国家政治领导、军队战略指挥与前线战役指挥之间居中协调。国家政治领导—军队战略指挥—前线战役指挥三级指挥体系的构成，又有一个具有较强权威的作战小组，俄军第一次车臣战争指挥体系是完善的。

但是，完善的指挥体系要实现高效运转必须要存在两个前提：一是清晰而明确的指挥权力界定。第一次车臣战争期间，作为前线战役最高指挥官的北高加索军区司令员甚至连一份组织和实施作战行动的指挥文书都未签署，所有的指挥文书都是由军区参谋长代为签署。前线战役最高指挥官的权威遭到严重削弱，与军事力量内部权力关系遭到政治斗争影响密切相关。第一次车臣战争的参战部队来自俄罗斯国防军、内卫、特警、安全部队等多支武装力量体系，互不隶属、各自为战。二是指挥机关必须进行充分细致的作战准备。由于权力关系模糊混乱，北高加索军区司令部没有及时转入战时工作状态，既没有重新修订作战计划，也没有建立协调陆空火力机构，没有完整地向部队明确敌情，甚至在战前没有进行指挥机关演练。

指挥体系完善但无法高效运转，导致俄军在第一次车臣战争中，“只有各个军兵种部队形式上组合为一体，但指挥与作战行动各自独立，整体协同与保障低效”[最典型的是1996年12月2日，俄国防军一个空降兵连约150人，在格罗兹尼附近山区执行封锁任务时，遭到上千名车臣武装分子包围，但车臣武装分子缺少重武器，火力差，战况非常胶着。这本应是俄军调集兵力增援，反包围进行大量歼敌的良机，并且距离战斗地区仅数公里便有一支内卫部队。但是，俄国防军空降兵连与内卫部队上级指挥机构互不隶属，几经周折完成指挥协调，当内卫部队接到增援命令时，却没有足够的火力支援，致使俄军一个精锐空降连苦战3昼夜后全部被歼]。军事技术发展使军兵种部队专业化程度越来越高，遂行作战任务不仅需要提高专业化部队的作战效能，还需要其他专业化军兵种部队支援配合。各个军兵种部队行动之间是平行的互相支援的配合关系。

军队领导权的软弱分散使前线战役指挥官及其指挥机构形同虚设。涉及复杂历史与现实根源矛盾的反民族分裂军事行动，特别需要军事力量、民事力量、国家情报力量等多种力量在政治、军事、情报、经济社会等各个层面斗争行动互相融合。这其中，对军队的强力、统一的领导权是根本因素。这是第一次车臣战争给俄罗斯军政高层和普通民众造成的最深刻教训。

1999年底，叶利钦任命普京担任政府总理，不久又由普京担任代总统。在准备第二次车臣战争时，普京作为新领导人，不仅加强了与其他政治党派协调，还强力打击质疑政府出兵的媒体，主动引导社会舆论。政党协调和统一舆论是军队领导权的政治保障。

有了可靠的政治保障，军队领导权重新集中的标志就是统一指挥、统一编成作战力量，建立顺畅的指挥关系。第二次车臣战争开始之前，俄军组建了由北高加索军区司令员B·卡赞采夫为总司令的联合作战集团。俄罗斯国防部在作战命令中明确规定，联合作战集团包括陆军、空军、空降兵、海军陆战队、内务部队、边防军，以及联邦安全局等其他强力部门的兵力。“其中，在兵力编成和指挥关系上，打破了各个军兵种间的体系藩篱，将各个军兵种部队中功能相近的部队组建为各个专职性任务部队”［各个专职性任务部队中，特种作战部队的联合编成最为典型。它将陆军、空军、海军陆战队、内务部队中的特种作战分队集中组建，由总司令B·卡赞采夫上将直接指挥。其余专职性任务部队包括：地面作战部队、空中作战部队、电子对抗部队等。值得注意的是，各个专职任务部队建立的模式大幅度摆脱了苏军作战力量编成的传统模式。比如，俄军没有建立苏军特别重视的反坦克预备队、快速障碍设置队和第二梯队，将后勤部和技术保障力量紧靠专职性任务队配置，而不是建立在战场后方地域。这样的兵力编成是苏军时代无法想象的］。

统一指挥和科学编成兵力，并向各个军兵种部队规定每个作战阶段的明确作战目的、作战任务、作战时间、战场空间，有利于使之彼此配合，形成整体效能。其中，航空兵和炮兵实施远程打击，向地面作战提供持续的高强度火力支援；特种部队、空降兵和海军陆战队等精锐力量主要任务是抢占高价值的要点和交通枢纽；陆军部队负责攻城和机动作战；内务部队主要对占领区进行警戒控制和肃清残敌。第二次车臣战争比第一次车臣战争的战况更加紧张激烈，车臣武装组织在俄军协调高效的攻击面前，迅速溃败，但是仍然与俄军周旋，使第二次车臣战争之后的车臣地区进入非战非和的混乱状态。这也说明俄军在第二次车臣战争中，仍然没有发挥出理想的规模性优势。

战术的核心不是距离而是速度：扬长避短的非接触作战

第一次车臣战争中，俄军无法制定正确的战略战术的直接原因是战场信息不对等。俄军不熟悉战场环境，但车臣武装分子却非常熟悉战场环境。车臣武装分子在“属于自己”的城镇与山地中展开近战和夜战，给俄军制造了相当大的痛苦。

俄军尚未脱离苏联军队擅长和习惯的大规模正规兵团对抗的作战模式，尤其是陆军和空军的作战思想、部队编制装备，是立足于与美军在东欧平原、亚洲等地域和空域展开正面对抗而设定。这导致俄军在第一次车臣战争中对车臣武装组织的研究与准备严重不足，反游击战、山地作战能力偏低，尤其是不善于近战和夜战。在利用熟悉地形进行隐蔽设伏、机动袭扰的车臣武装分子面前，俄军那些为与美军作战而研制并装备的先进兵器，难以高效打击车臣武装分子隐匿在山地中的零星目标和移动目标。

痛定思痛。俄罗斯在第二次车臣战争中汲取了这一教训。俄军筹划和准备每一次战役或者战术级作战行动时，都力求避免与车臣武装分子在步枪、轻型火炮射程距离之内的“短兵相接”，尽量利用非接触作战，在车臣武装分子火力打击范围外发起进攻行动。

如果仅仅从字面理解某一种作战方式，容易使指挥员在设计作战行动时陷入形而上的僵化。非接触作战是一种特别容易引起误解而导致错误使用的作战方式。从字面理解，非接触作战意味着“你打不到我，但我却能打到你”。然而，非接触作战的精髓不是将远程打击手段作为决胜力量，而是扬长避短地缩减“情报—火力—评估”作战行动周期。

作战行动周期本质是作战行动效率的指标。其中，情报作为基础环节，决定作战手段运用效率，最终决定着作战行动的效果。车臣武装分子在车臣境内连为一体的城镇、乡村、荒野中，化整为零、昼伏夜出，使俄军远程打击手段难以侦测到实时的目标信息，无法对复杂的战场作出反应。

情报能力的强弱体现在目标信息的实时价值。第一次车臣战争中，强大的俄军并非不重视航空兵和炮兵等远程打击兵种，而是在指挥混乱和盲目轻敌中，忽视了目标信息的价值。忽视目标信息的实时价值，使俄军在陌生的战场环境中犯了两个致命错误：一是过分强调政治对军事的统御。俄军急于结束军事行动，利用兵力和火力的规模性优势，快速攻占了车臣首府格罗兹尼。过分注重政治需要，反而容易束缚军事行动。俄军虽然认识到车臣首府的政治价值，但在军事上自缚手脚，未经充分准备便投入到并不擅长的巷战和山地作战中，尤如一头巨大的棕熊在狭窄而又黑暗的山洞中与一群瘦小的豺狼搏斗，不仅有力难伸，还遭到无情的嘶咬，最终遍体鳞伤地撤出。二是先进的技术无法支撑正确的战术。目标信息的实时价值不仅体现在情报系统能快速捕捉到目标出现的位置及跟踪位置的变化，更关键的是，指挥员可以指令当时、当地最合适的作战手段或者部队予以打击。第一次车臣战争中，俄军在地面部队向车臣境内开进时，便集中利用航空兵对车臣境内重要目标进行定点打击。这样的战术是合理的。俄军大规模使用航空兵，取得了标志性战果。俄军地面部队围攻格罗兹尼之前，航空兵便摧毁了车臣武装分子可能利用的所有机场、炸毁了车臣武装头领杜达耶夫的座机。另外，车臣武装分子控制的广播电视塔、报纸印刷工厂等建筑物也遭到俄军航空兵摧毁。然而，车臣武装力量落后的技术与组织反而成为其强点。它不依赖完整的重工业体系、现代媒体和先进通信手段、作为现代化文明标志的民生设施。俄军面临着这样一个困境：摧毁固定的大型军政目标越多，消灭车臣武装分子的难度便越大。因为当携带轻型枪炮、电台的车臣武装分子在城镇、乡村、山地中“神出鬼没”时，俄军实时获取这些目标信息的难度越来越大。俄军地面部队占领格罗兹尼并开始围剿后，航空兵只能在难以获知实时目标信息的情况下，几乎是不问青红皂白地盲目轰炸。俄军航空兵的盲目行动导致了本来就混乱的指挥出现了灾难性障碍：任务下达不具体，扼杀飞行员的主动性和积极性。当他们发现车臣武装分子的移动目标和阵地时不是坚决打击，却因为担心“错误地执行任务”［由于无法实时和准确获得目标信息，俄军航空兵大量地误伤了己方部队和平民百姓。俄罗斯政府和军队因而陷入西方国家和国内在野党的口诛笔伐］而先请示上级是否开火。贻误战机的后果就是陆空无法高效协同，无法按照预定作战计划完成任务。

非接触作战的核心并非使用远程作战手段，而是提升目标信息实时价值。车臣武装分子对俄军最大的威胁不是在城镇和山地中的阵地防御作战，而是捉摸不定地“打一枪换一个地方”的游击战。俄军最急需的实时目标信息不是车臣武装分子的火器阵地和兵力部署，也不是经过所谓科学分析得出的行动企图和战斗能力等结论，而是小规模兵力和重要人物的行动路线、驻足地点等情报。显然，情报需求超出了参战部队的侦察能力。为此，俄军构建了严密的侦察体系。俄罗斯联邦安全局、俄军总参情报部、俄罗斯内务部情报局、参战部队的侦察资源进行整合后，形成了涵盖军事、民事等领域的全面侦察体系，基本克服了难以实时获得目标信息的弊端。

相反，第二次车臣战争中，当车臣武装分子得知俄军卷土重来时，在第一次车臣战争“胜利的鼓舞”下，却一反谨慎行事的风格，不待俄军到达格罗兹尼，在其开进途中便展开主动拦截式打击。然而，此时的俄军汲取了上次教训，已不可能再将作战行动清晰而明确地划分为“战场机动—投入作战”两个分割、独立的行动阶段。俄军向车臣开进途中便处于交战状态。因此，俄军在开进途中，能否有效打击先期伏击和穿插之敌，成为左右战局的关键。

俄军地面部队向车臣境内开进时，特别注重搜集和查明开进途中可能遭遇封锁和伏击的地点，派出“先进的空中侦察手段”[鉴于车臣的复杂地形和武装分子小规模行动特点，要获得实时的敌情情报，外太空的侦察卫星和高空侦察飞机的作用是有限的。最具实用价值的是实时低空侦察。俄军在第二次车臣战争中，使用了较为先进的苏-24MP侦察机和“蜜蜂-1T”无人驾驶侦察机。苏-24MP侦察机可昼夜进行低空侦察，可确定4—6个间隔50—100公里的目标坐标，误差仅有200—300米。最重要的是，它能够同时分辨出15—20部开机雷达。“蜜蜂-1T”无人驾驶侦察机可以110—130公里的时速在100—3000米的高度连续飞行两小时，侦察范围达300平方公里]先期查明车臣武装分子的重火器及其转移情况，以及周边地形，避免在开进途中被敌人分割包围。当俄军地面部队接近格罗兹尼时，又在持续进行低空侦察的基础上，“一反常规地使用了地面侦察力量”[根据俄军编制，俄陆军师编有独立侦察营，团编有侦察连，装备战斗侦察车。然而，俄军前线指挥部规定各支地面部队除使用建制内侦察力量外，还应当抽调作战人员遂行侦察任务。各个师也特别重视侦察与打击的一体行动效率，有的营甚至专门指定一个排的兵力担任侦察任务，在营行动范围之外的15公里区域内实施侦查与打击。在第二次车臣战争中，师侦察力量的行动距离达80公里，团侦察力量的行动距离达50公里，远超过作战条令的规定。值得注意的是，俄军针对地面侦察人员的行动局限，在侦察力量体系中专门组建本来使用于主要攻防任务的装甲群来实施侦察-打击的一体行动任务。每个装甲群编4辆步兵战斗车、2辆坦克和2辆装甲输送车]，重点查明车臣武装分子的据点、阵地、工事和可能隐匿的地点等，并在各个据点、阵地、工事和可能隐匿地点之间的路线上进行寻机歼击。俄军各种地面侦察力量与其他情报力量协作，牢牢盯住了车臣武装分子的活动轨迹，使他们的基地、机场、弹药库、工事等固定目标遭到毁灭性打击，众多运动目标也遭到实时的精确打击。

非接触作战中，目标信息的实时价值最终需要通过灵活使用各种远程作战手段来实现。俄军主要远程作战手段为航空兵和炮兵。俄军擅长集中使用航空兵和炮兵进行大规模集群突击，疏于分散、机动打击零星目标。但是，情报牵引作战行动的现实规律远远强于历史经验的惯性。目标信息的实时价值得到较为可靠和稳妥的保障后，俄军航空兵开始以小规模、多机种编队的形式进行空中突击。空中突击在战争一开始便保持高强度。小规模和多机种编队空中突击，不仅考验着俄军的指挥和装备，还考验着俄军飞行员的素质、陆空地面协同效果，以及情报行动能否持续高效。俄军参战航空兵部队在第二次车臣战争中避免了盲目乐观和自信、急于求胜的心理，飞行员和地勤人员斗志更加昂扬，一改俄军航空兵传统作战思想和作战方式，各类机型不断灵活变换编队战术，以并不擅长的小、快、灵方式，对车臣武装分子的基地、火箭炮阵地、防空兵器、重要的交通路线、指挥所、交通枢纽等重要目标进行狂轰猛炸。

俄军的持续稳步推进，使车臣武装分子越来越频繁地离开阵地和工事的依托，以小股兵力进行分散游击。俄军航空兵只能瞬时反应、临时编组、全时行动。随着俄军航空兵“出动强度不断提高”［俄军地面部队开进初期，俄军航空兵平均每天出动 100 余架次；俄军地面部队进至格罗兹尼、阿尔贡、乌鲁斯马尔等地附近围攻重要地区时，俄军航空兵平均每天出动 160 余架次；当俄军地面部队攻占重要城镇之后的清剿行动阶段，俄军航空兵平均每天出动 220 多架次］，一些问题也相继暴露。这充分映证了一个普遍的军事规律：即使一支军队充分重视对手和细致分析战场环境；即使军队人员的战争意志强烈和士气高昂；即使能够合理地分配兵力；如果没有平时强大的经济实力和科技实力作为支撑，即使取得胜利也会充斥着惨痛的教训。其中的教训主要有两方面：

一是经费紧张导致飞行员缺乏正常的战斗飞行训练。1998 年的经济危机令俄罗斯经济陷入崩溃，本来已经捉襟见肘的军费更是无法支撑正常的军事训练。“没有足够的训练时间保障，飞行员作战技能无法提高”［根据俄空军司令员科尔努科夫的说法，1998 年，俄军飞行员的累计飞行时间平均只有 21 小时，而按照原计划应为 28 小时。1999 年，飞行员的累计飞行时间进一步减小，三代战斗机的飞行员年飞行时间只有区区 10 至 15 小时，强击机飞行员为 22 至 24 小时，轰炸机飞行员为 22 至 26 小时。前苏联时期，苏联空军要求一级飞行员每年的标准飞行时间为 150 小时。俄空军条例规定，一级飞行员每年的平均飞行时间不应少于 80 小时］。缺乏基础性飞行训练和使用并不擅长的空中突击战法，令俄军飞行员很难取得令人满意的战果。

二是俄军航空兵的武器系统严重老旧。车臣武装分子缺乏先进的防空兵器，使俄军航空兵拥有无可争辩的技术优势。可全天候实施近距离空中支援的苏 -25T 飞机上，安装有先进的“目标指示系统”［这套系统具备对目标放大 23 倍的能力，飞行员最远可在 20 至 22 公里以外发现、识别、锁定目标，在 3 至 4 公里的高度上，从距离目标 2 至 3 公里处发射精确制导炸弹或者精确制导导弹］，便于在复杂的山地和城镇中寻找目标，以发挥精确制导武器弹药的威力。但是，在第二次车臣战争中，俄军航空兵主要武器系统与第一次车臣战争相差无几。俄空军航空兵的主要战机是苏 -24、苏 -25 强击机和图 -22M3 轰炸机。它们是根据冷战需要而研制的武器系统，主要弱项是缺乏先进的电子设备和很低的雷达侦察性能，以至于对空中侦察飞机和地面对空联络的情报、通信力量极为依赖。作为军事技术强国和军事工业大国的俄罗斯，拥有雄厚的技术储备，可与美国、西欧空战武器系统相抗衡的新型战机已经研制成功，但因为令人羞涩的军费，无法及时供部队使用和训练。针对复杂战场地形的空中支援与空中突击作战，能力指标不再是单架飞机单纯的火力与机动性能，而是集实时侦察、精确打击，甚至指挥控制于一体的体系性参数。俄陆军航空兵主要战机是米 -24 雌鹿空中支援直升机、米 -8 河马多用途直升机。这两种飞机平均每天出动只有 40 架次。俄罗斯陆军最新型武装直升机卡 -50 和具有夜间行动能力的米 -28N，只是在第二次车臣战争的最后阶段投入战斗。这样的行动强度与俄军的国际地位和声誉不相匹配。

信息技术和航空技术的发展，使空中作战的力度、频度，均与工业化战争时代不可同日而语。面对既无大量重装备，也无密集重兵集团的车臣武装分子，俄军航空兵缺乏先进的信息系统（如精确的卫星导航系统、地空直接联通的通信系统、电子干扰系统等），极为依赖地面人员目标引导。俄军航空兵虽然多方向、小批次和不间断地灵活打击了车臣武装分子及其阵地，以及重要移动目标，但是摧毁效果仍然不够理想。作战行动的惨痛教训从来不可能根源于单纯的军事原因，也不可能仅仅造成消极的军事后果。俄军航空兵部队缺乏训练和落后的信息系统，使战机上许多精确制导武器炸向了平民和民事目标。因而，俄罗斯在第二次车臣战争中，仍然无法完全摆脱政治被动。

非接触作战效果取决于各种远程打击力量能否各施所长、互补其短。由于飞行员战斗飞行训练不足和武器系统无法全天候、全昼夜、全战场覆盖实施空中打击，车臣武装分子可以非常容易地发现俄军航空兵行动规律而规避空中打击。在这种情况下，俄军炮兵必须快速在山地和城镇进行机动和灵活部署，使车臣武装分子无处遁形。俄军作战条令规定炮兵的基本作战原则是密集火力突击。但是，分散于山地和城镇的车臣武装分子使俄军炮兵的运用面临难题。由于炮兵没有制导系统，命中率完全依赖射手技能、火炮装备状态和炮弹轨迹。如果俄军炮兵仍然僵化地按照作战条令建制性运用，大规模面杀伤的密集火力不仅无法根据打击目标的变化加以灵活运用，还容易误伤己方人员。

俄军炮兵的作战运用是较为成功的。主要表现在炮兵、航空兵、地面侦察力量、地面突击分队之间的协同动作比较顺畅。

俄军炮兵主要分散配置于一线战斗部队，针对车臣武装分子小规模活动和战场地形复杂的特点，主要进行火力准备和根据召唤实时支援战斗。除师属炮兵群进行密集性火力覆盖之外，所有团属炮兵分队将火炮分散、加强至每个摩步连和空降兵连，进行火力支援，便于直接交战的侦察与突击分队，为炮兵实时指引目标。

俄军在第二次车臣战争中使用炮兵颠覆了俄军的历史经验，重新进行了火力编组和建立协同机制。炮兵作战需要进行烦琐、大量的计算、测绘、气象等指挥与保障行动以及冗长的指挥与保障流程。因此，为打击流动性极强的车臣武装分子，俄军改变了使用加强至一线作战分队的炮兵的方式，一改传统上按目标划分炮兵任务的行动方式，而通过划分区域来分配炮兵任务，以作战营、连的任务区域作为划定炮兵侦察和火力毁伤的责任区。炮兵战术的创新和对炮兵实施放权式的任务分配，缩短了炮兵组织指挥的流程，使炮兵能够直接支援一线作战力量的同时，实现了复杂的炮兵作战与相对简单的兵力突击的同步，最终使炮兵与地面突击力量、航空兵的作战行动互相配合，互为补充，取得了较为理想的火力打击效果。

俄军非接触作战还特别重视夜间突击。通常，夜间作战的优势在于熟悉战场环境的一方。但夜间作战优势与劣势只有在敌我双方均处于对方火力打击范围内才能体现出来。显然，只要俄军不急于进攻，而是仅利用航空兵和炮兵“夜间狩猎”，车臣武装分子便无法利用夜暗作为优势条件。由于俄军炮兵没有制导系统，无法在夜间有效侦察探测目标，航空兵的精确打击能力发挥了巨大作用。白天通过各种先进侦察手段和人力侦察获得的重要目标信息，夜间则由航空兵趁天黑雾密对人员藏匿地点和重要设施实施精确打击，不仅达成出奇制胜效果，更震慑了车臣武装分子的心理、削弱了抵抗意志。航空兵在夜间精确打击，火炮则采取火力封锁方式，实施火力覆盖，使车臣武装分子难以进行机动变换位置。二者相得益彰，使夜间没有成为车臣武装分子休整、机动、准备的有利时机，而成为产生“恶梦”的时机。

战略求快而战术求稳：控制战场的艺术

实力地位急速下降的俄罗斯，如果不尽快挽回第一次车臣战争败局造成的恶劣影响，必将导致更大的政治、经济和国家安全的灾难。俄军兵败第一次车臣战争的根源存在于政治和军事、经济、社会等各个层面。如果要对其教训进行全面汲取，并为第二次车臣战争中所借鉴，无疑将令国家陷入政治、军事、经济、社会等各个领域无休止争论与反思中，根本无法在急需挽回颜面时付诸高效的行动。第二次车臣战争的战略决策，必须在汲取教训、充分准备和尽早行动之间的矛盾中获得平衡。

失败和流血造成的直接痛苦总是最容易令人汲取教训。第一次车臣战争是俄军处于军事主动地位中失败的。因此，俄军从第一次车臣战争直接汲取的教训就是，如何将军事主动地位转化为正确的战略战术。

反应速度决定着能否主导危机。车臣地区一爆发旨在分裂俄罗斯的武装叛乱，俄罗斯政府便立即决定采取军事行动。但是，俄罗斯正确的战略应对，之所以没有带来正确的结果，其原因是俄军在准备不足、战场不熟的情况下采取了急于求胜的战术，致使旨在速战速决的战略无法实现。

基于第一次车臣战争的教训，俄军决定在第二次车臣战争中采取战略求快而战术求稳的作战原则，战术上不盲目急于占领重要城镇或者地区，每攻占一个重要城镇或者地区务求稳妥，不给武装叛乱分子反扑和死灰复燃的机会。绝对的规模性兵力和火力优势，使俄军攻城掠地容易，彻底消灭或者肃清武装叛乱分子难。如果被俄军占领的城镇或者地区中每一个山丘、每一条街道和每一座房屋，都被叛乱分子当作防御“堡垒”，那么俄军攻占了哪里，车臣武装分子就会在哪里出没，致使俄军面临着无法捉摸的抵抗、骚扰、袭击而首尾不能兼顾，最终无法巩固攻城掠地之后的战果。没有可靠和巩固的战术效果，速决战略就容易演变为在每一个作战地区中复杂的缠斗，令俄军“在疲于奔命中出现大量的战斗减员”［最典型的是，俄军参加攻占格罗兹尼的装甲第131旅，攻城第一天出动26辆坦克和120辆步兵战斗车，结果20辆坦克和102辆步兵战斗车被击毁，战斗不到10天全旅参战的446名士兵中就有120多名士兵下落不明］。

第一次车臣战争中，俄军所有战略与战术的失调均表现在何时和怎样攻占格罗兹尼上。第二次车臣战争中，俄军极力避免仓促进攻格罗兹尼，而是先扫清格罗兹尼外围，再攻城决胜。俄军在2000年2月6日攻占车臣首府格罗兹尼及其南部山区之前，利用近4个月时间去攻打其他地区。在此过程中，俄军每攻占一个城镇或者地区，便交由内务部队或者特种警察管理控制，再肃清残余车臣武装分子。当攻占的城镇或者地区“安全”后，俄军才又利用其作为推进战线的发起阵地。步步为营的战略战术避免了俄军每攻占一个城镇或者地区之后，该城镇或者地区又变成难以摆脱的“泥潭”。

当除格罗兹尼及其南部山区之外的所有车臣境内均变成安全区之后，格罗兹尼也就变成了一座孤城。完成对格罗兹尼围攻部署的俄军，相对于死守格罗兹尼的车臣武装分子，最明显的强点就是陆空远程火力和远程电子侦测能力，最明显的弱点就是部队规模庞大、编制结构复杂，不适合在城区内灵活机动。

俄罗斯围攻格罗兹尼的基本战法是，先利用远程火力毁伤，再逐步缩小包围圈逐点围剿。首先，俄军充分发挥“电子力－火力”的综合打击效能。“电子力—火力”综合打击，即俄军注重利用先进的远程电子侦测手段，通过侦测无线电信号来判定车臣武装分子的重要人物与重要机构、隐藏的指挥控制系统、规模性兵力的所在位置与活动轨迹，再利用航空兵、远程炮兵等远程精确与非精确打击力量予以打击。在格罗兹尼攻城作战中，航空兵和炮兵几乎完成了60%以上的打击任务，发挥了决定性作用。

其次，1999年12月初，俄军完成对格罗兹尼的封锁后，航空兵和炮兵进行了长达6周的毁伤。在“毁伤取得较大成果时”［俄军主要使用苏-24、苏-25战斗机和远程精确打击武器，对格罗兹尼城区内军事目标和经济目标进行打击。仅2000年1月26日一天，俄空军就完成150多架次飞行，摧毁武装分子18个据点、6个指挥中心、2个流动通信站］，俄军才决定地面突击城区。地面突击重要城区的作战规模是战役，甚至是战斗级的，但影响是战略级的。地面突击格罗兹尼城区的作战，不仅事关俄罗斯军队声誉与士气，还是俄罗斯打击车臣民族分裂势力成败的“试金石”，更成为俄罗斯维护大国地位能力强弱变化的“晴雨表”。因此，地面突击城区必须达到两个目的：一是尽量消灭车臣武装分子的有生力量；二是尽量避免伤及无辜平民。

这两个目的是一致的。根据可靠情报，俄军得知格罗兹尼城区内的车臣武装分子数量不到平民的1%—2%。俄军面对的积极因素是，格罗兹尼这座孤城中的车臣武装分子处于人少势单的绝境；消极因素是，敌人隐匿于相同种族的平民中。俄军地面突击城区作战，最大的困难是在密集的平民中分辨出外貌体征相同的车臣武装分子。否则，平民伤亡将损害俄罗斯正义的反民族分裂国际形象。

“敌方武装人员与平民混杂生活，是迟滞和阻止攻城的最大障碍”［开战不久，前线总指挥第一代理司令拉罗缪夫上将主动提出辞呈，理由是妇女、儿童还没有撤出攻击地区，所以他不能开战。第76空降师师长巴彼切夫少将在大量民众围堵的情况下也停止了前进。第19摩托化阻击师在距离格罗兹尼只有35公里时，由于出现大量平民反对，不愿意继续前进］。俄军首先向车臣武装分子下达投降的最后通牒，向城区空投和散发传单，告诉平民不要帮助车臣武装分子，明确了平民疏散的时间和地点、路线等。俄军在疏散平民的同时，开始封锁城区，切断水电，试图将车臣武装分子"逼"出掩体。假装平民的"漏网之鱼"不可避免，但俄军此举最大限度地将车臣武装分子与平民隔开，利于强攻。

俄军如果建制地编组大规模地面突击力量，庞大的部队和笨重的机动部署将难以适应狭窄的街道和密集的低矮建筑群。因此，俄军在疏散平民和封锁城区后，将格罗兹尼划分为15个作战区，针对每一个作战区建立一个特种强击群，每个强击群由打乱后的陆军师团部队，以连为基本单位，与空降兵、海军陆战队重新编组而成。特种强击群的力量构成主要有"先进的装甲力量"［特种强击群集中俄军主要陆军新式主战装备，包括T-90坦克、第三代新型步兵战斗车等。特种强击群还得到了具有较强对地攻击能力的苏-27改进型战机和"冰雹""飓风"等军级作战才使用的远程火箭炮等先进的兵器的支援］和精干突击分队。

特种强击群在火力与电子力密集和精确攻击后，在航空兵、炮兵、工兵和内务部队、车臣民兵、投诚人员的支援下，采用奔袭—强击、奔袭—搜索的行动方法以及使用突击—火力打击的方法逐个房屋、逐个楼层、逐个楼房、逐个街道、逐个街区地攻占，先合围再隔离，最后寻机歼灭。他们以较小的间隔和快速的机动，在城区进行寻机歼敌，使车臣武装分子难以利用各个突击部队之间的接合部袭扰和躲避，有力地防止了车臣武装分子利用街道和房屋来隐匿和反扑。特种强击群占领城区后，再由内卫部队、特警和内务部特种快速反应支队清剿和解除非法武装。

特种强击群的编成与作战运用是俄军颠覆传统、创新战法的集中体现。俄军将领深受苏军"大纵深战役理论"的影响与熏陶。他们在平时的战术演习时，惯于集中火箭军、装甲部队、航空兵实施集群突击，摩托化步兵随后跟进，从而依次完成歼灭敌人、攻城掠地等行动。这样的指挥思想和排兵布阵的习惯在第一次车臣战争中，尤其是格罗兹尼城区作战中遭遇惨痛的教训。因此，将编制过于庞大的陆军师团力量结构分解并重新优化为多个特种强击群，以适应格罗兹尼的城区环境。通常而言，以坦克、装甲车辆为主要作战手段的部队，面临城区作战时，应当集中使用。但是，这条经验只适用于超大型城区的外围作战。超大型城区的经济、交通、通信设施完整而又庞大，人口密集。如果城区内部或者中心区域沦陷，整个防御体系将崩溃。超大型城市守军会将防御重心置于外围，机动反击力量尽量利用建筑群隐蔽出击决胜。攻城部队没有必要考虑狭窄街道的影响，只需集中坦克、装甲车辆和航空兵形成集群性突击，夺占外围要点，再向纵深攻击。然而，格罗兹尼并非大型城市，车臣武装分子人数较小，也无足够的反装甲兵器和防空兵器。因此，企图坚守格罗兹尼使俄军重蹈覆辙的车臣武装分子，只能将防御重心置于格罗兹尼城区内部，利用狭窄弯曲的街道和密集的低矮房屋作为依托，不断消耗俄军有生力量，从而迫使俄军丧失进攻意志。地面突击城区的速度并不是以攻占要点或者要地的数量和面积为标志的，而是以歼敌战果为标志的。俄军最大的困难不是攻占格罗兹尼外围和城区街道、建筑物等要点，而是在复杂的巷战中消灭车臣武装分子。因为即便俄军占领许多街道和制高点，只要守城的车臣武装分子能够保留有生力量，便可以化整为零，飘忽不定地对俄军人员和目标实施短促突击。

俄军组建特种强击群一反集中使用坦克、装甲车的常规，以坦克连、装甲步兵连为基本合成单位，融合反装甲兵器、特种作战分队、空降兵等小型精干的力量，灵活地机动于各个街道中，寻歼车臣武装分子。特种强击群中的坦克、装甲车虽然没有形成集群突击效应，但足以对各自任务区域内的车臣武装分子形成兵力、火力、机动力的全面优势。

合理的力量编成产生正确的行动。特种强击群使俄军在步坦炮等兵种协同、陆空区域协同方面的优势充分体现。在每一个作战区中，特种强击群各个兵种协调一致，以急袭式火力、迅速的动作，灵活运用正面牵制、两翼攻击或侧后迂回攻击等方法，逐点逐面，甚至逐个房间和地下室地先寻歼再清剿。城区内鳞次栉比的建筑、纵横交错的街道和地下设施，没有再次成为车臣武装分子的优势条件，相反却成为他们被歼灭的坟墓。

俄军格罗兹尼的攻城作战成功地实施战略求快、战术求稳作战原则的关键是，很好地平衡与协调了作战进程与战场控制效果这对矛盾，其根源来自两个方面：

一是有利的政治气候。第一次车臣战争时，总统叶利钦不仅要关注战事胜败，还要忙于政治斗争以巩固权力地位。导致俄军为追求速胜，冒进攻击不熟悉的山区和城镇之敌，被动挨打、伤亡不断。第二次车臣战争时，俄罗斯各个政治党派对在车臣动武达成一致，叶利钦总统和普京总理无需督促俄军速胜。因此，俄军在没有政治压力的情况下可以稳扎稳打、步步为营。

二是参战部队作战经验更加丰富。第二次车臣战争的参战部队基本都参加过第一次车臣战争，官兵对第一次车臣战争有切身的痛苦体会，不希望再重蹈覆辙。他们在山地或者城镇作战时，只要一遇抵抗，便迅速回撤至安全地带，召唤空军和远程炮兵予以支援；为防止车臣武装分子夜袭，俄军甚至主动放弃白天攻占的阵地。

俄军协调战略与战术之间矛盾的做法也带来了一些弊端。首先，俄军过分依赖电子侦测手段，对战场态势无法全然掌控。山区和城镇作战，人力武装侦察仍然具有技术侦察手段无可取代的作用，忽略人力侦察使俄军难以实时准确掌握敌情，以至于丧失许多歼敌良机。

其次，过分依赖空军和炮兵等远程火力，限制了俄军机动作战优势。俄军装备有大量坦克、装甲车，如果合理配置于各个战场上进行机动作战，将是非常可观的作战资源。然而，俄军运用航空兵和炮兵实施远程打击时，无法利用这些地面突击力量大胆分割围歼，歼敌效果有时不够理想。

这两点弊端致使俄军攻城拖延战争进程，尤其体现在攻占格罗兹尼作战中。1999 年 12 月 4 日，俄军联邦军队开始向格罗兹尼发动攻击，由于忽略人力侦察和过度依赖远程火力打击，俄军对格罗兹尼地形不熟，对对手的实力也不清楚，致使车臣武装分子利用经营多年的、四通八达的工整设施阻击俄军，致使富有象征意义的位于市中心的米努力特卡广场、广播电视台、中心火车站等重要目标几度易手。俄军平均每天向前推进不到 300 米，虽然最终攻占了格罗兹尼，但也付出了惨重代价。

法理斗争：内外并举

大国没有单纯的内部危机。仅凭俄军第一次车臣战争中从车臣武装分子处缴获了有北约标记的部分军用物资，便可以断定：尽管冷战结束，但冷战时代大国博弈的巨大惯性深刻影响着车臣问题。俄罗斯难以估测的军事潜力，令西方国家无法忽视俄罗斯，即便它看似已经江河日下。

俄罗斯国内出现了多个政党、众多社会组织，它们鱼龙混杂、派系林立。第一次车臣战争中，俄罗斯国内深受西方媒体影响，对战争性质的判断和宣传含混不清，导致俄军军事行动受到严重影响。俄罗斯发动第二次车臣战争的外部最大干扰是西方。西方对俄罗斯最大的干扰是利用强大得无孔不入的现代国际媒体，在国际道义领域给俄罗斯贴上“军事镇压少数民族以造成人道主义灾难”［第一次车臣战争中，俄军动用了坦克、飞机、步兵战车和大口径火炮，对格罗兹尼等地实施大规模的狂轰滥炸，造成大量平民伤亡。这种违反战争法的行为使俄罗斯受到了国际社会的严厉谴责，陷于政治、道义乃至军事上的不利境地，导致车臣武装分子要求西方制止俄罗斯对车臣的军事行动，甚至要求联合国向该地区派驻维和部队和救援组织，还希望西方国家联合起来对俄罗斯进行政治孤立和经济制裁］的标签。

道义斗争的本质是法理斗争。任何主权国家合法政府，不仅可以利用行政资源推动国内立法，也可借助国际法上规定的法理地位为自己辩护。俄罗斯政府在第二次车臣战争中，既打出了反恐怖主义的旗帜，抵御西方媒体和社会对俄罗斯的道义攻击，又利用第一次车臣战争失败唤起的民族危机意识，打出维护国家统一的旗帜。

俄罗斯政府在第二次车臣战争前，又推动杜马议院通过法律，将车臣武装分子定性为恐怖主义力量和民族分裂势力，并宣称包括西方在内的全世界都是恐怖主义受害者，主权国家合法政府有权力采取军事行动确保领土完整和主权独立。俄罗斯发动第二次车臣战争之后，又宣布马斯哈多夫政权为非法政权、车臣武装分子为恐怖主义力量。这些举措反复向国际社会传递了一个强烈的信号：俄军在车臣的军事行动，其性质不是民族和宗教矛盾，而是打击被西方认为是国际公害的恐怖主义、维护合法主权国家的领土完整之举。这些举措有力地驳斥了西方的道义“高调”。

当大国国内问题成为国际社会焦点，国际法便成为有力武器。俄罗斯明确告诫西方，俄军在车臣地区进行反恐军事行动纯属内政，如果西方进行武装干涉，俄罗斯将依据《联合国宪章》赋予的自卫权，不惜一切代价捍卫国家利益。但同时，俄罗斯政府又向国际社会宣布俄军军事行动将严格遵守《战争法》，接受国际人道主义组织进驻车臣，监督和观察人权状况。俄军的确作出了许多努力来“防止人道主义灾难”[第二次车臣战争的难民高达2万，俄罗斯内务部门向他们提供大量帐篷、食品、药品和衣物等，并未出现西方国家所说的“人道主义灾难”。俄军甚至主动邀请西方记者参观攻占之后的车臣城区，让其看到俄军为了保护车臣平民所采取的各种人道措施]，每攻占一个城镇或者乡村，都会立即展开稳定秩序和尽快恢复民生的行动。俄罗斯内务和警察部门在俄军攻占地区建立了警备司令部，专门负责行政资源、民生物资和职能力量的统一调配。比如，保护为俄军提供帮助的长老等重要人物、恢复水电和燃料供应、修复被毁交通设施、排除车臣匪徒设置在当地的地雷等。

第二次车臣战争中，车臣武装分子多次使用《战争法》严令禁止的化学武器，使俄军和平民出现死伤。俄军本可行使《战争法》赋予的报复权利，可相应地采取相同作战手段和方法回击敌方。但由于车臣武装分子常聚集于平民或居民地之中，俄军的报复行动可能会对车臣平民造成附带伤害。因此，俄军对外宣称放弃行使报复权利。俄军的一系列举措借助国际组织力量影响了国际舆论，批驳了西方虚假指责。“更重要的是，俄罗斯防范人道主义灾难软化了车臣人的抵抗意识，增加了他们对俄罗斯的认同与归属感。许多车臣人反戈一击，与俄军并肩打击车臣匪徒，在战争中发挥了重要作用。”[最重要的作用是使在车臣民众拥有重要影响力的长老加入到争取和瓦解敌军的行列。最后，在这些长老的帮助下，车臣民兵组织了2000多人配合行动，在对格罗兹尼的攻坚战中，冲在最前面的不是正规军，而是熟悉城区的600名车臣民兵］大国军事行动的正义性和国际道德责任决定着大国利益。

俄罗斯立法将车臣武装分子定性为恐怖主义力量，还有利于减少来自与伊斯兰世界的外交压力。车臣民族信仰伊斯兰宗教，俄罗斯在第一次车臣战争中没有重视伊斯兰世界的心理反应，使之产生了严重的误解。车臣武装分子向伊斯兰世界宣称，俄军在车臣的军事行动是种族灭绝，导致许多伊斯兰宗教力量采取各种途径援助车臣非法武装，给俄罗斯造成了极大的外交和军事压力。来自伊斯兰世界的外交、军事压力与西方的口诛笔伐，加大了俄政府解决车臣问题的难度，在进退维谷中摇摆不定，被迫与车臣非法武装签署停火协议，草草收兵。

第二次车臣战争期间，俄罗斯政府推进国内立法与拓展外交齐头并进，争取到了伊斯兰世界的谅解。俄罗斯总统叶利钦专门派出特使到伊朗、巴基斯坦、沙特阿拉伯、科威特等国，一再向它们表明俄罗斯解决车臣问题的军事行动绝非针对伊斯兰世界，完全是针对恐怖分子，伊斯兰国家不应支持车臣非法武装，更不应对俄解决内部事务进行干涉。俄罗斯对伊斯兰世界的解释与安抚取得了显著效果，许多信奉伊斯兰教的国家表示，出于尊重《国际法》和俄罗斯的大国地位，支持俄罗斯政府维护国家主权和领土完整的努力，不干涉其内部事务。

法理斗争是为达成政治目标服务的。军事行动需要政治上的恩威并举，威慑分化敌军。第二次车臣战争之前，俄罗斯杜马于1999年12月13日通过大赦令，宣布除血债累累的车臣武装分子顽固匪首外，对所有停止抵抗的普通武装分子实行大赦。同时，俄罗斯杜马又成立司法改革小组，展开为死刑立法的工作，目的是使匪首成为战犯而面临死刑的惩处。立法成为达成政治目标的心战武器，向俄军投降的武装分子不断增多，极少数恐怖分子空前孤立。

欧亚并重：东西两端连接后的新时代

俄罗斯车臣共和国人口仅有130万、面积仅为1.5万平方公里，但探明有大量石油储备，还是航空特殊用油的主要原料产地，是俄罗斯重要的石油和化学工业基地之一。车臣地区位于高加索山脉北侧，是穿行于高加索地区的东西南北的铁路公路的交汇点和里海—高加索输油管线的交叉点。

如果车臣共和国从俄罗斯领土分裂出去，将对俄罗斯在高加索的各民族和中亚地区产生极大的影响。高加索是俄罗斯国家安全脆弱的“软腹部”[高加索地区是俄罗斯连接中东、中亚、南亚等地区的地缘枢纽，对俄罗斯维护大国地位，加强在中东、中亚、南亚等重要地缘政治板块的影响力，具有极为重要的意义。尤其是在北约加紧东扩的背景下，高加索作为阻滞北约东扩的天然屏障的战略价值更加凸显]，也是经济利益与能源利益的“聚宝盆”[高加索－里海地区拥有丰富的石油、天然气资源，已探明的石油储量达160亿吨，据分析潜在储量至少500亿吨，最多可达到1400亿吨，是仅次于中东的油气聚集区。西方国家对该地区的石油、天然气开采、管线输送、提炼加工的所有权和优先权表示出浓厚兴趣]。因此，第二次车臣战争的胜利尽管不完美，但对于处于政治混乱和经济崩溃中的俄罗斯无疑是一针“强心剂”。如果在同一地区的连续军事行动失利，整个高加索将变成俄罗斯民族分裂和地缘政治灾难的“火药桶”，进而对俄罗斯的国家存亡、民族兴衰产生灾难性的影响。

第二次车臣战争对于低迷与衰落中的俄罗斯，有着不可估量的地缘政治影响。基于俄罗斯地跨欧亚大陆的天然地缘政治优势，第二次车臣战争对冷战结束后的欧亚大陆，甚至是世界性地缘政治格局也产生了深刻的影响。

境内爆发民族分裂引起的战争是一个国家衰落的铁证，即使最终取得胜利。两次车臣战争说明，俄军常规作战能力无法达到苏联红军的高度，导致俄罗斯周边，尤其是东欧国家对俄罗斯的恐惧感开始弱化。历史上的俄罗斯之所以保持举足轻重的大国地位，与其长期以来在东部边境，尤其是东欧的扩张给对方制造的恐惧感息息相关。当这种恐惧感日益消失时，俄罗斯东部边境上的历史积怨也必将开始影响到现实安全。因此，即使俄军在第二次车臣战争中取得了胜利，但最大的受益者不是俄罗斯，而是西方。

对俄罗斯的恐惧感日益消失之际，也是东欧国家加快投向西方步伐之时。东欧国家加快投向西方与俄罗斯在第二次车臣战争所激发出来的民族主义情绪综合在一起，发生了“化学反应”。

冷战之后的美俄无法消除冷战对抗的历史惯性，甚至还出现了新的地缘政治争夺。这其中原因有两个：一是俄罗斯保住了车臣、稳定了高加索，可以专注于东部边境尽力抵消来自西方的强大影响。二是西方从第二次车臣战争中看到了，尽管俄罗斯在苏联解体后成为“民主国家”，但民族性格、行为方式没有改变，仍然抱着警惕、排斥、羡慕、担忧的复杂心态来看待西方。

第二次车臣战争中止了美俄之间彻底结束冷战对抗模式的努力，使西方对俄罗斯的态度在重回冷战时代与完全颠覆冷战时代之间来回摇摆。西方出于扩展市场、传播价值观和现实安全等多重目的，极力主张将东欧、没有加入独联体的波罗的海国家，甚至是独联体国家纳入西方体系当中。但是，俄罗斯反民族分裂，使之对东欧和独联体等国家影响力下降的趋势得以阻止。西方只能一边加紧东扩，一边安抚俄罗斯。软硬兼施的西方虽然不断蚕食俄罗斯传统势力范围，但也在寻求与俄罗斯之间新的稳定。俄罗斯也需要稳定与西方的关系，尽快恢复混乱的国内政治、经济和社会秩序，争取时间重振大国威望。

任何一个处于危机时期的大国的内政外交走向，都容易带有当权者深刻的个人色彩。叶利钦和普京的个人成长与教育背景，均脱胎于前苏联官僚体制和意识形态，个人观念上不可能如西方所希望的自发地产生自由主义价值观。相反，苏联官僚体制中权利追逐与权利依附观念，使他们秉承着俄罗斯与西方的利益上对立于两端的心理自觉，从而不断地影响着他们作为最高决策者影响俄罗斯国家政策走向。

叶利钦第一任期内“全面融入西方文明大家庭”的外交路线，其实质是在俄罗斯经济不振、社会无序时，希望通过获得西方的政治、外交支持和经济援助，重新恢复成为一个在欧洲舞台，甚至世界舞台上的重要大国。这样的战略选择无疑是明智的。然而，西方最终没有令叶利钦满意，反而令叶利钦感到失望，根源不是制度异同，而是领导人身上所反映出来的民族文化因素差异。

当西方欢迎叶利钦治下的俄罗斯成为西方和平、安全的伙伴时，骨子里对俄罗斯的扩张历史的认知又使其无法相信俄罗斯将成为一个驯服的大国，因而仍然抱着怀疑的心态。资本天然的逐利本性使西方资本迫不及待地进入东欧、独联体市场，尤其是当北约开始正式吸收东欧国家时，缺乏“市场”“资本”等经济观念和天然危机感的俄罗斯，又将这些举措当作西方对俄罗斯的挤压和遏制。因此，叶利钦又将战略重心在东西两个方向摇摆之后，确定了所谓的“双头鹰”战略，即欧亚并重。

第二次车臣战争标志着叶利钦时代的结束和普京时代的开始。作为俄罗斯最高决策者，“普京表现出来强烈的信号来抗衡西方挤压俄罗斯传统势力范围的行动”[普京成为总统后的第一份《俄联邦军事学说》指出：“在今后10—15年内，俄罗斯经济将处于恢复时期，综合国力依然有限，内外敌对势力可能利用俄暂时的虚弱，削弱俄世界大国地位，损害俄在全球范围的战略利益，破坏俄地缘战略态势，进一步实施北约东扩，在俄及其盟国边境附近地区增加军事力量，威胁俄边境安全，干涉俄内部事务，以及从内部破坏俄国家的统一与稳定。这是新世纪初俄面临的基本威胁。”“9·11事件”后，普京在2001年年底的武装力量年终总结会宣称：“俄罗斯对威胁的基本判断在911之后没有改变……近几个月来急剧变化的形势表明，我们对国家安全面临威胁的判断是正确的。”]。但是，俄罗斯的现实困境又迫使普京只能务实而又灵活地将“维护国家利益、确保国家安全”作为俄罗斯对外战略的唯一标准。

普京治下的俄罗斯无法阻挡北约东扩的步伐，并需要与西方保持稳定。因此，普京反对北约东扩的目的主要有两个：一是向世界显示，俄罗斯仍然对欧洲秩序，甚至世界秩序具有重要影响，是一支必须得到尊敬的力量；二是通过影响北约东扩，增加对西方的战略筹码，尽量减少传统势力范围的收缩。第二次车臣战争的胜利，无疑“为俄罗斯经济和社会秩序的恢复提供了外部条件”[第二次车臣战争结束的 1999 年，俄罗斯经济开始了恢复性增长。当年，国内生产总值增长3.2%，为44.760亿卢布，约合1800亿美元。外贸顺差约400亿美元。预算收入首次超额完成计划26%。2000年俄罗斯经济持续好转，上半年国内生产总值增幅为7.3%，基本建设投资10年来第一次出现增长，黄金外汇储备增加105亿美元，达到230亿美元]，而不是使俄罗斯重回与西方那些表象化的针锋相对，如反导条约问题、西方对车臣的指责、北约东扩的口诛笔伐、互相进行针对性的演习和发表针对性的军事战略文件等。从这个角度看，如果第二次车臣战争继续失利，俄罗斯将彻底丧失对北约东扩的影响力。

“第二次车臣战争当然也增加了俄罗斯利用地缘政治优势的弹性。”[普京自从2000年3月正式成为俄罗斯总统后，4月，积极促进独联体国家进行集体安全合作，倡议建立共同防御系统，并正式组成俄白联盟。同月，访问了俄罗斯具有传统影响力的中亚。6月对意大利、西班牙、德国等西欧国家进行了访问。7月，先后访问了中国、日本、印度、朝鲜、蒙古等国家。10月，又访问在车臣问题上一直指责俄罗斯的法国。这一连串的访问的地缘政治意味不言自明]其中，最明显的标志就是俄罗斯可以利用中国的崛起和“台独”势力膨胀令中美关系处于越来越复杂的矛盾，继续发展中俄关系。试想，如果俄罗斯丧失高加索，又怎么可能影响北约东扩？既然俄罗斯无法影响北约东扩，俄罗斯又怎么可能使中国认为俄罗斯能够成为制衡美国的重要伙伴和重要的军工贸易对象呢？从这个意义上看，第二次车臣战争保证了俄罗斯作为欧亚大陆上对陆权秩序影响最广泛的大国地位。它使俄罗斯可以借助广袤的领土、丰富的资源、巨大的军事潜力和中美在台独问题上的对立，继续影响着欧亚大陆陆权秩序。

第二次车臣战争代表着民族关系在现代国家制度构建中的地位提高，成为影响大国实力地位，进而影响欧亚大陆陆权秩序的重要因素。第二次车臣战争之前，欧洲爆发了波黑战争、科索沃战争，亚洲时隔30年爆发了因“台独”而引起的台海危机；第二次车臣战争结束之后不到一年之内，执激进“台独”

立场的民进党成为台湾执政党，随之不久便爆发中美南海撞机事件，再发生“9・11事件”。这些一连串的事件说明，欧亚大陆陆权秩序不再由大国作为现代国家制度的权力载体的纵横捭阖来决定，而是各个民族、各个政治制度、各个大国传统与新型问题等各个因素综合影响而成。

任何一个大国如果没有处理好国内的民族问题、没有处理好与其他民族的关系、没有处理好政治制度差异导致利益认知差异，实力地位将处于巨大的风险当中。世纪之交，俄罗斯和中国均面临着反民族分裂的挑战，美国面临着来自伊斯兰世界中极端主义者的安全威胁，欧洲和印度面临着极端民族主义势力、恐怖势力等威胁。这些挑战和威胁使美国、俄罗斯、中国、欧洲、印度等欧亚大陆秩序的重要影响者，不仅需要通过保证对其他大国的影响力来显现大国地位，他们之间也无法回避内部历史积怨与外部的文化、制度差异带来的传统的大国矛盾。一个新的难题由此而出：当面临历史与现实中错综复杂的民族性矛盾与制度差异时，大国之间应当怎样合作来共同塑造一个新的秩序？无论如何解答这个新的难题，冷战结束之后，新力量格局与利益格局形成的起点已现端倪。

苏联解体后欧亚大陆陆权秩序的变化，说明政治制度更迭后的民族主义运动必将影响大国命运与实力地位。波黑—科索沃—车臣的民族主义运动导致了狭窄的极端民族主义出现，又与恐怖势力共同成为国际社会的公害。大国矛盾是所有民族矛盾的始作俑者，也使大国安全和发展利益受到威胁。

民族主义运动可能伴随民主主义运动，也可能激发极端主义运动。二者的最终结果却表现为民族分裂运动。欧亚大陆上的大国，以中国和俄罗斯为代表，国际地位和地缘政治影响力又取决于如何处理民族分离运动。美国在“9・11事件”爆发之前，利用民族分离运动的挑战来制衡中国和俄罗斯。当“9・11事件”爆发之后，美国又在制衡与合作两端平衡摇摆。美国正是在这种平衡摇摆中重塑欧亚大陆陆权秩序，导致中俄将美国作为主要战略对手，双方复杂的互动影响着欧亚大陆陆权秩序。然而，美国、俄罗斯和中国又存在着越来越大的共同利益与合作空间。总之，未来的陆权秩序已经无法用历史经验形成的逻辑来进行推理。

大国的地缘政治地位不能仅凭经济、军事等综合实力来评定，其他民族与制度的政治与心理认同程度成为地缘政治地位的新指标。民族主义导致的民族分离运动，从而为大国博弈注入了新的内涵。

欧亚大陆腹地内被民族分离运动催生出诸多动荡地带。大国博弈已经无需争夺对某些地区的军事控制权力，而是争夺对民族主义运动的影响力。大国间综合实力、国家行为体与民族性组织间影响力难以对等，但是，博弈规则已经发生改变。原有的实力计算法则已经难以适应未来地缘政治演变规律。

阿富汗战争

阿富汗战争是人类历史上双方军事技术、军队组织结构差异最大的战争。战争双方中，美军拥有全世界首屈一指的精良装备和训练有素的职业化军人，经历过海湾战争、波黑战争和科索沃战争，作战理论与作战手段不断更新，常规作战能力几乎无可匹敌。而战争另一方，塔利班统治的阿富汗尚未脱离农业社会与原始部落时代。塔利班军队和基地组织的作战人员只有区区约7万人，“甚至还没有完整地控制阿富汗国土”［塔利班政权管辖面积占阿富汗国土面积的90%，其他为反塔利班的北方联盟和南方普什图族占领］，大部分武器是苏联入侵阿富汗时期获得的20世纪五六十年代生产的AK-47突击步枪、简陋的轻型便携式反装甲武器和低空防空武器等。即便如T-62坦克和M-46加农炮等可以数得过来的装备，也是从苏联军队缴获或者苏军撤退时遗留所得。

积贫积弱的阿富汗，以一个不毛之地成为人类有史以来最强大的两个大国进行地缘政治博弈的角力场。同时，它也成为检验军事力量的试验场。“9·11事件”爆发后，美国成为继苏联之后第二个希冀通过控制欧亚大陆腹地来塑造欧亚大陆陆权秩序的大国。然而，时代已经今非昔比。苏联入侵阿富汗的战略目的是扼住美国、西欧经济发展的“命门”。美国发动阿富汗战争却是以反恐为名借欧亚大陆无对等战略对手的最佳时机来强化全球战略地位。“9·11事件”使美国切身感受到了来自欧亚大陆腹地敌对力量的直接威胁。然而，大国与小国的不同之处在于，大国需要强化地位来追求安全，小国却要通过确保安全来提升地位。

阿富汗战争作为一场典型的陆地战争，背后意蕴着人类历史上首次出现的现象：海权大国主动追求欧亚大陆陆权秩序的主导权。作为人类历史上首个全球霸权的近代英国，通过塑造和维持欧洲大陆上各个大国的战略均势和建立超强的海军来获得全球海洋霸权，从而获得全球秩序的主导权。当代冷战时期的美国，通过在欧洲与亚洲的遏制与制衡苏联来争夺全球霸权。冷战之后的美国，却是要彻底摒弃“均势”“制衡”等这些古老的战略运作手法来强力塑造欧亚大陆的新地缘政治格局。美国最终能否成功，首先取决于战场上能否取得足以确保政治效应的军事胜利，即利用地面作战推翻塔利班政权和铲除基地组织，从而建立一个令美国信任和“放心”的阿富汗。

阿富汗战争总共分为三个阶段，第一阶段是从2001年10月7日至12月7日，美军推翻塔利班政权，取得对阿富汗主要城市和大部分地区的绝对控制权。此阶段，美军取得了决定性胜利。第二阶段是从2001年12月8日至2011年5月1日，美军对塔利班和“基地”组织残余进行围剿、辅助阿富汗临时政府过渡。在此阶段中，美军击毙奥马尔、本·拉登等重要人物，并将战场扩展至巴基斯坦境内。第三阶段是2011年5月2日以后至今，主要是继续围剿塔利班和“基地”组织残余分子，并帮助阿富汗进行战后重建。

情报优势：消除战争迷雾

阿富汗境内数不清的洞穴、陡坡丛生的山地、难以追溯起源的封闭村落，特别容易令美国人回忆起自己武器精良的军队陷入越南的丛林与村庄中因无法摆脱巨大伤亡而败退撤军的惨痛历史。然而，尽管美军在阿富汗同样陷入长期作战，但没有像在越南战争那样陷入既难以自拔脱身又无法扩大战果的两难境地。

阿富汗之所以没有成为美军的第二个越南，从军事角度看，首要原因是信息技术发展令美军拥有无人出其右的情报优势。美军的情报优势直接来源于军事技术。美军地面作战的情报优势来自空天战场感知能力。美军“密集使用侦察卫星、侦察飞机等先进的侦察手段”[美军在海湾战争和科索沃战争中分别动用卫星74颗、89颗，在阿富汗战争中动用卫星达94颗。其中著名的是“锁眼”系列照相侦察卫星和“长曲棍球”合成孔径雷达侦察卫星。“锁眼”采用可见光、多光谱照相技术和红外照相技术数字成像，分辨率高达0.1米。在一次技术性能测试时，锁眼卫星居然能识别纽约街头上的汽车牌照。“长曲棍球”合成孔径雷达侦察卫星虽然分辨率约为1米，但能全天候、全天时工作，可在同一时间获取同一目标的几种图像。美军在阿富汗战争中，出动各类侦察和预警机30余架，侦察飞机包括E-8“联合监视目标攻击雷达系统”飞机、U-2高空侦察机、RC-135“铆钉”信号情报飞机以及E-3预警机等。这些飞机约占出动飞机总数的9%，高于科索沃战争的8.3%和海湾战争的4.8%]，来拍摄照片、图像和监听电话和无线电通信，侦测包括热辐射和热发射信息等方式来获取塔利班政权和基地组织的各类目标信息。

侦察工具的性能决定战场感知的范围与时间、精确度。从常理看，单个空天侦察工具的轨道运行方式和滞空能力决定了能力短板。它们尽管可以覆盖全球，但只能在目标区域上空或者固定轨道上进行有效侦察，而且不能准确确定目标的敌友属性，更无法持续滞空予以侦察。这样的结果就是美军地面作战力量将时刻可能处于巨大的不确定性威胁当中。因此，美军情报优势不是强化单个侦察工具的先进技术性能，而是着眼于实时侦察、监视、跟踪关键目标信息（比如重要人物的活动情况、重要政府机构、炮兵阵地等）空天感知系统的优势。

美军将侦察范围远、滞空时间不受飞行员生理极限影响、可以摆脱轨道限制的无人侦察机作为弥补侦察卫星和侦察飞机不足的主要侦察工具，同时和它们形成了可以全天候、全战场覆盖的空天感知系统。美军所动用的无人侦察机系统中，以“捕食者”和“全球鹰”［“捕食者”无人侦察机是一种由操作人员在基地汽车里遥控的无人飞行器，飞行高度3000—5000米（实用升限8000米），续航时间24小时。机上装有合成孔径雷达和光电摄像机等，不间断摄像，并用卫星通信线路遥发。它获取的图像可直接发送到AC-130“幽灵”对地攻击与支援飞机的驾驶员座舱中。运用新的目标定位战术使B-1、B-2A、B-52H远程轰炸机能够在飞行途中得到任务和计划更新数据，从而能够提供近距离空中支援。“全球鹰”是一种大型高空长航时无人驾驶侦察机，飞行高度约2万米，续航时间40小时，监视范围13.75万平方千米，基本设备是合成孔径雷达和光电摄像装置等，从起飞到着陆均由自动化系统控制］最为有名。

从战场侦察而言，无人侦察机的使用仅仅是增加了一种新型侦察工具。但是，如果从作战方式而言，无人侦察机投入战场的革命性意义不亚于坦克之于陆战、航母之于海战、精确制导武器之于空战。无人侦察机携带攻击性武器，使空天战场感知系统具备对地攻击功能，使陆战场与空天战场深度交融，情报立即转化为火力打击不再需要过多的人工组织协调，使美军情报优势发挥至极致。比如“捕食者”无人机，经过中央情报局对其进行改造，使之装备有AGM-114“地狱火”反坦克导弹。因此，无人侦察机成为集侦察、监视、定位等作战支援功能与精确火力打击功能于一体的作战平台。

无人侦察机不仅能够准确发现、定位目标，即使目标处于高速运动当中，也能够监视与跟踪目标，而且作为新型精确制导弹药的发射平台，可以确保攻击弹药始终确定目标位置和活动轨迹予以精确打击。

将情报优势放大的无人侦察机，使美军在阿富汗战争的地面作战行动中产生了巨大的战略效应，不仅节省了兵力和弹药，还减少了人员伤亡的风险，但是，最重要的莫过于高效打击对双方具有关键性心理影响的重要目标。比如在开战之初的2001年11月13日晚，美军一架“捕食者”无人机发现了一支撤出喀布尔的塔利班部队，立即开始跟踪，并将拍摄的照片图像推送至位于美国本土佛罗里达州坦帕的美军中央司令部，随后被推送的照片图像被送至国防部和中情局，经过专业分析认定这支队伍中有不明身份的“基地”组织的重要人物，于是命令“捕食者”继续跟踪监视，当这支部队进入一家旅馆后，美军中央司令部立刻向最近机场的空军战机发出空袭该旅馆的命令。事后证实，炸死的死者中就有本·拉登的副手穆罕默德·阿侃夫。

空天感知系统包括了从外太空的卫星向下延伸直到低空的无人侦察机。层层密集的侦察手段使特种部队、直升机和轻型地面部队在寻找打击目标时，有了一个随时可以使用且不受威胁的“天眼”，为它们进行精确的引导与定位，对寻找山洞、丛林、村落中的塔利班武装人员并进行精确打击发挥了关键作用。

美军在阿富汗战争中地面作战行动的情报运作的基本流程是先快速侦察并精确定位目标，再实时予以摧毁。这意味着仅仅由侦察手段发现目标信息并确定真伪，还不能称之为情报优势。只有将先进的侦察手段发现并识别后的目标信息，发送至最便利执行打击目标的部队和作战平台上，情报优势的价值才能完整体现。

情报优势令美军能对新发现的目标实施实时打击并控制作战行动，而不是不加选择地毁灭一切。因此，情报优势的最大功能是快速转换为火力优势最终达成行动优势。情报优势转换为火力优势的流程为：首先，实时、精确和全面地侦察目标信息并形成可靠和确实的战场态势；其次，将目标信息和战场态势在尽可能多的、尤其是便于执行打击任务的部队和武器平台之间共享；最后，形成准确及时的作战指令，以控制部队和武器系统行动，使之释放出最大效能。这其中，优势的通信和信息处理系统成为情报优势变成行动优势的桥梁。

这两个系统将侦察而来的情报以侦察手段为起点，经过指挥中心处理，形成明确和全面的指令后，最后以作战平台对其使用为终点。这个闭合回路包含着信息过滤、筛选、分类、相关、融合、存储和分发等所有环节，是一个复杂的伴随着技术设备运作的思维过程。这些环节花费的时间和所需专业性人才、设备的数质量决定着一次作战行动的效率，甚至成败。

美军情报优势的物质基础，不是单项侦察手段或者通信手段的集合，而是将侦察、通信、计算等各种功能与指挥手段联通后具备指挥、控制、通信、计算机、情报、监视和侦察等各项功能的信息系统。任务范围可覆盖全球和全维战场的信息系统的整体功能，不仅取决于指挥、控制、通信、计算机、情报、监视和侦察等单项功能，更取决于将这些单项功能要素串联和并联而成的数据链。美军在阿富汗战争中采用了多种数据链，其中最著名的是“Link16数据链”[Link16 数据链能将U-2高空侦察机、“捕食者”和“全球鹰”无人驾驶侦察机、E-8飞机、RC-135“铆钉”信号情报飞机以及AC-130“幽灵”武装运输机等进行几乎免受干扰和保密联接，使指挥与侦察的功能平台实时通信并共享战场态势。美军凭借这一系列功能实现了地面作战人员与飞机直接通信，对飞机进行导航、指引目标和精确火力。在对喀布尔机场的一次攻击行动时，地面作战分队发现一个车队，仅用5分钟便召唤来战机实施精确轰炸]。

信息系统提高了美军在阿富汗战争中地面作战中空地协同效率。比如“协同空战中心第10单元”[2001年被安装在位于沙特阿拉伯普林斯苏丹的美军空军基地，这个中心包括空军和陆军、海军的参谋与相应的设备操作人员]使空中侦察而来的目标信息，只需经过10分钟处理后便达到相关地面作战部队。海湾战争中，目标信息需要经过2—3小时处理才能到达地面作战部队。美军“共用5个航空母舰编队”[它们分别是“卡尔文森号”“小鹰号”“企业号”“罗斯福号”“斯坦尼斯号”]参加阿富汗战争，它们分别游弋在印度洋和地中海海域内，每艘航母都配备可覆盖整个中央战区的远程雷达和无线电信号侦测器等先进侦察手段，舰载机也配备战术侦察吊舱，能够对阿富汗境内和巴基斯坦北部地域实时侦测。

信息系统使美军能够保持战场持续的实时监视。许多具有特定功能的单项设备只能在特定时间和空间产生效能。信息系统由诸多具有特定功能的设备进行要素融合而成，各个要素之间实现优势与性能互补，从而具有持续、无“死角”的发挥系统效能。比如，联合监视目标飞机进行持续监控，获取目标信息后立即提供给“全球鹰”无人机，再由“全球鹰”无人侦察机转送给其他设备，各个设备之间根据自己的特定功能对目标进行持续跟踪、定位，从而实现不间断侦察监视。信息系统将目标信息转化为作战指令，从一个武器系统传递到另一个武器系统的效率前所未有，尤其是使某一个特定战场区域空中和地面武器系统，能对随机侦测到的重要目标（如调整部署的塔利班军队和基地组织人员、护送重要人物的车队等）实施实时精确攻击。

然而，由多项高技术设备综合集成的信息系统，有着难以弥补的短板。美军从20世纪70年代开始，根据东欧、中东、亚洲等冷战时期可能的战场来研发信息系统。东欧平原、中东沙漠和亚洲丘陵是先进的技术侦察手段发挥功能的最理想环境，但阿富汗在美军军事地理资料中算是“化外之地”。阿富汗境内密密麻麻的山地与洞穴、稀松散落的村庄，使许多先进的侦察手段在特定时候显得“英雄无用武之地”。比如，没有正规制式军服的塔利班士兵放下步枪扛起锄头时，天空中的侦察手段只知道是一个人，而无法确认这个人是敌是友，是兵是民。为了弥补技术情报手段的功能空白，美军在阿富汗战争中动员出了前所未有的人力情报资源。

首先，美军特种作战部队在开战前便潜入阿富汗境内和巴基斯坦北部地区，在复杂的地形中进行搜索式侦察，这一侦察行动持续至地面作战的全程。由于先天性外部身体特征差异，美军特种部队士兵容易被怀疑和判断，因而他们绝大部分行动是利用夜暗对可能隐藏塔利班人员的山洞和村落实施隐蔽侦察。一旦侦察出结果，便开始利用先进的仪器对目标进行精确定位，引导美战机攻击，并适时评估毁伤效果。此外，美军还加强了与阿富汗邻国（如巴基斯坦、塔吉克斯坦等国）交流情报，获得了大量高价值情报。

其次，美军得到了国家情报资源的支援，从而成为国家资源和力量体系的重要组成部分，而不是“单打独斗”地运用自身情报力量。其中，美军得到中央情报局的支援最为典型。中情局不仅使美国在国际反恐情报交流中占据主导地位，还充分挖掘了美国的军事潜力。比如，他们利用高昂薪资吸引并组织了由近百名退伍军人组成的特种作战伞兵小组。组员们携带激光指示器、电台和便携式计算机等装备，进入阿富汗、巴基斯坦等塔利班、“基地”组织人员活动密集区域内进行侦搜情报，甚至还为直升机和火炮提供实时或近实时的目标信息。

当然，市场经济高度发达和完善的国家从事战争时，从来难以脱离商业力量的支持，而商业机会也会随之而来。美国国防部与洛克希德马丁公司签订军事商业合同，在阿富汗战争中独家垄断“伊科诺斯商用卫星使用权”[这种商业侦察卫星不但能为美军提供有关地面景象及其相关目标的高清晰度照片，还能窃听无线电通信和移动电话通信]。

美军在阿富汗战争中的情报优势，不仅是科技优势的体现，还是完整的国家和军事资源配置优势的体现。美军建立了从太空到地面和海洋，从技术侦测到人力侦察，从军用到民用、商用的情报力量体系，直接后果就是令人满意的战场效费比。先进的侦察手段对目标精确定位并产生清晰的图像，使美军地面作战力量或者特种部队在突袭重要目标时，可以根据目标的不同类别和不同构造，使用不同兵器和不同弹药来打击目标的要害部位，以尽量少的兵力或者弹药达成目的。比如打击塔利班兵工厂，战机难以完全摧毁使之失效，地面作战力量或者特种部队则重点打击生产车间和库房，直到兵工厂彻底无法进行生产和储存。

美军在阿富汗战争中的情报优势说明，陆战已经不再局限于地面，而是全球性的陆海空天电等多种战场的联合作战行动。联合作战也不再局限于军事力量，而是整个国家，甚至整个国际同盟的政治、军事、商业和社会力量资源的综合。

然而，尽管先进的侦察、通信和处理信息技术使美军在阿富汗避免了浪费弹药和增加伤亡。美军仍然没有、也不可能做到目标信息优势能够完美地转化为行动优势。首先，战争是双方活着的人的对抗，最终决定情报价值的是对抗双方的人，而不是技术手段。技术手段的作用依然依赖于人的知识、技能和心理，因为技术手段仅仅是人的素质能力的强化与延伸，而不是超越和代替。其次，武器系统之间无法完全兼容。不同的武器系统来自不同的军火商业集团的研制和生产，它们出于市场竞争和保护知识产权需要有意使自己的武器系统“与众不同”；各个军种对作战环境的适应性的需求不同，即使是相同的武器系统之间，也难以完全兼容。比如，美军参加对地攻击的A-10攻击机未安装数字卫星通信设备，当在作战半径之外行动时，需要通过E-3空中预警机与其他飞机协同，当需要与地面作战力量协同时，必须先通过空中预警机向联合指挥机构传输目标信息，再由联合指挥机构向空地协同中心传输目标信息，最后才能达到使之与地面作战力量完成一次作战协同。类似于这样的信息流程方面的弱点限制了情报优势。

情报优势的弊端是难以超越国际道义和跨越民族文化差异。情报优势虽然能使美军减少大概率地毁伤民事设施、造成平民伤亡的事件，缓解了来自国际社会，尤其是穆斯林国家的政治与舆论压力。但是，由于塔利班军队的基地组织分子与阿富汗境内民众拥有相同的生活方式，甚至拥有相同的宗教信仰，美军不仅要在兴都库什山脉连绵隐蔽的山洞和山谷中寻找可打可逃可藏的敌人，还要极力争取阿富汗民众支持。由于民众生活场所经常遭到误炸和误伤，美军总是要面对来自受到伤害的阿富汗民众的指责和诘难，这使得美军面临着无法逾越的情报障碍。

效果不足的制空权：强大力量的瑕疵

美国发动阿富汗战争的政治目标，是建立一个符合美国利益与价值观的新阿富汗，需要使用军事手段尽快推翻塔利班政权，而非与塔利班政权打一场持久战。因此，美军运用绝对优势的空中力量轰炸塔利班军政目标，是为最终铲除塔利班的地面机动作战与围剿作战服务的。因此，衡量美军空袭效果的标准不是空袭摧毁目标的数量和种类，而是地面作战的难易程度。

尽管突袭仅两天美军便宣布取得制空权，但是后来的地面作战进程足以说明，美军空袭效果何其有限。主要有四个原因：

一是塔利班军队的作战基础。美军空袭的目标大多是指挥机构、机场、雷达、防空阵地、军工厂与仓库以及恐怖分子训练营地等相对固定的军事设施。但是，阿富汗薄弱的工业基础和科技产业，使塔利班军队不需要依赖这些设施的依托来作战。即使这些设施被炸成粉末，塔利班军队也能够很快重新建起简便的军事设施，或者根本不需要任何军事设施。阿富汗的山野足以使熟悉战场环境的塔利班士兵躲避侦察与轰炸，空袭过后，又可以重新集结出可观的规模兵力。

美军面临着矛盾：一方面，必须确保在地面作战开始前最大限度地减少地面作战的难度和降低伤亡风险，另一方面，政治目标决定了美军必须尽早展开地面作战，以尽快推翻塔利班政权和铲除基地组织。为平衡此矛盾，美军在效果了了的"持续2周左右的空袭"［从2001年10月7日至21日，美军共发动30多波次空袭，出动各型作战飞机500余架次，发射2000多枚导弹和炸弹，轰炸150多个重要目标，完全掌握了对阿富汗的制空权］之后，便开始地面作战。无法预知，如果美军延长空袭作战阶段、推迟地面作战发起时间，是否会对塔利班军队造成更大损失。但是，针对无需依托固定军事设施的塔利班军队，空袭作战效果的确难如人意。

二是战争的政治目标限制了军事行动强度。美国需要将塔利班统治下的阿富汗变成由美国主导的新阿富汗，就必须在战后重建中赢得阿富汗民众支持。因此，美军确定空袭目标时遇到的限制非常多。美军空袭目标重点必须也只能是重要的军事目标，即阿富汗境内有限的炮兵阵地、弹药厂、军械修理厂和油库、物资仓库等，还有很难侦测到的数量很小的装甲、坦克等车辆及集中的地面部队。美军"对工业、交通以及人口密集区的打击必须谨慎"［美军开战头三天的空袭目标有31个，只有3个靠近喀布尔，4个靠近其他人口较密集的居住区，其余都在人烟稀少的农村地区］。塔利班军队通常以小股兵力活动和存在，往往躲藏在民众当中。美军的"投鼠忌器"使塔利班军队和基地分子非常容易地找到"安全庇护地"。

三是美军实施空袭的战场支撑不足。开战之前，美国利用国际社会对其遭受恐怖袭击的同情，向阿富汗周边国家和部分中东国家提出使用或者租用机场的请求，但由于有的国家担心惹火上身、有的国家机场条件有限、有的国家外交协调与军事合作条件受限等原因，使美军实施空袭的主要基地放在距离阿富汗数万公里之外的美国本土和"印度洋迪戈加西亚的空军基地"［B-1B和B-52战略轰炸机都是从迪戈加西亚岛空军基地起飞，而最先进的B-2B战略轰炸机从美国本土起飞］、欧洲的军事基地，最近的空袭兵器也是从部署于波斯湾和阿拉伯海的航母上起飞的舰载机。每次突袭作战行动都要经过长时间飞行，和“繁重的空中加油任务”［空中加油任务主要由美国空军的KC-135和KC-10加油机、美国海军的S-3B“北欧海盗”加油机、英国皇家空军的“三星”和VC10加油机来完成。美军舰载机20%空中加油任务由英国皇家空军的加油机来承担］才能到达阿富汗上空实施攻击，而且经过长时间飞行的战机无法进行滞空作战。同时，为确保空袭战机安全和提高空袭的震慑效应，美军有相当部分的空袭在夜间进行，这正是塔利班军队和基地分子躲避于山洞或者民房中休息的最佳时间。

四是受制于美国国内和阿富汗境内政治氛围。美国政府和社会对军人伤亡极为敏感。美军为减少未来地面作战的难度与伤亡，希望获得阿富汗境内反对塔利班的北方联盟支持。因此，在每一次实施空袭前，美军必须与北方联盟进行协调。比如，北方联盟同意以阿新联合政府的名义进攻喀布尔后，美军才对该地区的塔利班部队进行轰炸，争取阿富汗国内其他政治力量的支持。类似于这样的事例经常使美军空袭行动中断，甚至临时改变空袭计划、调整打击区域和强度。塔利班军队和基地分子很容易找到美军空袭的规律来规避空袭。

地面作战：力量使用的革命

非对称的优劣对比只能在具体战场条件中显现。美军拥有无可质疑的非对称的技术优势，但在地面作战中难以像在海湾战争中那样发挥出来。

阿富汗位于帕米尔高原西南，整个国家都处于兴都库什山脉中，平均海拔5000—6500米。阿富汗境内山峰连绵起伏、洞穴密布、小路崎岖。经过多年反苏战争和各个政治派别、宗教民族力量之间的武装冲突，除几座大城市之外，阿富汗几乎全境遍布用原始工具构筑的堑壕、密洞及暗沟等，还有许多不知准确埋设地点的地雷场。这样的地形非常有利于拥有丰富游击作战经验的塔利班军队和基地组织分子进行山地防御作战。另外，相同的宗教信仰与生活方式，使塔利班军队驻地与居民区混杂，有的士兵与普通农牧民无异，塔利班军队不仅后勤负担很小，而且分散难辨。

显然，阿富汗境内的地理、战场对于严重依赖直升机和车辆进行机动投送的美军地面部队而言，无法充分发挥规模性的机动力与远程火力优势，既难以寻找对方主力进行决战，对其聚而歼之，也难以准确判定精确制导火力和其他优势的远程火力的毁伤效果。氧气稀薄的高原山地，不仅极易造成人员疲乏困倦，身体抵抗力下降，而且容易导致直升机和轻型机械化车辆的动力大为降低，“直升机的螺旋桨和发动机无法正常运转，云雾、冰层、积雪、狂风和铺天盖地的雪雹都会给驾驶带来巨大困难”［时任美军参谋长联席会议主席的迈尔斯上将向国防部长提出：“阿富汗的高原容易使在执行军事任务的直升机控制系统失灵并超过操作极限。”］。美军地面作战力量难以拥有山地作战中必须具备的灵活机动与强力锐势。

阿富汗地理与战场造成美军最大的劣势并不是作战行动，而是来自战场之外。阿富汗便于人员藏匿的复杂地形，令美军无法在短时间内准确查实本•拉登的活动规律与确切位置。美国政府无法通过自我宣扬和彰显的“歼敌战绩”来宣布胜利。在对军人伤亡极为敏感的美国，政府和军队高层、中央总部司令员承担的巨大的政治风险，对战争的战略与战役指挥产生决定性影响，最终对战局产生决定性影响。

然而，战争是两股活的力量的对抗，风险与机遇、优势与劣势是相对的，取决于哪方的准备更充分、战术更得当。美军也有独特优势。阿富汗境内，除大城市外，没有人口庞大密集的村落，大多是散布于开阔地带上的小型村落。美军只要找到并从外围封锁小型村落，切断村落与山地之间的交通，塔利班军队和基地分子的活动地域便非常有限，要么只能躲在附近山洞和丛林中，要么只能躲在村落居民屋中。当他们被围困在狭小地域内时，就无法发挥熟悉地形的游击作战优势，却有利于美军利用直升机、小型汽车，甚至租用原始输送工具完成穿插分割、迂回包围，使他们成为“笼中之鸟”。

美军另外一个优势是技术优势。首先，美军拥有“专门对付地下目标的武器”［美军打击坚固地下目标的武器主要有两种：一种是可击穿坚固地下掩体的GBU-28钻地炸弹。另一种是投向洞口以封闭山洞的AGM-130导弹］，它们可使塔利班军队和基地组织分子失去山洞、山谷、地下洞穴的屏护。美军地面部队可控制出口，长围久困切断对方粮食和水补给，甚至还可效仿俄罗斯“阿尔法”特种部队解救莫斯科大剧院人质的方法，向山洞或者山谷中释放非致命性战剂。

其次，美军装备有先进的单兵防护系统。美军大部分进入阿富汗境内作战的地面部队人员，均装备有新型单兵防护系统。它有防弹功能，并安装了便携式水净化系统，适合长期在贫瘠的山地里行动。它还装有凯夫拉护膝与护肘、眼罩和耳罩等，可有效减少山地近战中木石和炸弹冲击波伤害，并涂有与山地背景基本一致的伪装迷彩。美军新型单兵防护系统有利于减少士兵伤亡。

最后，美军拥有先进的近战和夜战兵器。美军自海湾战争之后，在陆军部队开始装备专门用于近战的一种新型冲锋枪，300 米距离内命中率为 80%，传统步枪命中率仅为 15%。这种新型冲锋枪安装夜视瞄准器，可在无月黑夜正常射击。美军还专门配备了一种激光发射炮弹，这种炮弹功率为 100 万瓦，能在 300 公里之外击穿近 50 厘米厚的水泥掩体。

阿富汗战争中的地面作战没有海湾战争中的大规模空地对抗，大多数情况下是在不确定的广阔战场上高度分散、高速流动的非对称对抗。美军面对的敌人亦兵亦民，不仅要有精确、坚决的攻防行动，还必须争夺民心和舆论制高点。

美军地面作战有两个目标：一是寻找本•拉登藏身之处；二是针对塔利班军队和基地组织的重要军事目标予以打击。美军特种部队非常密集和频繁进入阿富汗境内，采取小群编队、多路出击的方式搜寻本•拉登的藏身之地和袭击塔利班的军政要害，如果难以直接打击，就请求直升机和空军战机实施空中打击。

另外，地面作战开始第二天，美军便向因战争出现的难民运送和空投大量食品和药品。美国国会还专门通过法案，拔出 3 亿美元专项进行人道主义援助。人道主义援助不仅有助于美国缓解阿富汗民众、穆斯林民众的反美情绪，还产生了军事效应。塔利班军队和基地组织分子的作战意志与素质参差不齐，有的甚至是被强制加入。人道主义援助起到了收买与策反作用，许多塔利班分子、基地分子、当地居民向美军提供许多重要情报，其中包括重要人物的活动规律，在瓦解塔利班及基地组织方面发挥了不可替代的作用。

地面作战没有单纯的军事行动，需要在情报、经费和心理和社会存在条件等各个方面令自己处于主动与优势。美军地面作战得到了来自政治、经济和外交的全面支持，尤其是来自金融领域和心理领域的支持。总统布什、国务卿鲍威尔、国防部长拉姆斯菲尔德纷纷频繁出访或者与国外政府通热线电话，争取欧洲、亚洲等大型银行堵塞塔利班和基地组织洗钱环节，冻结了很多与之有关的银行账户。没有允足的经费支持，塔利班和基地组织无法组织有力的反制行动，直接产生威胁。

美军不断与美国媒体、国际媒体协调，“开通阿富汗语和当地方言的广播节目，空投大量传单”[美军对 EC-130 特种飞机进行了改造，不仅使之安装有指挥控制设备，还安装有不同频率的广播系统，在阿富汗上空频繁播出广播。它也成为散发大量传单的主要平台]利用媒体渠道，公开宣布将尽全力“保护”和“奖励”向美提供情报的人员，从而在心理和舆论上双管齐下地争取支持。

军事技术发展使地面作战必须与空中作战、心理对抗，以及其他非直接交战领域内行动高度融合，才能保证最大的作战效果。表面上，海空军远程精确打击成为地面作战的“开路先锋”，否则，地面作战至少难以有顺利进展，甚至无法展开。然而，有一个事实经常遭到忽略但却无法忽视。如果没有地面人员与设施的支援，空中作战力量、心理与信息对抗力量将难以发现和打击目标。地面作战贯穿于作战行动全程。对国家层面和前线最高指挥层面而言，地面人员进入充满危险的战区，意味着令人揪心的战争的真正开始。因此，地面作战是判断阿富汗战争进程与结局的基准行动。

首先，美军需要尽快找到塔利班和基地组织重要人物。然而，即使发现这些高价值目标，美军经常错过最佳的打击时机。“原因就在于信息传递、决策周期与战场变化之间的天然滞后，情报在变成指令的指挥流程过程中，打击系统无法对高价值目标实施跟踪式摧毁，导致与打击高价值目标的宝贵机会失之交臂”［在海湾战争中，从发现目标直到空中实施精确打击需要2—3小时，到阿富汗战争，这一过程仅需要10分钟，但是，由于仍然需要远离战场的情报分析人员和设备操作人员之间的流程环节，从目标定位到跟踪定位的时间段内，足以使高价值目标改变位置。从而使远程精确打击手段的计划方案落空。据美军称，在空袭前一周时间内，找到重要活动人员位置信息后进行火力打击，失败行动总共达10余次之多］。

其次，地面作战行动的时效关系成败。一旦搜寻到重要人物等高价值目标信息，地面作战力量付诸行动的速度与效率是其他作战力量不可取代的。另外，即使空中力量打击高价值目标，也需要地面作战力量予以评估是否达成打击效果。高价值目标通常具有政治和心理意义。比如重要人物，即使在空中打击中被击毙，塔利班或者基地组织也可能利用无法证实真伪的客观条件来贬低美军，蛊惑人心。

最后，地面作战力量无可替代的作用还体现在实现政治目标方面。美国需要新阿富汗成为亲美国家。因此，美军需要加强与“反塔利班政权和基地组织的政治和军事力量”［主要包括包括北方联盟和南方普什图族反对派武装］的联合行动。军事技术特征的近似程度决定着联合行动的效果与模式。反塔利班政权和基地组织政治力量的武装组织，不可能装备有与美国空军和海军能够有效协同的武器系统。因此，地面作战力量，尤其是特种部队，成为美军与其他反塔利班和基地组织武装力量联合行动的主要力量，它们成为实现国家政策目标、实施军事战略与战场行动的枢纽性力量。

地面作战力量与反塔利班和基地组织的武装组织的联合行动，最大的作战效果“并不是地面作战，而是空袭”［美国国防部长拉姆斯菲尔德在2001年12月7日向布什汇报阿富汗战争战斗时，谈道：“因为特种部队与反塔利班武装组织的配合，轰炸效果出现明显变化。”］。因为地面作战的局限性需要强大的空中作战来弥补。

首先，反塔利班和基地组织的武装力量向美军提供重要目标信息，或者利用熟悉战场的优势主动进攻塔利班和基地组织重要目标，从而逼使他们暴露位置和活动信息，便于美军卫星侦察与空中精确打击。

其次，反塔利班和基地组织武装力量协助美军地面部队支援空袭行动。美军地面作战力量，尤其是特种部队和情报人员，通常使用激光定位器、全球定位系统来为战机提供实时和近实时的目标信息，甚至通过无线电或便携电脑协调战区上空的空中打击行动。但是，这些携带先进的信息化设备的人员，却需要得到反塔利班和基地组织武装力量的协助，才能保证持续的后勤供给、使用适应于阿富汗地形的交通运输工具提高行动能力、校正信息设备出现的数据误差等。这样的协助，对于美军由打击机场、防空设施和军营等固定目标后转向打击塔利班和基地组织部队等移动目标时极为有效。

最后，当塔利班军队、基地组织分子利用居民地、宗教场所和山洞躲避，甚至假扮平民藏匿时，特种部队也通过反塔利班和基地武装组织帮助予以识别，甚至混入这些场所予以打击、抓捕。

“二战”结束至阿富汗战争之前的所有有大国陆军参与的地面作战，均是以大规模机械化部队为主轴进行各种作战力量的协同作战。但是，阿富汗战争中，特种部队取代规模性机械化部队成为部署最密集、使用最频繁的作战力量，地面作战以特种部队行动为基轴组织协同。因此，阿富汗战争成为首次由“特种部队来主导地面作战的战争”［美军每个军种都有自己的特种部队，总共有 5 个特种战大队和 2 个陆军国民警卫队特种战大队。参加阿富汗战争的美军特种部队来自陆海空三个军种：陆军有“三角洲部队”、第 160 特种作战航空团和心理战部队；空军有 AC-130“武装飞船”飞机、MC-130 运输机、EC-130E 心理战飞机、MH-53J 直升机；海军主要有海豹突击队］。

特种部队规模小、行动突然性强、指挥高度专业，集中与分散之间变换灵活，不如规模性机械化作战力量那样依赖伴随后勤与正规公路，以之为主轴的空地协同突破了以往的地面部队与战机作战协同模式。特种部队不仅是战机支援的主要对象，也是支援战机的重要力量。如果没有特种部队的对空支援，或者将塔利班军队和基地组织分子包围于某处，战机便无法有效对地攻击。

特种作战部队不再是行动仅仅局限于侦察情报和对重要目标进行精确破袭的重要作战力量，而是贯穿于战争全程的主要地面作战力量。特种部队于 10 月 7 日开始空袭阿富汗前，秘密进入阿富汗北部地区，开始执行地面目标侦察、为飞机指引目标等任务，并与当地的北方联盟准备协同作战行动。比如，开战一周内，特种部队成功协助中央情报局策动普什图族首领同塔利班决裂。开战不到两周，特种部队就实施了首次大规模作战。10 月 19 日晚，陆海空三个军种所属的特种部队同步展开作战行动：陆军三角洲部队 2 个中队约 90 名特战队员乘坐 MC-130 运输机在坎大哈西南 60 英里的机场着陆，2 小时内占领了该机场。同时，海军海豹突击队 1 个中队从“小鹰”号航母上搭乘直升机飞抵坎大哈上空，突袭塔利班最高领导人奥马尔总部。当晚，特种部队虽然没有完全达成作战目的，但缴获了一些文件和设备，从中获得部分重要情报。

特种部队除担负火力打击和兵力突击任务之外，还担负了重要的心理战任务。美陆军第 4 心理战大队制作了一种用阿富汗当地语言书写、大小约和一张美元纸币相同的传单。传单的主要内容是鼓励塔利班和基地组织人员叛变，并宣传美军并非针对阿富汗普通民众。这些传单和空军特种作战人员驾驶的 EC-130 飞机播送的阿富汗语广播节目，在阿富汗战争中起到了巨大的作用。

空袭作战阶段结束后，特种部队与美陆军第 10 山地师的轻型步兵协同进行了大量地面围剿作战，担负的主要任务是封锁试图逃跑的塔利班士兵和基地组织分子。地面围剿对于强调精确打击和远程作战的美军而言，的确是一项“苦差事”。之所以是“苦差事”，是因为在阿富汗山区中，特种部队发挥兵力与火力优势的基础在于能否高效、灵巧地实施频繁的战场机动。但是，特种部队的大部分战场机动无法得到车辆与运输直升机的支援，尽管塔利班军队和基地组织并无足够数量的先进防空武器。

特种部队对阿富汗山区战场的适应能力是其他作战力量不具备的，典型的就是特种部队比大规模地面部队更加便利地“取之于民”。阿富汗山区不利于车辆机动，直升机又难以全天候使用。特种部队可以利用从山区民众手中购买、租用的驴、马和原始车辆等作为机动工具，以尽量减少既容易导致疲劳不堪又容易招致危险的徒步机动。特种部队不仅可以运用原始的机动工具，还装备有先进通信系统、目标定位系统、单兵防护装备，随时能知道“现在在哪里？”“将要去哪里？”“怎样到达目的地？”

地面作战的巨大挑战不是遇到塔利班军队和基地组织的殊死抵抗，而是塔利班政权被推翻之后的围剿。美军地面作战优势是远程精确打击的火力优势、短促突击的兵力优势、大范围战场机动优势。这些优势有利于美军进攻拥有政权的塔利班军队。塔利班维护政权，需要稳守城市、街道、经济和民生设施，还有政府机构与宗教场所等固定和显露的场所。

推翻塔利班政权之前，美军在阿富汗战争中面对的是正面抵抗之敌。当塔利班政权被推翻后，军队放弃正面抵抗，利用山地来化整为零地分散作战，并利用其他恐怖力量，不断在国内和国际上给美国制造恐怖氛围，从而最大程度保存有生力量。此时的美军，既很难从忙于争取战后政治地位的北方联盟等反塔利班力量得到全力支持，也难以充分发挥军事技术优势。美军有能力用一颗精确制导弹药消灭某一城镇或者军事设施坚守之敌，却无法对穿梭于沟壑洞穴中的每一名敌军士兵都投下一枚炸弹；先进的空天侦察手段可以发现敌人大规模编队，却无法对三五成群的散兵游勇进行一一侦测。美军进行地面围剿作战时，远程精确打击能力优势大打折扣、作战锐气容易被长期无果的搜寻挫伤、主要盟友英国等国军队减少支援与配合力度、国内的反战厌战情绪弥漫等因素，均容易造成极大困难。最为重要的是，“9·11 事件”的元凶本·拉登仍然踪迹难寻。

地面作战的另外一个巨大挑战是难以准确搞透敌情。比如 2003 年代号为“巨蟒行动”的围剿作战。3 月 1 日，美军获知塔利班军队和基地组织分子将在阿富汗东部山区重新集结。经过综合分析判断，美军认为对方兵力规模约为 150 人至 200 人，于是派遣 50 名美军顾问率领刚刚组建的 1000 名阿富汗政府军部队前往围剿。但是，当战斗打响后，美军发现对方兵力至少为 600 至 700 人。因此，“巨蟒行动”并没有取得期望中的战果。一个月后，美军出动兵力规模达 5000 人的轻型步兵部队（还不含陆航和空军）又进行了一次大规模围剿作战。由于无法及时搞透敌情，美军前线指挥人员和特种作战、轻型步兵等部队虽然能筋疲力尽地主动出击，却无法阻止和挫败塔利班和基地组织的集结和反击，因此无法在短期内根除他们的威胁。比如 2006 年美军在夏伊柯山谷两次遭到伏击，导致阵亡 7 人、伤 11 人。

美军地面作战在空中作战力量、中央情报局和外交力量的支援下，特种部队、轻型步兵和反塔利班军事力量协同作战，令塔利班和基地组织无法集中兵力，只能依赖于利用山谷、山洞东躲西藏地规避侦察，抓住美军作战间隙主动出击。随着美军的作战进展，塔利班军队和基地组织越来越难以集中兵力、主动出击，只能在局部伏击中造成美军小规模兵力的暂时被动。美军日益适应阿富汗境内的地形与民情，伤亡概率越来越小，伤亡数量远远小于塔利班军队和基地组织。

联军作战：盟友与临时伙伴

联军作战中的各方能够直接互相支援，军事行动效果才能有效转化为政治效果。美国拒绝了40多个国家的出兵请求。这主要有三个方面的原因：一是美国需要倚重的北方联盟并不希望外国飞机频繁地出现在阿富汗上空。二是自从海湾战争以来，美军与其他国家军队的武器系统和作战方式存在越来越大的“鸿沟”。其他国家军队主要武器系统的机动性能、火力打击能力、保障需求，以及部队的作战方式与美军差异甚大，如果与美军协同作战，反而降低了美军作战效率。三是阿富汗战争已经获得国际社会外交支持，无须组建庞大的国际联盟来保证美国发动战争的“合法性”。如果多个国家参战，反而容易出现外交掣肘。

阿富汗战争中，美国的主要盟友国家是英国。美军与英军联合作战的主要行动是共同实施空袭与特种作战中的情报支援。美国的重要盟友是阿富汗境内反塔利班政治力量。因此，阿富汗战争也成为“二战”结束以来首次大国军队与非国家团体的武装组织进行联合作战的战争。

推翻塔利班政权的共同目标促使美军、英军和北方联盟等阿富汗境内的反塔组织进行联军作战。虽然美英联军与北方联盟之间在技术装备、作战能力、作战样式、作战思想等方面具有天壤之别，但三方联军作战既没有受到技术落后一方的拖累，也没有受到美英联军难以完全适应战场的制约。这主要得益于三个方面：

一是作战任务合理区分。空袭作战阶段，北方联盟的武装组织主要负责攻城掠地和围剿塔利班军队、基地组织分子，美英联军主要进行精确打击和特种作战。只有在必要时，才“亲自”实施近战围剿。在地面作战阶段，北方联盟的武装组织主要进行城市与占领区的管理与控制，甚至负责城市治理，美英联军负责对规模性塔利班的部队和基地分子重要目标进行打击。合理区分作战任务使双方政治需要都获得满足。北方联盟从阿富汗境内的乡村进入城市接管政权，美英联军需要有人为其分担战场伤亡压力，也需要未来的阿富汗向民主制度过渡时保持稳定。

二是作战方法合理使用。美英联军利用空袭和精确打击手段进行“非接触”作战，追求“零伤亡”，与北方联盟联合作战的方法基本仅限于战前共享情报和向北方联盟武装组织提供火力支援。美英联军和北方联盟武装力量从未在同一个战场上共同行动。间接的作战协同有利于发挥美英联军的空中精确打击优势，也有利于北方联盟武装组织发挥熟悉战场地形的优势，从而实现双方优势互补。

三是后勤保障合理配置。出于后勤安全考虑，美英联军没有就地补给，而是通过基地化补给来维持持续作战能力。基地化补给使美英联军与北方联盟武装组织的后勤补给不至于重叠，美英联军后勤行动不会与北方联盟武装组织的后勤行动产生交叉冲突，免去了双方共同实施补给的诸多环节。

联军作战使塔利班与基地组织面临着来自内外的强大压力。外有强大的美英联军，内有得到支援的北方联盟武装组织，塔利班军队和基地组织坚守重要城镇或者阵地，与其在坚守中丧失大量有生力量，不如保留有生力量，利用复杂地形进行周旋，保留长期的影响力，在战争长期化中，等待出现美英联军迫于国内反战和厌战的政治压力、美英联军和北方联盟暴露矛盾等有利时机。

阿富汗战争中的联军作战主要还是美军与英军的联合行动。维护美英特殊关系是英国提高和巩固国际地位的基石，自然成为美军的“直接协助者”。同时，英军也是最适合与美军进行联合作战的军队。比如作战指挥、语言相同使双方军队之间无需经过可能出现歧义的翻译来直接形成联通、分配打击目标和确定协同的时间与空间。再比如后勤保障方面，美军和英军许多战机使用相同的航空用油，可以共享后勤资源。最重要的是，美英自“一战”以来便有联合作战的传统与经验。“二战”时期，美英联军是反法西斯联盟中联合规模最大、行动样式最多、使用战场最广泛的两支军队。马岛战争中，美军利用战略侦察卫星为英军提供情报和通信支援。冷战结束后，在建立伊拉克北部禁飞机区、波黑战争、科索沃战争，美英联军作战成为常态。

然而，阿富汗战争中的美英联军作战与之前的二者联军作战不同。冷战结束后的美英联军作战均是持续时间不到1个月的低强度和小规模行动。虽然，美英联军只经过短短2个月便推翻塔利班政权，但在山区进行联合围剿作战，却无法预知持续时间。因此，美英联军作战需要面对他们二者之前从未遇到过的挑战。

首先，美英各自国内政治氛围差异的影响。“9·11事件”后，美国国内同仇敌忾，对阿富汗战争全力支持。塔利班政权被迅速推翻后，美国军民更是士气大振。然而，英国政治高层虽然支持出兵，但民众并没有政治高层那般的“热情”，甚至对阿富汗战争长期化后，出现质疑、反战厌战情绪。

在选票决定政府存亡、多个党派互相制衡的英国，战争长期化容易导致国内政治党派斗争，由此而带来沸腾的社会舆论。尤其是媒体报道了军队在阿富汗误伤平民、内阁成员之间产生分歧之后，英国政府感到极度难堪，甚至在一份声明中指责影响力最大的泰晤士报："出现的这些不满的声音过于夸大了对某些学术论点的分析，他们想把语义上存在的一些微不足道的不同意见，扩大为子乌虚有的政治上存在的重大分歧。"

其次，双方情报能力不对等。能力差异是联军作战效率的最大制约。美英之间作战能力最大差异方面是情报能力。美军超强的战场侦察情报能力可以与英军进行共享，但是英军缺乏独立的情报能力令英国军方在决策时显得犹豫不决，导致政府内阁进行决策讨论时经常产生分歧。2002 年 1 月，塔利班政权被推翻后，英国内阁讨论是否要增派兵力与美军共同进行围剿作战，英国军方高级将领多次提出，希望在地面进攻发起前，能够得到更多、更有价值的塔利班武装和基地组织军队数量、部署位置的情报。这种希望与其说是建议，不如说是疑虑。模糊的情报影响英国政府和英国军队的战略决策层，自然会影响到英国将怎样增派兵力和增派多大规模兵力赴阿富汗与美军实施联合行动。因此，英国政府国防大臣胡恩宣布将增派规模超过 2 万兵力的地面部队前往阿富汗后，立即遭到议会和媒体暴风骤雨般的质问。主要是质问为什么英国政府明知缺少攻击正确目标所必须的情报来源导致部队没有做好立刻踏上阿富汗土地的准备时还要增派部队前往阿富汗。

英国国内的政治斗争和军事疑虑是影响美英联军作战的主要障碍。英国向阿富汗派遣大规模地面部队是海湾战争之后首次派遣地面部队赴海外参战，自然成为英国国内党派政治斗争的焦点。但是，英国的国际地位维系于美英特殊关系的战略考虑压倒了政治斗争，决定了英国国内最终的政治权衡必是与美国"站在一起"。布莱尔与布什、国防大臣胡恩与拉姆斯菲尔德在 2002 年内举行多次面对面会谈，足以证明英国的现实政治利益与国际威望的基础。

英国在野党和媒体质疑英军参与大规模地面作战的理由并不很有力。他们认为在海湾地区的英国部队并没有做好准备。然而，战争经验和训练演习的经验说明，所有参战部队在参战前都无法"充分"准备。因此，军事准备不足的理由并不构成对参战利益诉求的阻碍。相反，如果以部队准备不充分而拒绝参加地面作战，反倒使英国在空袭阶段与美国联合作战产生的影响力和战略利益前功尽弃。另外，英国与美国一样，希望尽快结束阿富汗战争。当地面作战开始后，为了避免战争长期化，英国也应当增派地面部队，增强联军作战能力。因此，英国不仅增派了地面兵力参战，还增派了被称为"庞大的再平衡力量”［英国在2002年年初决定向阿富汗战区增派的海军兵力包括：（1）增派四架支援飞机。包括装备有雷达、磁探测器和声探测装置的“猎手”海上巡逻飞机以及“大力士”运输机。这四架飞机将补充支援10架空中加油和侦察等特种飞机。这些飞机从美国空袭一开始就加入了战斗并且现在还在遂行对塔利班前线地毯式轰炸的支援任务。已部署的英国加油机包括“三星”加油机和VC-10加油机。侦察监视任务由E-3D“哨兵”预警机和“堪培拉”PR-9飞机担任，后者还承担着人道主义救援任务。“三星”加油机具有空中加油和运输的双重功能。VC-10加油机也具有双重功能，他们分成四组遂行任务，其中三组携带的机翼油箱为战斗机加油，中心油箱为大型飞机提供加油支援。“哨兵”预警机是由波音707-320B飞机改装而来的，装备有最先进的雷达和电子传感设备。英国皇家空军目前有7架这种飞机，它们的翼尖吊舱中装备有无源遥感器。服役时间最长的PR-9型飞机是英国皇家空军最早服役的喷气式轰炸机，这种飞机装备有远距垂直和倾斜照相机。（2）目前英国皇家海军“常胜”级航母中最先进的“卓越”号将部署为直升机作战平台，取代“海鹞”式垂直短距起降攻击机。部署的“海王”直升机曾在最近阿曼举行的演习中从“卓越”号起飞遂行过任务。这艘航母最多可以搭载22架飞机。空中预警型海王式直升机能够为航母和岸基飞机提供战术控制。（3）英国皇家海军的“无畏”号两栖突击舰主要作为一个起降平台，同时也支援一支攻击直升机分队，负责英国皇家海军陆战队第40突击队200名人员的起居。第40突击队中剩余的400人将返回英国。但他们仍将处于高度战备状态，如果阿富汗战区需要支援，他们将随时准备开赴前线。（4）“南安普敦”号导弹驱逐舰是构成英国皇家海军防空中坚力量的42型导弹驱逐舰之一。42型导弹驱逐舰装备了“海标枪”中距防空导弹系统。（5）“康沃尔”英国皇家海军护卫舰是22型护卫舰，装备有综合传感设备和通信设备。（6）潜艇继续在这一地区负责“战斧”式巡航导弹的发射。他们从1998年开始承担这项任务。英国皇家海军三艘“快速”级和“特拉法尔加”级核潜艇负责这一地区的作战行动，他们是“壮丽”号、“特拉法尔加”号和“凯旋”号。其中后两艘可以携带“战斧”式巡航导弹。（7）七艘皇家海军的支援辅助舰船负责后勤支援保障工作。这些舰船包括：“特里斯特拉姆爵士”号登陆舰、“珀希瓦尔爵士”号登陆舰、“维多利亚堡”号、“Fort Rosalie”号、“月桂叶”号油船、“布兰布莱利夫”号油船和“努力”号修理船］的海空兵力。

美英联军作战形式是灵活的。英国国内担心地面作战造成大量人员伤亡，独立保持地面部队的作战指挥权，既表示了对美军重要支持，也可以根据地面作战实际进程灵活调整兵力规模和作战部署。因为塔利班和基地组织没有能力威胁英国的舰艇和战机。英国皇家海军与皇家空军的作战指挥权完全交给美军中央总司令部，与美海空军进行一体化行动。

城市作战：决定战争的政治的归属

政权机构主要存在于城市而不是乡村。经济落后、社会封闭的阿富汗，塔利班政权的大部分机构和政治领导资源集中在喀布尔、坎大哈等大城市。希望尽快推翻塔利班政权的美军，攻占城市可以尽快摧毁塔利班所掌控的政治秩序、经济秩序和社会秩序。攻占城市更加有利于美国争取北方联盟等反塔利班政治力量的支持，因为他们也急于攻占城市取塔利班而代之。城市文明承载着国家、社会文明进步的主要动力。美军占领大城市，美国才能在阿富汗构建现代国家制度，避免阿富汗再度成为恐怖分子和极端宗教力量的“栖息”之地与藏身之所。相对于山地，城市地形对美军的弊相对较少，只有先攻克城市，美军才能由易至难以逐步适应阿富汗的整体战场。

2001 年 10 月 19 日，美国陆军三角洲特种部队在阿富汗南部城市坎大哈一个机场实施空降，立即遭到塔利班武装反击，损失 1 架直升机，12 名特种部队人员受伤。虽然美军最终攻占该机场，但是特种部队首次对重要目标实施突袭便遭受较大战损，迫使美军看到独立作战只会造成更多意想不到的伤亡。因此，美军开始重视充分利用北方联盟武装力量的作用，采取先北后南的城市夺控作战。此后，美军首先向阿富汗北部地区增派特种部队，使之与北方联盟进行联络协同。这不仅使美军飞机能够根据特种部队指引的目标信息以空中火力支持北方联盟由北向南进攻，还使美军为北方联盟开辟了为其提供战争物资的“输血”通道。

在美军的情报与后勤、精确打击火力的支援下，北方联盟武装组织在攻克阿富汗北部军事重镇马扎里沙里夫之后，仅 60 余天后又势如破竹地由北至南地攻占了喀布尔、昆都士和坎大哈等重要城市。

北方联盟在短时间内攻占阿富汗境内各大城市的原因有三个：一是塔利班政权掌控的阿富汗城市中几乎没有可以有效打击美英联军空袭兵器的防空手段。二是几乎没有工商业的阿富汗各大城市没有庞大、坚固的建筑群供守军防御，在美英联军强大的空中轰炸下不堪一击。三是塔利班军队的守城力量无法得到山区作战力量的支援。

城市防御作战的精髓是让进攻者陷入逐街逐巷的争夺与纠缠，在无法评估战果与战损时因为害怕付出无法承受的代价而无力推进战线，或者遭到来自城市内圈与外围的双重打击。这需要城市防御作战力量能够不断利用城市街道、房屋灵活机动作战，同时得到城市外围兵力的支援与配合。长于山地游击的塔利班军队不仅毫无城市防御作战经验，而且由于塔利班军队主要控制着大城市，“基地”组织主要藏在山区，连接城市与山区之间的少数可通行通道，成为它们之间互相支援、相得益彰的生命线，却被美军和北方联盟牢牢控制。另外，美军战机与特种部队对城市中塔利班重要目标精确打击和突袭，使塔利班守城部队不仅丧失了将攻城部队吸引入街道的机会，还成为只能原地困守的“木桩式”兵力，一旦移动便很可能被先进的技术侦察手段或者无孔不入的人力侦察手段发现，从而在短时间内遭到精确打击。“木桩式”兵力在城市防御作战中被个个击破，残余力量只能逃进阿富汗南部和东部的山区。

美军没有在城市作战中抓获奥马尔和本·拉登，但消灭了拥有重武器的塔利班军队主力，从而减轻了美军地面围剿作战的压力。因此随后进入山区作战，美军无需担心遭遇大规模重武器的抵抗。

非对称作战：战略缺陷

非对称作战是军事技术差异巨大的双方追求的理想化作战方式。它不追求先变于敌，而是追求“我打我的、你打不了你的”，将对手置于无法有效行动的被动境地。非对称作战并非对等的“报复式行动”，也无法强行实施“报复式行动”，需要以足够的耐心和敏锐，发现和创造战机使对方暴露弱点，从而实时调动各种作战力量。因此，非对称作战不能一味示强，也可以是示弱。

作为拥有绝对技术优势的美军，希望进行非对称作战以降低伤亡和战耗、缩短作战周期。美军的基本战法是通过机动、隐蔽等行动在对方打击范围之外，通过脱离接触，利用高效和实时的信息系统和人力武装侦察方法，集中精确火力优势而不是兵力优势，瘫痪和打击敌人，或者诱使对方集中兵力出现在“圈套”中，从而实施快速精确打击，在作战地域内大量歼敌。

然而，美军实施非对称作战却使战场行动与战争的政治目标之间难以协调。美军的政治目标是推翻塔利班政权、剿灭“基地”组织、捉拿本·拉登。非对称作战只能确保消灭被美军发现的目标，而难以建立一个有利于实施全面行动的作战力量体系。

美军地面作战力量虽然装备精良，但难以完全适应阿富汗城镇。直升机、轻型装甲车、便携反坦克导弹、火箭筒和迫击炮等，在城镇街道中容易被障碍阻止正常行动，甚至被轻武器击伤而丧失作战能力。比如直升机油箱，只要被近距离步枪击中后便容易漏油。在惨烈的巷战时，尽管美军装备有先进的巷战兵器，但双方均在对方火力射程之内，行动难免受到迟滞，难免出现人员伤亡，导致陆军辅助城市政治控制的进展缓慢。

非对称作战是美军技战术优势的直接体现与结果。然而，美军可以通过非对称作战取得战场主动，但战果无法令美国政府判定战局实际发展进程。因为非对称作战无法将政治目标与军事目标协调起来。美军既想推翻塔利班政权、剿灭基地组织和本·拉登，又要实现“零伤亡”，非对称作战无法兼顾。

战后之战的围剿：定局艰难

不依赖现代工业化和信息化设施的武装组织在原始落后地区的生存能力总是容易超出想象，因为即使主力被消灭也不意味着最终失败。塔利班和基地组织亦是如此。尽管塔利班和基地组织的规模性兵力被歼灭而被迫离开城市在山区中东躲西藏，但也不意味着美获得了阿富汗战争的胜利。所以，美军地面作战的真正困难是战后之战的围剿。

围剿作战的直接目的是肃清塔利班和基地组织残余力量，本质目的却是美国对阿富汗进行重建和改造的重要组成部分。因为阿富汗临时政府在塔利班政权推翻后成立，当美军完成主要地面作战时，尚不具备独立的行政机能与自我军事保护能力。如果美军只守住城市作战战果，利用山区重新获得喘息之机的塔利班和基地组织可能卷土重来，重新成为一股力量。美军最佳战略自然是在其死灰复燃之前主动出击围剿。

美军围剿的最大困难并非来自军事领域，而是来自经济和社会领域。塔利班和基地组织没有现代的生活方式，初始化农业生产便可使之获得补给。由于信息闭塞和文明程度低，阿富汗落后山区的民众容易受塔利班和基地组织蛊惑或者威逼，成为他们的“后续力量”。所以，美军围剿不仅需要在战场上围而歼之，还需要在经济和社会层面上切除塔利班和基地组织的危害。

“蟒蛇行动”就是这种背景下的军事行动。2002 年 3 月 2 日至 18 日，2000 多名由美国特种部队、阿富汗当地武装和盟军组成的联合部队，对盘踞在阿富汗东部城市加德兹附近山区的塔利班军队和基地组织残余进行围剿作战，击毙一大批重要人物，消灭了 800 多名塔利班武装分子和基地组织成员。这样的战果无疑为美军和阿富汗临时政府打了一针“强心剂”。从此之后，美军便开始实施密集的大规模地面围剿作战，如“水雉”“鹩鸟”“山狮”等。虽然美军围剿作战的战场效应非常明显，但难掩经济和社会领域建设滞后。

腹地秩序的重构：中亚与中东的巨变

不理解国际秩序便无法理解战争。阿富汗战争对欧亚大陆陆权秩序的影响取决于阿富汗对哪些重要地缘政治板块产生影响。毫无疑问，阿富汗战争的直接影响是中亚，间接影响是伊拉克战争之后的中东。

苏联解体后，欧亚大陆中间地带出现了包括“中亚五国”［指乌兹别克斯坦、吉尔吉斯斯坦、塔吉克斯坦、土库曼斯坦和哈萨克斯坦五个国家，即通常所说的“中亚五国”］和“高加索三国”［阿塞拜疆、亚美尼亚和格鲁吉亚三国］在内的若干新独立国家，由它们组成的地缘政治板块成为连接中东和南亚的枢纽。如果美国深入中亚，便在北约东扩、强化亚太地区同盟的基础之上，又增加了影响欧亚大陆秩序的新的战略支点。中亚丰富的石油天然气资源对世界经济也有不可忽视的价值。

“美国相距太远而无法成为主导力量，但美国又太强大而不能不参与这一地区事务。”［（美）兹比格纽·布热津斯基：《大棋局》（中国国际问题研究所译），上海：上海人民出版社 1998 年版，第 197 页］巩固战略地位和谋取能源、商业红利是任何一个霸权国家都难以拒绝的诱因，也是任何一个反对霸权的国家必须作出回应的外在激励。冷战刚刚结束时，美国便开始对中亚进行经济援助，但没有取得预期效果。因为美国始终不加选择地输出民主价值观，无法契合中亚国家当时的政治现实。中亚各国刚刚独立不久，混乱的经济和社会秩序激化了根源复杂的民族和宗教矛盾；刚刚开启“民主”进程，政治势力林立。稳定经济和社会秩序成为首要事务的中亚各国，既急需外部经济援助，也急需外部力量帮助协调各种政治力量搁置矛盾。美国应当支持能够稳定中亚各国内部政治、经济、社会秩序的力量，而不是鼓励各国国内反对党加入“民主”体系。美国在推动中亚各国“民主”进程中“拔苗助长”，难以对中亚各国产生期望中的影响。比如，1999 年 5 月，哈萨克斯坦总统纳扎尔巴耶夫在世界经济论坛上表示不会再紧跟美国，虽然他们还要“勒紧裤带”。

冷战刚结束后的俄罗斯根本没有足够的精力和力量对中亚地区施加传统影响，中国正在集中力量推动市场经济和解决国内问题。但是，当它们面对来自美国介入中亚事务带来的新的、越来越大的地缘政治压力时，认为美国推动石油贸易和开采企图控制中亚国家经济、推行民主制度来控制中亚国家政治，将最终威胁自己的安全。从此，中亚秩序进入了外在大国博弈主导走向的新时代，成为美、俄、中关系的试金石。

共同的心理基础使俄罗斯和中国主导成立了“上海合作组织”。当俄罗斯几乎筋疲力尽地独力应对北约东扩时，“上海合作组织”成为它对美国1997年升级中亚战略（1992年和1997年分别出台的“自由促进法案”和“丝绸之路战略法案”）的回应。美国将经济援助、推动“民主”［其中最明显的举措是“美国之音”增设了对中亚地区的广播节目］、军事合作、扩大贸易形成一套“组合拳”。

“9·11事件”之后，美国再次升级中亚战略并与阿富汗战争相得益彰，开始与中亚各国加强军事和安全、情报等多个领域合作，加大军事援助，积极开展军事交流，在中亚地区开辟、建设军事基地。当北约邀请中亚国家参加理事会时，似乎还预示着北约不仅要在俄罗斯西部边界扩张，还要向俄罗斯南部扩张。

但是，中亚东欧在政治传统、历史文化、经济社会发展方面存在着巨大差异。东欧直接与西欧接壤，长期直接受西方思想和价值观影响。中亚传统的伊斯兰文化和长期受到苏联制度管辖，不容易接受美国的思想和价值观。

“9·11事件”爆发，美国进入中亚反恐后，塑造中亚秩序遇到的最大困难是无法将二战结束后重建西欧的经验向中亚“照搬”。因为美国与西欧有相似的文化和价值观，二战的结束使法德世仇和解，也推动化解其他西欧国家间历史积怨。但传统的伊斯兰文化和长期的苏联制度使中亚难以接受美国的思想和价值观。

苏联解体后到“9·11事件”后，中亚地区存在的多种多样的异质文化、接连不断的民族矛盾和冲突、此起彼伏的边界和领土纠纷、日益猖獗的极端势力，既是美国进入并主导中亚的机遇，也成为对美国实力、意志和智慧的考验。美国对中亚各国提供的经济援助和经贸合作，尤其是能源合作超过中亚国家的预期，但其总是根据自己的标准对中亚各国区别对待，难以平衡中亚各国之间矛盾。

美国没有，也不可能弥平中亚各国之间的矛盾。中亚国家间的不平衡，既是外部霸权力量进入地区的动因和机遇，也可能成为外部霸权力量塑造地区秩序失败的主因。当美国面临着如此的风险之时，美国自然会担心，中亚之间的矛盾会导致美国反恐支援乏力。

俄罗斯和中国几乎“不由自主”地提升对中亚的影响力，使得大国博弈背景下的中亚似乎会在不久的将来成为“欧亚大陆的巴尔干”［（美）兹比格纽·布热津斯基：《大棋局》（中国国际问题研究所译），上海：上海人民出版社1998年版，第162页］。

然而，这只是一个基于旧历史逻辑的臆测。

专注于反恐的美国需要俄罗斯、中国和其他中亚周边大国支持。所以，中亚不可能出现美、俄、中对抗式互动，客观上促使中亚国家采取多边平衡政策。不同的国家在实施多边平衡时，又具有不同的侧重点，从而培养了较强的自主倾向，使任何一个大国都不具备决定性影响。美国进入中亚，有利于中亚各国通过美国的经济援助和军事合作，解决国内经济发展和国防安全等矛盾。美国推动石油能源开采与输出，中国拉动中亚经贸，俄罗斯利用文化相近发展军工贸易，这些对中亚国家的发展都是有利的。以哈萨克斯坦为例，苏联解体后前十年，哈萨克斯坦经济发展逐年下滑。但“9·11 事件”后，美国大力推动中亚的石油能源开采和交易，哈萨克斯坦凭借丰富的石油天然气资源，经济发展异常强劲。

但是，美国在中亚推行擅长的“四位一体”战略，在反恐和能源合作上取得不小的进展导致影响力增大的同时，却因为推行其价值观和“民主”制度的急于求成，而处于一个非常尴尬的地位。因为中亚各国需要美国的经济援助和军事、安全合作，但对于美国在其国内推行政治“民主化”普遍不满。中亚各国无论是政府，还是民众层面，都难以接受美国式的“民主”制度。

但是，当美国感到反恐的实际需要与“民主政治”的“理想”之间存在矛盾时，现实主义会占据上风，默许和承认一个自己不太喜欢的政治制度和政治领导人的存在。灵活的现实主义使部分中亚国家改变了传统上依附于俄罗斯的政策。中亚成为欧亚大陆中一个日益在政治和外交上独立并趋于一致的地缘政治板块，既不会亲美，也不会亲俄，独立在大国中进行平衡，从而使大国争夺势力范围的地区模式彻底结束。大国博弈不可能重回争夺势力范围时代，代之而起的是对中亚政治制度和价值观的影响力的竞争。大国博弈扩大了内涵，合作与竞争复杂叠加，中亚可以根据自身需要灵活确定自身立场。

美国、俄罗斯、中国在中亚的竞争与合作，对中亚融入国际社会起到了推动作用。因为美国进入中亚，接踵而至的便是北约、欧盟和日本等。中亚各国坐享经济发展之利的同时，其地缘政治价值的显著提升，与其他地缘政治板块取得日益紧密的联系，推动欧亚大陆上各个地区的秩序的联系日益紧密。最鲜明的后果就是中亚对国际地区事务的影响力增强。

当日本进入中亚并加深、扩大政治、外交和经济往来后，中亚又间接地影响中日关系。日本为争当政治大国，也需要增强对中亚的影响力。但是，作为美国的追随者，日本对中亚的影响力是美国影响中亚的延续和补充。日本此举无疑起到了在中国东部配合美国围堵中国的同时又在西部扩大遏制包围的作用，令本已缺乏互信的中日关系蒙上一层新的阴影。

欧洲和北约主动接近中亚令人印象深刻。欧安会吸纳中亚国家加入欧安会，北约与欧盟分别和中亚国家发展成为和平伙伴关系和东方伙伴关系。欧洲成为一个整体而与中亚的关系呈现出多层次、多领域内的合作模式，从侧面推动中亚各国之间的合作。

美、俄、中、欧、日，甚至包括印度，在中亚以合作为主流，矛盾摩擦只能是局部性和阶段性的，但中亚仍然缺乏外部经过协调的强大力量来推动一体化。欧洲一体化的主要症结是法德关系，法德世仇和解则使西欧才得以开启一体化进程。中亚地区的症结不在于某两个国家，而在于地区内外各种力量的互动整体。

中亚秩序暂时无法走向一体化，不仅是因为民族宗教矛盾和领土边界纠纷，更因为缺少地区内具有足够威信、并得到美国和俄罗斯共同接受的大国的主导而难以走向一体化。哈萨克斯坦和乌兹别克斯坦是中亚最重要的两个大国：哈萨克斯坦希望成立中亚联盟，而乌兹别克斯坦不接受哈萨克斯坦成立中亚联盟的倡议，并且与诸多国家产生矛盾，例如水资源矛盾问题。这两个国家相反的政策取向和与各自周边邻国的矛盾，是中亚走向一体化的最大障碍。

但是，未来的中亚同时存在着三类倾向：向西、向东、中立。向西则代表希望和欧盟东扩、北约东扩在欧亚大陆腹地对接；向东则是希望强化与独联体的关系；中立则是希望继续追求大国平衡。

中东是欧亚大陆中唯一一个冷战尚未结束就告别美苏争夺的地区。海湾战争标志着苏联已经没有能力和意志阻挡美国影响中东秩序。没有地区外大国坚定支持，地区性强国注定难以主导地区局势。萨达姆时期的伊拉克在海湾战争中的溃败和接下来十二年联合国制裁足以证明。苏联在中东的患得患失和虚张声势反衬了美国对中东的主导地位。海湾战争后，反美国家，如叙利亚、伊朗等国家看到了它们不可能战胜的美国军队的超强作战能力的同时，也看到了制造矛盾无疑是在自掘坟墓。它们将安全寄希望于苏联的时代一去不复返。

中东秩序的核心是阿以矛盾，决定阿以矛盾走向的唯一外部因素只有美国。美国面临着两大挑战：如何平衡以色列和亲美阿拉伯国家之间的关系，使它们和平相处；如何不激起反美阿拉伯国家中兴起的民族主义，甚至极端主义来影响整个阿拉伯世界。这两大挑战，构成了美国能否单独主导中东的决定性因素。

制裁伊拉克不仅保护了以色列，还震慑了反美阿拉伯国家。海湾战争后，巴以矛盾的迅速缓解，足以说明萨达姆违反国际法理和美国利益后的中东对和平的渴望。以色列总理拉宾在1995年遇刺，又说明解决巴以矛盾的和平进程是多么艰辛曲折。

对美国而言，美国需要这样一个中东：一是以色列安全能够得到保证；二是石油能源供应体系能够稳定；三是在中东没有一个主导性国家，或者一个域外大国与美国在中东的主导地位分庭抗礼。要实现这样的中东，务必要实现三点：一是需要反美阿拉伯国家或者支持反美力量的国家投靠美国，而不威胁美国的石油能源安全和威胁以色列；二是保证亲美国家政局稳定、经济繁荣发展和温和的外交立场；三是对以色列施加影响，防止以色列的过激行为刺激出阿拉伯世界的反美主义。

美国在冷战后的中东政策实质上是三管齐下的。不断缓和巴以矛盾，最大限度地减少巴以冲突；对伊拉克、伊朗、叙利亚等反美国家实施打压，缩小它们的影响力；鼓励亲美国家的温和立场。

从冷战结束到“9•11事件”的十年间，欧洲前南斯拉夫地区矛盾冲突不断，爆发波黑战争，并且引起北约发动科索沃战争，美国似乎被欧洲形势牵制，在中东难以推行旨在缓和巴以矛盾、打压反美立场、扩大亲美基础的政策体系。然而，“9•11事件”的爆发，改变了美国推行中东政策的侧重点。伊拉克战争之后，美国改变缓解巴以矛盾、安抚双方的做法，代之以更加偏向以色列、排挤阿拉法特领导的巴解组织、默认以色列强力打击巴解组织和哈马斯组织等。推翻伊拉克萨达姆政权，刺激美国改变了针对反美国家的做法，一改经济制裁、外交孤立和军事威慑的“组合拳”，转而提出大中东计划，在中东地区推行美国式“民主”制度。

小布什政府的“大中东计划”是美国中东政策的巨变，也是美国将推动欧洲秩序的方式首次运用于欧洲地区之外地缘政治板块的尝试。美国在此之前的中东政策重点是将保护以色列、维护中东战略平衡和打击激进中东国家三者维持在策略性水平，而不是战略性水平。美国实施“大中东计划”后，试图将“民主”制度和价值观移植到一个具有几千年伊斯兰传统的地区，将比就事论事地处理具体的巴以矛盾、反恐、打击反美力量面临更大的挑战和风险。

美国推行大中东计划是建立在首次用武力推翻中东国家政权后的基础上，对阿拉伯民族的心理冲击，比美国用和平方式来推动中东某个国家走向“民主”所产生的影响更加深远。美国推行大中东计划能否顺利取决于两个方面：

一是中东阿拉伯国家是否会由于美国发起“民主化”浪潮而导致政策变化，甚至是转向，由亲美立场向其他方向转变，或者由反美立场向其他方向转变，二者的转向对美国的影响同等重要。二是中东地区外的大国对美国推行大中东计划的影响。美国发动伊拉克战争，虽然获得部分中东国家支持，却将伊拉克变成一个潜在的反美基地。如果美国可以使亲美的阿拉伯国家接受美国发动伊拉克战争后输出价值观，尤其是民众接受，那么美国无疑会取得成功。只要有亲美国家主动接受美国的民主制度，并且进行政治改革，即便其他国家持观望态度，那么反美力量也将受到震慑。伊拉克战争证明了美国推行大中东计划面临的挑战。如果伊拉克成为反美的温床，或者导致其他大国制衡美国，美国推行大中东计划将是“搬起石头砸自己脚”。叙利亚和伊朗是否会利用反美温床的伊拉克、俄罗斯是否会支持叙利亚和伊朗等，这些使反美力量更加牢固的因素将是美国不得不面对的潜在挑战，甚至是现实威胁。

然而，对于美国幸运的是，伊拉克战争爆发后，美国并没有像在越南战争时期那样受到其他大国实质性制衡，推行大中东计划最为关键的外部条件基本成熟。美国推行大中东计划最大的外部隐患是俄罗斯和伊朗。然而，俄罗斯和伊朗均利用伊拉克战争后被推高的油价赚取更多的外汇；伊朗通过伊拉克战争暂时转移了美国的安全压力，二者虽然出现利好，却更难制衡美国，否则利好消失，巨大压力会卷土重来。

因此，美国推行大中东计划只需要回答两个问题：美国推行“民主”制度能否被亲美国家民众接受、能否根除反美的“政治土壤”。在亲美国家避免出现民主进程中的混乱，在反美国家中“制造”“混乱”。然而，事与愿违，亲美国家的“民主化”进程一开始就不顺利。

发动伊拉克战争不到一年时间，美军抓获萨达姆；一年后，美国又推动以色列和巴解组织的历史性和解、默认纵容将阿拉法特边缘化。伊朗和叙利亚的确受到震慑，但并没有促使其转变反美立场。

大中东计划的前提是消除反美力量的土壤。然而，许多亲美国家的“民主化”道路不顺，从而产生微妙变化。“民主化”进程导致民怨沸腾，美国庇护其长期执政并有严重贪腐问题的领导人，使自己处于被自己启动的“民主化”进程的十字路口。如果美国再深入介入，反而容易陷入中东“民主化”进程造成的乱局。因为亲美国家的新领导人并不必然性地坚定支持美国，可能在美国和其他大国之间走平衡路线，甚至在国内出现极端反美力量而影响到政府政策倾向。

美国推行大中东计划，反美力量虽然受到挤压，但伊斯兰极端势力有所抬头，从而成为美国在中东的最大隐患，使之在中东面临的最大变数不是敌对力量的反制，而是敌友难分。中东国家之间“民主化”进程的差异，造成了它们之间发展不平衡，从而导致各种阻碍“民主化”进程的因素大量存在，使各国在推进民主化进程中饱受曲折和艰辛。

但是，美国推行的大中东计划在中东历史上属于“开天辟地”之举：一旦民主化进程开启，中东的政治传统和文化传统便要开始出现深刻变化。2003 年，中东地区最古老的王国之一，沙特阿拉伯提出了阿拉伯改革计划，建立了历史上第一个人权组织。次年 3 月，也就是伊拉克战争爆发整整一年时，中东大部分国家派出政要和学者在埃及著名港口城市亚历山大召开阿拉伯改革会议，发表了主题为阿拉伯国家民主化改革的“《亚历山大声明》”[《亚历山大声明》就中东阿拉伯国家进行改革的政治、经济、文化等诸多方面作出了全面且具体的规划和部署。主要包括扩大政治参与的范围、解决就业问题、提高教育水平、提升妇女的地位等，其声明的改革措施和内容与美国“大中东民主改造计划”基本一致]。

但是，美国推行大中东计划，并没有取得预想的结果。萨达姆被推翻后相当长时间内，伊拉克并没有走向民主和繁荣，党派争吵、社会混乱、民众安全威胁倒是层出不穷。中东国家的社会言论上“民主”蔚然成风，但政治行动上难以为继，导致民怨不断累积。2011 年初开始的中东和北非动荡便是明证，直到今天，中东仍然乱局丛生。

美国推动大中东计划的根源，是它认识到如果所有中东国家成为民主国家，既符合美国的理想和价值观，又满足美国的现实利益诉求。中东北非政治动荡令美国处于困境的根源是美国推动大中东计划时，因为没有重视这一因素：支持美国的国家领导人都是长期执政，难免导致本国国内的社会矛盾积累，推行“民主化”制度后，民众诉求日益增长，对长期积累的弊病越来越缺乏耐心。日益增长的民主诉求容易转化成民众对长期执政的领导人的敌对心理。或许会存在这样一种可能性：如果美国不在长期执政领导人的晚年强力推动大中东计划，而是在长期执政领导人退出政治舞台后强力推动大中东计划，导致中东和北非动荡不安的因素会减至最小。

美国推行大中东计划，造成了中东格局的巨变。以前是亲美和反美立场鲜明，之后，亲美国家出现未知与多样趋势，反美国家由于民主化进程的压力和地缘政治格局变化，开始希望与美国接触。中东由于“民主化”进程，并未消除亲美和反美之分，也没有变成美国希望的“民主一统天下”的格局，而处于激变中，出现无法预知的走向。

大中东计划虽然使亲美国家出现混乱，从而缓解伊朗面对美国的压力。

因为伊朗周边的伊拉克、阿富汗等国家，似乎不可能再与伊朗为敌。但是，伊朗必须面对的情况是：周边几乎全是被美国主导或者改造的国家，之前被敌对国家孤立，现在却被美国直接孤立。伊朗面临与美国展开直接对话的挑战。一旦美国不愿意与伊朗缓和，伊朗便只能以让步的方式来主动寻求与美国对话从而彻底陷入被动，否则只能孤注一掷。

下 篇

欧亚大陆陆权秩序和陆战的演变对陆军的影响

欧亚大陆是所有大国进行全球博弈与共存的舞台，也是诸多新型公共威胁集中爆发地。欧亚大陆秩序稳定则全球稳定，全球秩序稳定又影响着欧亚大陆秩序的稳定。任何一个大国地位剧变，预示着欧亚大陆既定秩序必将遭到破坏。如果公共威胁蔓延（如大规模杀伤武器扩散，人道主义灾难等），大国试图将自己置之于外，欧亚大陆秩序同样将遭到破坏。

当代欧亚大陆上，从海洋到陆地、从边缘地带到腹地，均存在出现民族分裂、政治动乱、极端事件等可能。未来危机一旦爆发，将向欧亚大陆快速蔓延，甚至对所有国家与地区造成危害。因此，陆战既包括大国间，也包括地区间，还包括与传统上非国家性组织之间的战争。比如：人体炸弹导致社会安全危机，可能演变为一次陆战；同步在多个地域的恐怖袭击，也被认为属于战争行为。陆军运用具有更加丰富的内涵。大国陆军的主要对手既包括其他大国军队，也包括恐怖分子和极端分子等非国家组织的武装力量。

时代出现新的变化时，总是容易令人回忆历史，希望从历史中寻找未来的道路。冷战爆发根源于美国与俄罗斯两种不同的地缘政治现实、民族文化、历史经验带来的各自对立的世界观和安全观。因为冷战早期，美国复兴日本、西欧的努力和苏联控制东欧与中国的努力形成两种不同的关系模式；冷战中期，美国经历了朝鲜和越南的窘迫后，迅速寻求中美关系正常化，苏联却毫无顾忌地四处树敌；冷战末期，美国领导着国际同盟，赢得了海湾战争，而苏联却在举目四望地寻求可靠的支持。

显然，冷战结束说明美国成功地制造和寻求了强大的伙伴，苏联却似乎有意或者无意地延伸了历史积怨。冷战结束预示着大国零和博弈的终结，大国的作用与责任、利益取决于大国能够在多大程度上，超越意识形态和民族文化差异甚至对立，塑造共同利益与命运共同体，而不是僵化地坚持差异与对立。

然而，当恐怖主义、极端主义等非主权国家性的政治力量兴起时，大国运用冷战时期的意识形态对抗和地缘政治博弈经验，或者指望超越它们构建利益共同体的期待，显然均是天真稚嫩的。

今天，开放的国界已经无法封闭，大国无法建立自己的安全屏障和势力范围，隔绝恐怖主义和极端主义的危害。冷酷的实力主义和天真的劝诱主义均无法令自己安全，最根本的方法是大国合作共同推动全球化。如恐怖势力与极端势力的兴起并不代表它们力量的强大，而是代表各个大国需要重新认识并构建集体安全、共同繁荣机制。未来欧亚大陆的陆权秩序取决于在多大程度、以多快速度消灭愚昧、封闭、贫穷、不公。

未来的陆权秩序如何构建、陆战如何实施、陆军如何建设，端倪已然清晰。

以新的视野展望未来陆权秩序

历史上欧亚大陆上的大国间交战的结果就是最终出现一个地区性强权，即其他大国无法战胜的陆权力量。拿破仑战争之后的俄罗斯、普法战争之后的德国、“二战”之后的苏联。而未来，如果陆地大国直接交战并动用陆军实施大规模地面作战，不会出现一个地区性强权，只会出现地区性混乱的“漩涡”。历史上欧亚大陆上的大国间交战之后的强权之所以没有，也不可能独霸欧亚大陆，是因为在欧亚大陆之外，还有一个强大海权，先是英国，后是美国。尤其是美国，利用朝鲜战争，其力量进入欧亚大陆东端，利用“二战”，其力量进入欧亚大陆西端。当冷战结束后，尤其是“9·11事件”之后，美国相继进入中亚和中东。美国力量席卷之处，要么降低了传统地区性强国的影响，要么直接将地区性大国博弈掩盖。

美国从边缘向腹地的席卷，其强大的外力使地区性的大国矛盾规避激化的风险，却使之前被冷战掩盖的民族宗教矛盾等历史积怨重新激化。即使大国陆地交战的战场胜利者，在政治和道义上也将成为风险的主要承担者。在这个新的时代中，构建陆权秩序的原理发生了改变。

每一次新旧秩序转换和重构之际，都是旧经验、旧思维容易死灰复燃并大行其道之时。然而今天，当我们站在时代潮头，远眺未来时，不得不提醒世人：如果在未来构建欧亚大陆陆权秩序继续持旧思维，世界必将会陷入另外一种失败。

旧思维认为，霸权迟早必会衰落，崛起者必将挑战霸权。历史自然会有相似之处，近代西班牙、法国、俄罗斯、德国，最终都无法避免陷入扩张过度而衰落，自然也有人会联想到当今的霸权国家也会因为扩张过度或者战线过长而衰落。

然而，所有最终实现的预言均不是历史的重复，而是与历史的差异甚至是历史经验的逆转、颠覆。任何一个国家因强盛而不以自我意志为转移地称霸，之后又因称霸过度而不以自我意志为转移地衰落。这一条历史经验已经失去其判断未来的参照价值。因为未来，失去霸权地位并不必然地意味着衰落，强盛并不必然意味着称霸。崛起大国与霸权国家间的斗争决定陆权秩序的时代已经一去不复返。

海湾战争的直接原因是萨达姆的野心和美国的全球霸权，但根源却是全球经济发展和繁荣、社会稳定对石油等能源的依赖。能源丰富者希望通过掌握能源生产、销售的主动权，增加经济繁荣机会和提升国际地位，甚至通过强化他国对自己依赖来提升国际地位。大宗能源消耗者希望满足需求、价格合理的能源输入，其核心需求是秩序公正、稳定的全球能源市场体系。

车臣战争的直接原因是俄罗斯国势衰落被民族分裂力量抓住可乘之机，但根源却是民族矛盾历史积怨的现实反映。一个多民族大国，国势衰落的标志和重要结果之一，就是原有被掩盖和强压下来的民族矛盾重新引燃。民族分裂力量获得杀伤性武器的渠道增多，制造民族分裂事件的国际、国内条件累积，它们在政治上的分裂主张与行径，已经使大国在经济发展、社会稳定、领土完整等方面面临生死存亡的威胁。

阿富汗战争的直接原因是恐怖分子制造“9·11事件”，但根源却是冷战时期的大国零和博弈，客观上制造了恐怖分子和极端势力的生存空间。从中亚向西直达中东和东欧的广袤大地上，形成了一个巨型地缘政治板块，冷战时期成为美苏对抗的重要焦点。这一地缘政治板块的摇摆和动荡，导致这一地缘政治板块内的各宗教和族群势力，既无力繁荣经济，又无力消解矛盾，遂成为恐怖主义和极端主义衍生地。冷战结束，苏联解体导致的民族矛盾被引燃后，巨大的连锁反应撬动了整个欧亚大陆的陆权秩序重构。

新型陆权秩序的支配因素：政治文明的力量

冷战结束之始，许多人认为，全球将共同努力彻底消除军备竞赛、地缘政治零和博弈、核威慑，共同走向政治和谐和经济共同繁荣。然而，“9·11事件”顿时打碎了人们美好的错觉。恐怖主义、极端主义的兴起使国际政治进入了一个新的时代。大国扩大了合作，国家间不再单纯以经济、军事实力为标准划分为三个世界，基于民主、法治的政治文明程度成为又一个新的更加重要的划线标准。

因此，历史上大国竞争经常出现和屡试不爽的诸如远交近攻、均势、同盟等纵横捭阖之策；经济与军事、国家凝聚力的刚性对抗和意识形态软性攻伐等残酷的零和博弈规则；传统的陆海分离或者陆海兼顾等战略举措；各个国家固定疆域、以己为重的向心防御原则等，均难以适用于今天。

全球化冲击传统的国家主权，具有公共事务职能的政府，受到越来越多来自外部政治、经济、文化影响，还受到日益扩大的公民个体权力的冲击。领土边界难以阻止资本、信息、技术的全球流动。国家整体实力不仅取决于单个国家内部的经济和军事实力，还取决于对地区和国际事务的影响力、公共问题的应对能力、确定国际道德标准和法理共识的能力。

陆权秩序超越了国家间实力格局在地理上的分布，成为政治、经济、文化等国家综合利益共同依托的载体。“9·11事件”后，中亚、中东、北非连锁型的政治动荡，预示着欧亚大陆陆权秩序面临的最大冲击是，任何大国再也无法利用历史上长期形成的民族威望与文化影响力向四周扩散，从而提高自己的地位。散发和传播古老民族文化的“通道”正在被堵塞，地域正在被各种文化的交汇所占领。所有地区秩序正在加速演变，尤其是中东地区，伊拉克、埃及、利比亚等传统的古老伊斯兰国家不可逆转地从政治动荡中完成现代国家制度建构。这些国家再也无法接纳带有复古色彩的主义，更无法接纳否定现代国家制度的其他思潮。

大国之间新的地缘政治博弈，不再是划分势力范围的对抗与妥协，抑或重组势力范围的冲突与战争，而是将现代国家制度如何融入民族文化过程中的博弈。新的意识形态之争，不再说明国家制度支配地缘政治关系，而是政治文明对地缘政治关系影响日甚。

中国、印度、中亚五国、中东多国等具有自身长期独特民族文化的国家，在构建自己的现代国家制度时，也不可避免地被卷入新的地缘政治博弈当中。所有自认为历经数千年而不衰的民族，如果不在构建现代国家制度过程中找到新的生命力，那么注定要在新一轮地缘政治博弈大潮中走向没落、陷入失败。然而，它们的成败不是取决于现代国家制度本身，而是取决于现代国家制度能否激发民族文化中的开放和创新“基因”。

政治文明支配陆权秩序，国际社会难以重回极端残酷的现实主义怪圈。每一个国家虽然希望保持独立性，但也不可能将自己孤立于世界之外。由此而论，未来新型陆权秩序中的中心性国家正在消失，或者说，每一个国家都是新型陆权秩序中不可或缺的“中心”。

欧亚大陆的历史是多种文明在盛衰中并存的历史，还没有出现过一种文明因为国家衰落而消失的先例。然而，当经济一体化、能源贸易和市场开始快速在欧亚大陆扩展时，各种民族已经不可能按照自身传统的历史模式，追求自身的安全与发展。其利益取向不是尊重差别的共存，而是在共存中逐步消除差别。尽管这一过程，对一些国家和地区来说将会非常痛苦而又曲折。

美国强势下的困境：均势抑或一体化

冷战结束至今，美国似乎本能地想向全世界证明，自己在欧亚大陆新型陆权秩序过程中必须处于主导者地位。北约东扩使美国的影响力以西欧为起点，逐步向东欧、东南欧扩展。科索沃战争成为美国在欧洲拓展和强化影响力的一个高潮，美国结束了巴尔干成为欧洲“火药桶”的历史。巴尔干在近代被称为欧洲“火药桶”，是因为它关联俄罗斯、奥地利、德国三个大国复杂的利益纠葛。英国奉行光荣孤立，俄奥德之间力量，只要有一方咄咄逼人而可能威胁另外一方，就极有可能爆发打破欧洲大陆均势体系的大国战争。奥地利与俄罗斯在东南欧的矛盾是随时激化德俄矛盾的“导火索”。因为德法世仇，德国一旦威胁俄罗斯，德法矛盾必将重新激化。当德国咄咄逼人挑战英国海上霸权时，随着德法矛盾激化，又容易促使英国为维持欧洲大陆均势将德国当作主要对手。换言之，巴尔干成为欧洲“火药桶”的原因，是强大的海权英国被动维持脆弱的均势体系和遏制陆上大国民族主义兴起后的好勇冲动。

但是，美国在冷战结束后并没有被动去塑造欧洲均势，而是主动介入欧洲事务。俄罗斯、德国等陆上大国已不存在点燃战火的根本矛盾。当美国影响力扩展到巴尔干半岛时，则意味着巴尔干成为海权大国制衡陆权大国能力缺口的历史价值已经消失，不再成为欧洲“火药桶”，而是欧洲一体化最大顽疾的治愈之地。冷战使北约控制了德国，冷战结束使俄罗斯又受到约束。当俄罗斯和德国无法、也无意志破坏欧洲大陆稳定平衡时，巴尔干半岛便不可能成为大国角力点。科索沃在“9·11事件”之后高度自治，受到德国欢迎，俄罗斯亦无法颠覆既成事实。俄罗斯既然无法“解救”科索沃，自然也无法反对东欧、波罗的海国家，甚至无法反对独联体国家转移方向。“9·11事件”爆发，美国将战略重心置于中亚反恐，北约东扩进程反而加快，便不足为奇。

在东亚和东南亚，美国的地位鲜明地反映着欧亚大陆主导权归属。美日同盟、美韩同盟、美国与东盟日益深化的关系（以美国与缅甸、越南的最新关系为标志），使美国在欧亚大陆边缘地带建立了主导地位。美国在欧亚大陆东端的最大作为莫过于希望通过深刻地影响中国，从另一个侧面来影响欧亚大陆。但能否做到，尚待观察。在美国影响中国的诸多事务中，最大变数不在海洋和海岛争端，而在于美国能否使中国在维护欧亚大陆腹地秩序中发挥作用。从美国角度看，中国的最大地缘政治价值是在欧亚大陆上制衡俄罗斯，防范俄罗斯向南扩张影响力，同时又使俄罗斯不至于与美国彻底失去妥协空间。然而，中美之间复杂性为人类历史上前所未有。二者虽然存在着巨大经贸总量，在防止大规模杀伤性武器扩散合作、反恐合作等方面具有明显的共同利益，但在台湾、东海、南海上的博弈却日渐激烈。美国不致力于解决矛盾争端，而是令矛盾争端无休止存在，令所有相关方深陷于旋涡当中，一旦导致东亚战火灾难，美国也必将深陷其中。和平需要所有相关方维持，而灾难只要一个小小误判便可爆发。

在中东，美国利用海湾战争确立了独大的仲裁地位，不仅强力制裁了伊拉克、伊朗、叙利亚，还确保了沙特阿拉伯、阿联酋、科威特等立场较为温和的阿拉伯国家的亲美立场。冷战结束，美国得以兼顾东欧、中东进行双向扩展。但是，由于政治制度、历史传统、民族文化差异，美国塑造中东秩序无法像在东欧得心应手。“9·11事件”爆发，美国发动阿富汗战争后，又迫不及待发动伊拉克战争。之后的“大中东计划”[2002年6月24日，美国总统布什在白宫宣布美国新中东和平政策后，2004年6月9日，八国首脑会议以八国集团名义正式推出由美国提出的“大中东计划”。主要内容是支持在中东地区实行政治、社会、文化、经济改革，民主改革将与支持公正、全面、持久地解决阿以冲突同时进行。主要实施计划是从政治、经济、文化等方面对中东22个阿拉伯国家以及土耳其、伊朗、阿富汗和巴基斯坦进行全方位立体改造。政治上，扶持这些国家的改革派领导人推进政治改革，将从技术和资金上支持其推行自由选举，加大舆论自由和监督力度，提高民众参政议政意识，扩大妇女权利，同时采取措施增强对民众司法协助。经济上，创立“大中东金融公司”“大中东发展银行”，注入发展资金并引导其金融政策，为私营企业主尤其是女性提供5亿美元贷款。推动大国与该地区的经贸往来与合作，帮助和引导地区国家营造金融、经济和贸易自由化环境，最终使之纳入西方资本主义经济体系。社会文化上，引导中东地区国家进行伊斯兰教温和化、世俗化改革，大力弘扬西方的自由、民主和人权理念，提高公众尤其是妇女的教育水平和知识修养，争取2008年前培养10万名女教师，2010年前扫除一半文盲，还包括把西方名著译成阿拉伯文，扩展网络教育等]显示了美国重新塑造中东战略格局的“雄心”。2011年，中东、北非地区爆发大规模政治动荡，却令美国左右为难。几乎所有陷入政治动荡国家，均以美国制度为蓝本重建国家。埃及穆斯林兄弟会作为一个原教旨主义色彩浓厚的政党，赢得埃及大选。但不久便在亲美的埃及军方发动政变后下台，从而使埃及避免成为伊朗式的原教旨国家，却成为阿拉伯国家中率先效仿美国制度重建国家的先行者。之后，利比亚卡扎菲政权倒台成为中东、北非政治动荡一个新的标志。但是，叙利亚内战至今无法终结，不仅使中东北非政治动荡余音未了，还出现更加复杂和危险的局面。叙利亚内战导致了“伊斯兰国”兴起。最终，美国仍然需要其他大国的合作来共同应对。然而，这次美国却无法像在海湾战争中那样领导一个地区性、甚至全球性联来盟铲除国际公害。俄罗斯于 2015 年抢在美国之前对叙利亚境内“伊斯兰国”分子进行军事打击，成为美国无法推动建立反“伊斯兰国”国际军事同盟的外部条件。更加重要的是，美国必须倚重的亲美阿拉伯国家，因为国内政治动荡、经济和社会发展不力，无法满足美国推动国际同盟的各种需求，使美国缺少在海湾战争时期那样的重要支撑点。决定陆权秩序的基础由大国对小国的影响力，逐渐转变为小国在多大程度上跟随大国或者反对大国。

尽管如此，美国在中东的地位仍然在不断加强。因为伊拉克战争和中东北非政治动荡，使整个伊斯兰世界都感受到美国价值观和政治制度的强烈冲击。中东不可能出现一个足可以令其忧虑的地缘政治对手。然而，美国却无法像“二战”之后重建西欧那样成功地重塑中东。一方面，美国不仅需要通过推动经济繁荣来推动中东世俗化进程。另一方面，美国又需要得到沙特阿拉伯等反世俗化力量的支持。再一方面，美国不断制造宗教激进主义敌人。未来中东秩序走向不取决于大国间地缘政治博弈，而是取决于美国在多大程度上成功推动伊斯兰世界的世俗化。宗教激进主义势力的膨胀，恰恰说明美国世俗化影响在中东不断扩展与深化。同时，中东地区历史积怨需要美国作出改变。因为如果美国无法改变或者不愿意改变，历史积怨容易变异，走向更加不可预知的极端。

在中亚，美国利用“9·11 事件”发动阿富汗战争后，在中亚五国开始驻军并展开情报、经贸、能源等多个层面合作，似乎给世人一种印象：美国将要取代俄罗斯在中亚的传统主导地位。颜色革命和阿富汗开始构建新政治制度、大中亚计划等，似乎正在印证这一种印象。然而，事实却是，美国能扩大影响力，却无法改变中亚国家在美国、俄罗斯、中国三股力量之间走大国平衡路线的基本选择，更无法推动解决中亚地区内部矛盾。美国、俄罗斯、中国三个与中亚紧密相关的大国，与中亚五国之间的复杂矛盾，既无法合作解决，又无法脱离，决定了美国在中亚不可能像在中东那样成为主导者。

纵观冷战至今美国在欧亚大陆的扩展，可谓近海者成。北约东扩接纳立陶宛、拉脱维亚和爱沙尼亚，使之与芬兰半岛构成波罗的海“枷锁”；科索沃战争使巴尔干半岛成为美国强化控制黑海的“桥头堡”；伊拉克成为美国弱化伊朗在霍尔木兹海峡影响力的“杠杆”。美国对陆权秩序的影响，通过由海向陆完成。没有可靠的海洋作为依托，美国只是一个重要介入者，而不可能成为决定性仲裁者。美国主导的陆权秩序，仍然是海权的延伸。因此，衡量欧亚大陆陆权秩序治乱的关键在于全球海洋秩序。一旦美国主导的海洋秩序有变，欧亚大陆陆权秩序将受到颠覆性影响。

美国在欧亚大陆影响力最薄弱之处是无法主导中亚事务，在全球洋面上的最薄弱之处是无法在北极开发中占得先机。俄罗斯北连北极，是北冰洋海岸线最为漫长的国家；南接中亚，是中亚地区中民族文化最接近、地区影响最深刻的国家。未来，对美国在全球海权和欧亚大陆陆权地位构成最严重挑战的仍然是俄罗斯。展望新的陆权秩序，无疑展望的是美俄地缘政治博弈，而美俄地缘政治博弈未来的制高点又在北极。决定欧亚大陆陆权秩序变化的诸多因素，不仅取决于美国如何继续由边缘地带向心脏地带挺进，还取决于俄罗斯对自己的角色定位以及如何实现这种角色定位。陆权秩序受制于海权秩序的时代仍然要长期延续。

因此，本质上是海权力量的美国，永远不可能希望作为世界主要舞台的欧亚大陆上出现一个垄断性陆地强权。事实上，在可预见的未来，欧亚大陆上也没有垄断性陆地强权出现的地缘政治基础。然而，“9·11 事件”爆发，美国利用阿富汗战争和伊拉克战争强势进入欧亚大陆腹地后，中亚和中东乱局表明，即使没有能够挑战美国地位的现代国家成为陆地强权，美国国家安全和全球战略地位也可能更加危险。

美国的任务是“繁重”的。一方面，需要防范来自大国全方位挑战，另一方面，需要与其他大国合作应对新型公共威胁。前者需要建立和维持欧亚大陆及其周边海域内的均势，后者需要在全球化进程中实现欧亚大陆经济、安全等方面一体化。但是，欧亚大陆均势则是大国各管一片，不允许其他域外大国介入，恐怖主义容易利用大国矛盾，将令所有国家陷入危险的宗教激进主义原则发挥至极致。欧亚大陆一体化则是大国利益融合，天然的地理接近使欧洲、俄罗斯、中国、中东、中亚、日本、印度、东南亚成为一体，客观上将对美国形成排挤，这又令美国无法容忍。欧亚大陆陆权秩序重构之曲折全在于此。

如果欧亚大陆诸多重要地缘政治力量的微妙平衡被打破，欧亚大陆必将出现新的混乱，甚至出现另外一个挑战美国在欧亚大陆地位的强权。从这个意义上看，俄罗斯、欧洲、中国、印度等在欧亚大陆上保持总体均势，有利于美国预防和遏制潜在挑战者。然而，随着欧亚大陆之前各个孤立市场开始连接，各种文明开始越来越频繁和快速交汇，欧亚大陆一体化进程又难以阻挡。美国如果极力维持均势，必将置身于一体化进程之外，又将丧失诸多问题的主导权，甚至在许多地区失去存在意义。因此，面临矛盾两端难以取舍的美国，最佳战略就是避免任何一个大国破坏地区性战略稳定，更不会容忍任何一个大国获得比现在更加强势的地缘政治地位。这样，美国不仅可以维持大国间均势，还可以在地区一体化趋势中成为主导者，使地区上历史积怨无法得到根本解决而只能利用美国强大外力来暂时平息。但是，仅仅是暂时平息，无异于美国回到导致英国霸权地位脆弱不堪的均势体系现实中。对此，美国难以乐见其成。

自冷战时期便实现经济崛起的东亚，利用巨大的人力资源优势成为巨大的经贸力量，对全球事务的政治影响力快速提升，东亚各国正以罕见的速度和力度发展先进军事力量。中东坐拥丰富的石油资源，对世界经济影响举足轻重，乱局中的中东无疑将成为地区秩序、甚至全球秩序的“风向标”。英国脱欧表明欧洲处于一体化进程中不进则退的关键时刻。俄罗斯在叙利亚、伊朗地区仍然强劲的影响力，则说明它仍然是欧亚大陆中不可或缺的力量。欧亚大陆的传统民族矛盾、宗教矛盾，在许多新兴地区出现新的争端。这些因素促使欧亚大陆陆权秩序进入新的重构阶段。没有任何一个大国可以拥有足够的力量彻底使其他大国唯马首是瞻，也没有一个大国有足够的吸引力成为欧亚大陆各大国事务的核心，更没有哪个地区离开另外一个地区而独创、独享繁荣与安全。均势与一体化之间走向亦难以判断。

欧亚大陆外受强大海权国家意志影响，内受大国力量对比格局和民族、宗教关系影响。双重影响决定了一个新的陆权状态呼之欲出，既有助于激励各个大国纵横捭阖，也有助于各个大国各就各位、各安其分。

在这种情况下，不顾及地区性文化和民族传统的“纯粹”地缘战略设想，已经难以适用。如果美国仍然沿用纯粹的力量博弈法则来塑造欧亚大陆，虽然不会出现与之对等对抗的大国，但无法将每一个地区、每一个国家当作全球战略支点，用军力、贸易、市场和传播价值观来当作利用支点的杠杆，从而在欧亚大陆战略格局可能的演变中形成见微知著的敏感。

因此，美国无法容忍在任何一个地区的影响力遭到任何一个现实或潜在对手的削弱。也就是说，欧亚大陆上任何一处，无论强弱贫富，抑或文化异同，对美国都具有重要价值。美国对所有地区负有重大责任。

每个时期，美国都会确定一个全球战略重心。冷战时期，战略重心是欧洲，美国却在朝鲜和越南进行了大规模战争；冷战结束至“9·11事件”前，战略重心随着东欧、东南欧、中东、东亚等地区矛盾激化而出现漂移，美国却花费更大精力应对台海危机和扩展美日同盟；“9·11事件”之后，美国的战略重心置于中亚、中东，但阿富汗战争和伊拉克战争对美国造成的压力，难以与俄罗斯、中国等相提并论；2011年，美国奥巴马政府宣布将全球战略重心置于亚太，但中东和北非出现的政治动荡，又令其应接不暇。当前，美国似乎没有战略重心，但又重新遭遇新的大国竞争。我们完全可以看到，自从柏林危机之后，战略重心之处从未威胁过美国地位，倒是非设定的重心变成了美国必须专注的焦点。美国必须在所有可能爆发危机的地区保持力量存在。这被称之为前沿性部署，既可能被理解为美国有意遏制其他大国，也可能被认为是塑造战略态势之举。前沿性部署之地相安无事之时，往往是那些力量真空地区的危机却此起彼伏之时。一个危机爆发，危机地区便从此出现美国军力，从表面上看，增加了美国控制欧亚大陆的纵深，但却是以降低美国解决危机所必需的弹性为代价的。

“9·11事件”出现之前，美国在欧亚大陆的战略纵深从东欧扩展到了中东。“9·11事件”的爆发，美国却应该反省为什么战略纵深增加，敌人活动空间减少后，却能制造更加致命的威胁。尤其是考虑到以下情况时，更应当反省：在可预见的未来，世界上不可能出现一个国家或者集团动摇美国现有的战略地位，美国在常规军力、市场和贸易影响力等方面仍然无可匹敌。但是，美国以某个、甚至几个国家作为军事对手或者安全威胁，将导致被美国认定是对手的国家，即使不希望与美国之间出现紧张与麻烦，也会在制定国家安全政策与战略时，自然而然地将美国置于对手地位。这样的互动会被世人理解为历史上霸权博弈与更替的再现。

起伏不定的俄罗斯：难解之谜

资源丰富、军力强大、性格顽强的民族要么成为称霸者，要么成为霸权最强大挑战者。俄罗斯证明了这个历史规律。也许连俄罗斯自己都难以正确理解，四百年来，它何以成为欧亚大陆上命运最跌宕起伏的大国，从而成为欧亚大陆陆权秩序中最难把握的陆权力量。起伏巨大的命运曲线，预示着俄罗斯在冷战结束后，对欧亚大陆陆权秩序的影响同样是最难确定的。俄罗斯强大起来令欧亚大陆均感到担心，而衰弱后同样令欧亚大陆感到忧心忡忡。

拿破仑战争结束后，俄罗斯一直致力于内陆扩张，在以欧洲为世界中心的时代里，俄罗斯的国际地位快速提高。苏联是俄罗斯民族在世界格局中所达到的巅峰，然而经历了“二战”巨大胜利后的苏联，在短短五十年不到时间里令人吃惊地解体，俄罗斯民族一夜回到四百年前的疆土，跌入历史上从未有过的低谷中。苏联解体使俄罗斯四百年以来首次面临这样一个挑战，即由旧时代中的内陆扩张者和大国博弈者，向构建新秩序重要参与者转变。这一挑战令俄罗斯又成为谜一般的力量。俄罗斯面对北约东扩、美国扩大在其周边部署导弹防御系统时，只进行了有限反制，于是有人认为，俄罗斯将迫于不可抗拒的外部压力和发展经济的内部诉求，谋求成为国际社会中的一个新角色。然而，2008 年俄格五日冲突说明俄罗斯似乎并没有谋求新的角色的意图。2014 年，俄罗斯强行从乌克兰版图中夺取克里米亚，更是向世人表明，俄罗斯还是那个俄罗斯。

俄罗斯之所以采取近代旧式举措，不是由领导人旧式思维决定的，而是任何一个衰落的大国追求历史威望的天然反应。俄罗斯与格鲁吉亚、乌克兰的历史联系，使之民众诉求不可能完全脱离与俄罗斯的民族纽带。北约、欧盟向东扩展，使俄罗斯无法在新秩序中获得新的安全感。诸多因素综合作用，导致俄罗斯重拾旧式周边战略，这不仅表明俄罗斯没有实现新的转变，更表明世界也没有完成新的转变，尽管转变的速度越来越快。

最具实力来推动建立新秩序的美国，必须作出制裁性反制，但其他并不具备强大实力来构建新秩序的国家，尤其是俄罗斯的周边国家和传统友好国家，如中国、印度等只希望与俄罗斯关系的稳定。

俄罗斯对欧亚大陆陆权秩序巨大的、充满不确定的影响，源于地跨欧亚大陆的巨大地幅。欧亚大陆上几乎所有历史积怨与现实争端，都能和它产生直接或者间接关联。俄罗斯因此而成为最大的谜团，既可能是欧亚大陆上最有可能使大家都陷入麻烦的矛盾制造者，也可能是稳定欧亚大陆陆权秩序最坚固的基石。

俄罗斯幅员辽阔，欧亚大陆上的任何一个地区均不能脱离俄罗斯的影响。因此，俄罗斯自然成为最有可能将美国排挤于欧亚大陆之外的国家。但是，俄罗斯并无对全球秩序的设想，导致它有能力破坏既定秩序，但无能力建立新型秩序，所以它的民族决定了它无法在欧亚大陆向南延伸影响力。

如果俄罗斯影响力能够超越中国、中亚、地中海东岸，那么将超越蒙古在欧亚大陆上的地位，而历史上，俄罗斯均是因为在腹地内失败而走向衰落，即使是鼎盛的苏联时代，入侵阿富汗后的窘境也证明了这一个命运的怪圈。俄罗斯之所以无法向南完成对中国、中亚、中东的地缘政治延伸的超越，主要有三个原因：一是俄罗斯民族文化与中国、中亚、中东无法兼容，也对其他非相似文化缺乏包容性。俄罗斯在从莫斯科公国时代直到苏联时代，之所以完成了人类历史上罕有的领土扩张，是因为中国、中亚、中东正值封建末期，国力疲弱。二是俄罗斯无法利用经济手段来替代政治服务，俄罗斯强调使用军事手段，而忽视经济贸易在地缘政治上的作用，中国、中东、中亚在冷战后，又与美国、欧州等希望遏制和稳住俄罗斯的巨大的地缘政治力量加强了紧密而又多元的联系。三是陆地面积最大的俄罗斯，对陆权秩序的短板，在于缺乏一支能够远离本土依托的陆军。

在两百年不到的历史上，海权力量代表英国和美国，出于各自的安全与地位，对俄罗斯予以遏制。从这个意义上看，是英国和美国成为阻止俄罗斯成为继蒙古之后称霸欧亚大陆的最牢固柱石。

现实羁绊下的欧洲：未来可期

冷战结束初期，西欧“戴高乐主义”声调似乎已经高潮泛起，独立于美国之外的声音不绝于耳。然而，后来的实践证明，那不过是转瞬即逝的历史回音。法德混合旅是欧州唯一一支陆军，但任务仅限于欧州内部。当东南欧爆发流血冲突时，仍然无法有效履行使命。美国与德国也组建了一支联军部队，但它只是美国在欧州驻军的附属物。欧州无真正的军事实力彰显国际地位，它仍然有赖于北约。

北约东扩使之与美国产生分歧的可能性越来越小。伊拉克战争之前，法德反对美国出兵的声音被其他新加入北约的东欧国家支持的声音压过。自称为“戴高乐主义”衣钵传人的希拉克退出政坛后，萨科奇又使法国军队重新加入北约军事指挥体系，当马克龙成为新一代法国政治领导时，法美关系翻开新篇章意味着欧美也翻开了新篇章。欧洲与美国矛盾众多，但不可否认，作为一支欧亚大陆上重要地缘政治力量，已经成为美国在欧亚大陆上的延伸。英国脱欧、不断的恐怖袭击和难民犯罪，说明欧州尚无足够能力与美国、俄罗斯在欧亚大陆上平起平坐。

欧州对构建欧亚大陆新型陆权秩序的最大价值，在于将一体化模式向中亚、中东、东亚推广。也许有人认为，中亚、中东、东亚、南亚、东南亚等地区，存在着难以解开的历史与现实之“结”。因此，巴以矛盾、阿以矛盾、能源争端、岛屿海洋之争此起彼伏，如果不爆发一次“二战”式争斗，令所有相关方感到矛盾激化将一起走向毁灭的危险，那么，这些地区的一体化进程根本无法启动。

欧州一体化模式的确在中亚、中东、东亚、南亚等地区难以推广。但这反而证明了欧州是稳定欧亚大陆秩序的一个重要基石。欧州一体化进程如果遭到破坏，狭窄的民族主义将重新兴起。从拿破仑战争开始，狂热的民族主义塑造了一支支摆脱理性的政治控制的军队，也培养了一大批忘记战争真正目的（终极目标）的统帅、将军、士兵。如果欧州陷入内斗，重回近代至“二战”动荡不堪时代，俄罗斯对欧亚大陆陆权秩序的影响力将充分释放，将导致美国被排挤出欧州的危险。

欧州成为稳定欧亚大陆秩序的重要基石，主要原因是美国需要欧洲维持在欧亚大陆上的强势地位。一旦欧州陷入内乱，美国在中东、中亚的敌对力量将会进入欧州，美国便难以启动北约这架超强机器，使之成为维持全球地位的工具。

如果欧州作为一个整体独立于美国成为现实，说明美国走向衰弱。欧州将有可能重新回到冷酷的现实政治中，重新成为导致世界性战乱的策源地。因为在全球化时代里，欧州如果重回民族主义思潮，必将导致其他地区的民族主义思潮夹杂着历史与现实矛盾，从而很难避免战端重启。

英国脱欧、屡次出现恐怖袭击和难民犯罪，欧州各个国家内部出现了越来越大的紧缩国门的声音，有人便认为欧州一体化进程正在倒退，各国“自扫门前雪”的时代即将到来。欧洲一体化进程看似受挫。这些问题的实质不是欧洲一体化进程的倒退，而是公共威胁对欧州一体化进程的影响。尽管出现欧盟分裂的声音，但是公共威胁只会促使各国加强合作共同应对这些公共问题。毕竟，关闭国门意味着自己将独自应对威胁。

东欧和东南欧政治转型正在走向成功、北约继续在全球扩展职能、欧洲与其他大国将共同防范大规模杀伤性武器扩散及技术流失，欧洲将有更大的潜力去遏止公共威胁。未来的欧洲，作为欧亚大陆上一支重要的地缘政治力量，其作用不是“关门”处理发生在欧洲地区内部的事务，而是主动走出去，在更大的范围谋求影响力。

全球化时代中大国面临的新安全困境：越强大越脆弱

20 世纪是工业革命和全球争夺将各个大国科技发展的轨道深度交叉的

一百年。各大国军队的军事技术装备体系也势不可挡地产生趋同潮流。两次世界大战和冷战时期，各个大国发展军事装备的潮流是大量制造坦克、火炮、飞机、航母、原子弹等大工业化军事产品。大国面临的安全威胁来自于其他大国。因此，大国安全的核心是建立在由自然资源、国土与人口规模等决定的工业力量基础上的军事安全。

冷战结束后，人类进入了有史以来科技进步成果普及推广最快速和扩展领域最广泛的时代。科技进步走出大国国界线，向全球“无死角”地扩展。卫星、智能化武器系统、网络、隐形作战手段等军事装备成为新的潮流。同时，共同利益快速扩大，使人们很难想象大国之间战争。因此，衡量大国军事实力和安全能力的标准又成为技术垄断的能力。但是，全球贸易体系正在削弱大国实施技术垄断的能力。资本具有无限扩张的本性，全球贸易体系的形成却使由其带来的技术扩散日益危及自己。这的确是一个反讽。例如，当恐怖分子买通一个电视台，这个电视台以娱乐或者拍摄节目的名义购买一架无人机。这架无人机就成为恐怖分子手中的武器了。全球贸易体系导致的技术扩散，使普通公众、标志性建筑、重要政治人物、军事基地、娱乐场所、商场、车站等所有方面，都将成为安全软肋，而不再仅仅是“攻其必救”的重要位置。

主动攻击意志越强烈的一方，使用进攻手段的“创意”越多。技术扩散使无视国际法理与道义的恐怖活动更加便捷：恐怖分子无须事先采点。因为有 GPS 系统、有谷歌地图、有城市中无处不在的摄像头、有无人机摄像。它们使恐怖分子能在某个难以发现的角落里，实施事前侦察、计划，从而减少了事前被发现征候的可能性。恐怖分子无须出现在现场便可以实施恐怖活动，因为有网上商店便可以购买到可以绑上一颗烈性炸药的遥控小玩具，因为有可以投掷和投放毒气的无人机，它们可以在特定地点和选定时间攻击，从而难觅行动人员的踪影。

智能化武器系统使技术先进一方可以有效降低军人伤亡，但是，随着当智能化武器系统中许多技术运用于商业领域时，全球市场使无科技原创能力、产业体系的国家和组织，也能发起低成本的作战行动，从而使技术先进一方面临着许多意想不到的威胁。即使培训一名普通战机飞行员也需要数以万计的美元（航空兵飞行员的培训时间：一级飞行员为 8—10 年、特级飞行员为 10—12 年），而遥控一架无人机的技能只需要两小时便能掌握。智能化武器系统到底是减少人员伤亡还是增加人员伤亡？这个问题只能通过如何应对新安全困境来回答。

新的陆权与陆疆安全：陆地为本的新篇章

随着太空、海洋、网络成为新的战略制高点，似乎出现了这样一个趋势：海权、空权、天权和信息权已经超越陆权。然而，事实是，所有海上力量、空中力量、太空力量、信息力量的“根”设备与设施都在陆地上。它们的出现是陆权内涵的扩展，而非对陆权的超越甚至是取代。新的陆权是确保太空战略制高点、海洋自由航行权、信息制权的基础，本质是海权、空权、信息权的集中。欧亚大陆上的大国均是空天大国、海洋大国、网络大国。如果陆权软弱甚至丧失，便无法在太空、海洋、网络中立足。如果大国在欧亚大陆地区事务中无影响力，只守住领土边界，也便无法在边界日益模糊的世界中保护边界安全。

未来大国的陆疆安全威胁不再是外国军队入侵，而是丧失天空、太空、海洋、网络的综合影响力。陆疆安全必须建立在陆权的基础上，而不是陆军在边境的驻扎。

陆疆安全有三个鲜明标志：一是空天力量优势。欧亚大陆边缘与腹地地带的机场、航天发射地等面临的安全威胁，不是机场与航天发射场遭受破坏，而是当它们安全时，巨大的空中力量和空间力量将使任何一个可能威胁领土内安全的敌人受到慑止。空中优势和空间优势使任何国家和组织处于遭受报复和预防性打击、先期遏制之下。尤其是当远程弹道导弹被越来越多的国家掌握时，空中和空间优势，构成了陆疆安全的最前沿的屏障。

二是陆地快速机动与部署优势。快速机动与部署优势，使大国可以对欧亚大陆上任何爆发危机的地区快速投送力量，对危机作出快速反应。人员、装备、补养的快速机动与部署，意味着陆地交通的安全，当然还有港口、机场等地面交通设施的安全。

三是信息优势。信息系统的绝大多数关键节点在地面，或者与地面设施紧密关联。没有信息优势，便不可能对威胁陆地安全的目标与行为作出及时有力的回应，只能任由威胁不断扩大，要么反应滞慢，要么束手无策。信息优势在于获取信息的效率，而不是信息本身。信息优势使确保陆疆安全的诸多非陆地行动进行有效、有力支援，减轻陆疆安全的压力与负担。

欧亚大陆矛盾众多，大国需要消耗更多的精力与资源来处理陆地之事，而海权秩序、太空秩序却因为大国格局稳定而趋稳。国际格局演变使海陆一体、陆天一体，只有具备可靠陆权、陆疆安全和可以自主地在境外展开影响力时，太空、空中、海洋和网络中的地面设施才能安全无虞。

新陆权秩序下的大国陆军的运用

2011 年 2 月 25 日，时任美国国防部部长的罗伯特·盖茨在西点军校发表讲话称：“如果未来任何国防部长建议总统再次向亚洲、中东或者非洲地区大规模派遣地面部队‘都应该检查他的脑子是否正常’。”此言一出，经过发达的媒体向全世界传播，引起不小的“波澜”。不少人、甚至包括陆军高级将领回忆起海湾战争之后几场战争，陆军相比其他军种并不出彩，因而认为需要使用陆军的事态越来越少、可使用陆军的地域越来越小，陆军将彻底沦为海空军的辅助者。半年后，北约只凭空中力量便摧毁了卡扎菲政权。陆军地位下降的观点更是喧嚣至极。

然而，也有许多不被表层现象迷惑的有识之士认识到，盖茨的观点不是表明陆军地位已经降低，而是反映了运用陆军新的战略背景和新的灵活性要求。冷战结束后，欧亚大陆从东西两端再到腹地，均发生了翻天覆地的巨变。传统强国不断巩固强势地位、新兴力量以经贸为基础快速推动政治与军事崛起、从东欧向东南延伸到中亚和中东这一广阔的欧亚大陆腹地正在经历千年未遇的政治动荡及其变革、大国间出现复杂的竞争和合作关系、新型公共威胁层出不穷，运用陆军的传统逻辑已经被颠覆。

传统上，陆军旷日持久地实施占领、控制，并积极支援政治、经济、社会秩序重建，使大国需要背负巨大政治、经济、军事和社会负担。未来，大规模陆军实施占领和控制来主导地区秩序，将被更加灵活和可控的形式取代。

大国博弈的有限性决定陆军运用必须突出强调灵活性。陆军仍然是大国经略境外和维护安全与利益的重要的、不可或缺的战略工具，可以根据事态发展和自我利益取向，使用不同的用兵方式、规模和强度。以美国为例，“从海湾战争开始，直到叙利亚内战，美国陆军有时并不出彩”，［科索沃战争中，空军一直扮演着主力军种的角色；利比亚战争中，经过改装的“佛罗里达”号向利比亚境内的卡扎菲军队的指挥系统、情报系统和重要目标发射了 93 枚“战斧”式巡航导弹，占多国部队发射巡航导弹的60%以上] 但却体现出了以美国军事介入为主导形势的灵活性。在海湾战争中，美国为了在苏联弱势时压制苏联并巩固在中东的战略地位，坚决实施地面作战；“9·11事件”之后的阿富汗战争和伊拉克战争中，陆军都承担起了关键的攻城掠地任务，实现推翻既定政权的目标；这些是基于石油和国土安全等核心利益和生存安全受到威胁而使用陆军。另外，在海地、波黑、科索沃、利比亚和叙利亚等重要地区，美国并没有大规模使用陆军或者没有直接使用陆军，并不意味着美国使用陆军的可能性为零，而将陆军功能完全交给海军、空军、海军陆战队等军种。为确保美国在关键地区的领导地位和既得利益，美国并没有使陆军的发展原封不动，而是不断转型。

然而，无论陆军的运用多么灵活变换，所有大国的安全与合作都寄于欧亚大陆的陆权秩序当中。运用陆军的战略逻辑均要为大国期望中的陆权秩序服务。

陆军运用与大国形象：驳斥“陆军无用论”

自从2011年中东、北非的政治动荡爆发之后，“伊斯兰国”的出现和诸多内战、部分国家经常性越境行动，根源在于地区秩序陷入混乱，但结果却是地区秩序陷入更大、更复杂的混乱。事实已经表明，如果陆军不作为，灾难无法化解。

陆军运用与大国形象紧密相关，陆军的国际形象也体现着大国的心态与责任。欧亚大陆腹地混乱的地区形势足以说明，当各种公共安全威胁疯狂肆虐、难以被遏制而恶化蔓延时，大国陆军对于塑造大国形象极为重要的作用便被体现出来。

欧亚大陆腹地没有出现被联合国规定的“非军事区”，也没有像制裁萨达姆时期联合国指定的“禁飞区”，主要是相关大国无法分享风险。大国政府应对国内政治、经济、社会发展与稳定的挑战远远大于外部安全环境的状态。在境外运用直接进入“危险区域”的陆军部队，政府要面对军人伤亡导致的政治风险、民众心理的反感与质疑。陆军受到诸多限制，如在居民地和宗教聚集区的行动容易造成附带损伤，使陆军遭受质疑，也限制了陆军的行动能力。最致命的是，陆军如果持续在一个地区行动，需要长期进行就地给养保障，或者从远处基地提供保障，使对少数几条甚至一条交通线严重依赖的陆军变得非常脆弱，容易被人所乘。

上述陆军面临的风险使大国政府在境外使用陆军部队显得慎重与保守，甚至形成了几乎带有战略文化性质的避免使用陆军部队的政策选择的心理自觉，从而令人迷思式般使“陆军无用论”持续存在。“陆军无用论”的错误不是抹杀和否定了陆军的功能，而是无法正视陆军的独特战略作用，陆军应当作为大国维护利益与形象的工具而得到使用。

地区动荡导致民族分裂和宗教极端势力不断扩大，新型的恐怖袭击和人道主义层出不穷，成为人类社会文明进步的障碍。事实证明，依赖于经济和社会发展来铲除民族分裂和宗教极端势力的滋生土壤，需要极为漫长的时间，在这个时期内，仍然会导致灾难丛生。军事手段仍然是不可或缺和极为重要的选择。陆军部队作为与人类生活和社会存在联系最为紧密的军事力量，稳定地区秩序具有比其他军事力量更为有效和直接的作用。

有人认为，要想打击至最终消灭恐怖分子和极端分子，最重要的不是派出地面部队，而是改善当地人的信仰与生活，地面部队只是无法解决问题时的最后手段。残酷的现实给持这种观点的人打了一记响亮的耳光，旨在改善当地人信仰与生活的努力不可能抵消恐怖分子和极端分子利用动荡、贫困、饥饿、愚昧、偏狭扩充力量的努力。他们没有现代工业，无需研发前端科技，更没有大规模生产能源的技术，也不需要货币，只需要水源、耕地便可控制一个地区，甚至鼓励多生人口，使之源源不断地成为忠实信徒。恐怖分子和极端分子拥有独立、“完善”的原始经济，这决定大国使用陆军无需制定有限的军事目的，目的只有一个：彻底使之消失于现代文明世界中。

强者的弱点：先进技术、市场扩展与潜在的安全威胁

全球市场体系和商业社会的形成，使即使没有任何科学资源和产业资源的组织、人员，也可以获得先进技术。因为许多先进技术在以逐利为主要目的的市场扩展行动中，越来越容易获得。完全可以设想，谷歌地图等先进的信息技术使恐怖分子或者任意一个个人，只需获得简单的软件，便可以在难以被发现的房屋或者山洞中，知道地球上任意角落中的地理指数或者实时的图像。

可视化侦察与通信手段，已经广泛运用于城市管理和商业领域。日本的Axelspace公司可以发射小型卫星，这些小型卫星能每小时翻新、提供东京交通状况的图像。类似于这样的技术很容易落入危险人物或者具有危险企图的

人手中。先进技术普及与扩散令先进技术的引领者陷入“恐龙式”命运当中，越强大越危险。

因为技术革命的引领者容易面临这样一个窘境：引领者不仅要承担先行的巨额风险投资甚至生命的牺牲，还因为全球化使技术革命成果和经验加快普及和扩散，现实和潜在竞争者拥有后发优势的可能性剧增。

但是，技术革命成果的普及和扩散，也可能使他人沿着技术革命者的思维与行动进行模仿，加重了依赖之心而非超越之心。即使有个别领域的超越，也是建立在系统技术革命的应用性要素的替进上。

当然，上述分析只适用于大国之间或者不同的以国家为主体的政治与军事同盟之间，不适用于大国与非国家实体之间。全球化发展加快技术革命成果普及与扩散，价格低廉和质量上乘的技术产品不断推陈出新地出现在全球市场中，小型分散甚至临时的非国家实体，如恐怖组织和极端势力将越来越容易地获得技术产品或者技术原料与工艺，从而威胁到技术革命原发国家的安全。

因为小型分散的恐怖组织的目标仅仅是制造安全威胁，他们只需要简陋的生产场地与设备。大国的目标却不仅仅是消除安全威胁，还要顾及到国民生活、国家形象与国际秩序，复杂的生产、贸易与政治运作系统拖延了大国应对新生的安全威胁的行动效率。

新的威胁、新的挑战、新的使命：塑造有利态势、控制危机扩大、打赢地面战争

冷战结束后，美国成为唯一越级大国，阿富汗战争、伊拉克战争也没有令它成为欧亚大陆陆权秩序的主宰者。美国仍然需要与欧亚大陆的大国合作。欧亚大陆陆权秩序不是对美国、欧洲、俄罗斯、中国、印度甚至中亚、中东等地缘政治力量的综合实力进行数理统计的结果，而是它们运用对公共事务的适应力和影响力的结果。公共事务不仅体现了交错多样的公共利益，也体现出共同面对的种类繁多和出人意料的公共威胁。

冷战结束以来的事实证明，大国共同利益增大并不一定意味着对公共利益趋向一致的诉求。同时，新型公共威胁层出不穷并不一定意味着大国对国际责任的诉求也趋向一致。大国陆军未来的挑战便从历史上最复杂难料的陆

权秩序中出现。

大国之间竞争与合作深度交织、民族宗教矛盾固化与一体化市场快速发展、科技进步与信奉宗教激进主义的极端势力迅速崛起等，看似极为矛盾和对立的各种变化盘根错节。无法预见的持久反恐、随时可能爆发的民族宗教冲突和地区动荡、日益频繁出现的人道主义危机、显而易见却难以遏制的大规模杀伤性武器扩散、经济危机导致社会动乱、大国力量对比导致的大国国际地位和财富的争夺等，使未来的大国陆军面临的挑战越来越模糊，导致衡量胜败的标准、任务区域的划定、伙伴与对手的分类越来越难以确定。

未来大国陆军将承担前所未有的多样挑战：在任务敏感地区保持稳定存在，以免危机或者战争爆发时，需要经过耗时耗力的机动与保障，确保可以随时介入；与大国进行有限的地面武装冲突的能力与打击非正规武装组织的能力被置于同等地位；发展新型地面作战力量，将特种作战、无人作战、网络作战与传统部队进行整合；应当成为防止大规模杀伤性武器扩散的军事利刃；需要对沿海经济发达城市、内陆能源聚集区、现实和潜在政治动荡地区进行超前管控；需要与其他军种共同实施联合作战以获得对某一地区的实际控制权，以支撑大国全球和地区安全战略；需要与国际、国内甚至商业方面的海上、空中和地面交通资源相配合，进行战略机动与部署转换，形成战略威慑效应，或者用于军事外交；需要灵活组建各种规模和编成的作战部队、发展智能化和综合性单兵系统，并能够独立承担从战斗到战略层面的各种行动任务。

历史上总有一个“怪圈”：当军队面临多重挑战时，反而容易使人忘记军队的作用。冷战至今，面对错综复杂的形势，有人总是所谓“深刻”地洞见，某个地区陷入危险的根源是经济和社会问题，使用军事手段是本末倒置。然而，残酷的现实却是，如果不使用军事手段，改善经济和社会状况的努力和付出的资源无法跟上状况恶化速度。应对地区性危机的军事手段即使不是全程使用，也是不可或缺的。欧亚大陆的地区性危机中，大国陆军不一定能完全达成期望的政治目标，但如果不使用陆军，事态的现实走势便容易与期望渐行渐远。

没有全程使用大国陆军的能力与意志，无法对危机作出有效的快速反应，便谈不上达成政治目的。因此，大国陆军的使命是：塑造有利态势、控制危机扩大、打赢地面战争。

信息时代的战争令任何大国不可能像在历史上那样，具有相对较为充裕的时间来应对威胁或者准备战争。全球性信息社会和市场体系的形成，一处有事，全球受害。时刻处于战争准备当中的大国陆军也许永远无法准备“充分”，在恐怖袭击、族群武装冲突等导致的地区冲突面前，尽管实力雄厚但仍然手足无措。

大国陆军与其准备战争或者坐等威胁出现，不如尽早将威胁的萌芽铲除。欧洲诸多城市遭受恐怖袭击表明，欧亚大陆上的恐怖势力、宗教极端势力和民族分裂势力等公共威胁，已经由腹地向边缘扩散，跨越国界和洲界，对整个欧亚大陆产生恶劣影响。因此，将出现越来越多的大国陆军联合行动的契机。

陆军是大国塑造有利的军事态势的基础。大国陆军不仅承担着军事打击、情报交流和军事外交重任，还具有与所在国和地区政府、民众共同沟通和进行文化交流的任务，充分体现出合作价值。也就是说，当危机尚未发生时，陆军先期塑造有利战略态势不仅能够造成先期威慑、主动遏止危机的效果，还有利于确保威慑之后必要的果断行动的意志和能力。

陆军塑造有利战略态势不仅可以通过联合行动实现，还可以通过在敏感地区保持稳定存在来实现。陆军存在于敏感地区，尤其是在危机爆发高概率地区，进行反恐、演习、人道主义救援等联合行动时，不仅使大国在影响格局演变和实现利益等方面获得心理优势，从而获取战略态势的主动地位，还可以利用陆军对重要的政治、经济、军事、情报、科技、文化等设施和社会秩序提供保护，使大国主导国际安全合作，可以提高战略信誉从而处于主导地位。

塑造有利态势成功与否是以能否形成对现实和潜在对手的震慑为标准，而基础却在争取部署所在地政府和民众的支持。陆军部队独立行动能力要求日益提高，如果没有部署所在地政府和民众支撑，暴露于公众场合之下，陆军部队的战备、训练、装备将时刻处于危险当中，陆军部队也无法理解当地语言、风俗，更无法展开必不可少的情报合作、联合训练，从而无法塑造有利的态势。

信息时代，大国无法摆脱不确定性安全威胁的重要教训之一就是，军事反应通常难以赶上危机蔓延。衡量国家安全的能力不再取决于国家的战争潜力，而是取决于国家的军事反应速度。欧亚大陆上的危机越来越难以预见。衡量大国陆军的能力取决于遏制危机的能力，甚至将危机消灭于萌芽状态的能力。

因此，大国陆军需要在塑造态势的基础上，始终保持一支充足的快速反应力量，能够在第一时间内投送到危机地域，尤其是降低对高速公路、铁路、机场、港口等显而易见并且安全漏洞多得防不胜防的工业设施的依赖，单独或者与其他军种联合行动，快速消除危机爆发的直接原由，进而控制危机蔓延。

欧亚大陆爆发的危机的直接原由，既可能包括恐怖袭击、地区动荡、大规模杀伤性武器扩散，也可能包括民族和宗教矛盾激化、自然灾难、人道主义危机等。首先，要按照危机伤害程度划定危机控制区域。针对爆发的危机反应越快，所需划定的危机控制区域越明确、越简单。其次，迅速消除危机的直接原由。对威胁人员安全和地区和平的人员、组织、设施，实施精确打击和宣战清除。同时，对可能遭受威胁的重要目标实施保护，如公共场合的人员聚集区和生活区；重要的政治、经济和军事设施；消除可能的环境污染等。

打赢地面战争。欧亚大陆上的地面战争可能是大国之间的局部武装冲突恶化而来，也可能是反民族分裂战争和维护利益的地区性战争。大国陆军需要在空天情报支援下、在心理与信息对抗配合下，实施远程精确打击或者使用特种部队突袭，获取战场主动权后占领和控制重要地区。如果大国之间仅爆发规模和强度极为有限的地面武装冲突，陆军需要在争取国际道义和外交斗争主动前提下，尽快取得战术性胜利，确保国家政治主动地位，从而争取有利的政治解决条件。在反民族分裂战争中，一旦使用陆军就必须取得彻底胜利，即彻底根除境内外民族分裂势力。如果陆军仅仅被用来威慑或者有限打击，欧亚大陆腹地内广阔而又复杂的地势将成为民族分裂分子死灰复燃的“沃土”，导致陆军陷于反分裂斗争泥潭而疲于奔命。陆军在反民族分裂斗争中，一旦使用便应当是决战。在维护大国利益的地区性战争当中，大国陆军或者进行联军行动或者单独行动，在地缘政治意义极为敏感的地区完成行动，从而辅助政治控制。陆军不仅需要驱逐甚至歼灭对方武装力量，还需要摧毁重要地面目标或者抓捕重要人物，更重要的是，陆军应当成为大国推行地缘政治战略的最有力“盾牌”，成为国家塑造地缘政治格局的看护者。

碎片式战场：战略性机动作战的历史尽头

也许有人看到直升机、运输机等空中运输能力增强便感到，以灵活机动为灵魂的陆军，未来将日益依赖空中运输手段实施机动作战。然而，全球化市场与贸易体系令军事技术扩散日益难以掌控，即使没有任何军事工业技术基础的国家军队或者武装力量，也可以获得大规模先进的便携型防空兵器，足以导致依赖空中机动的陆军处于时时刻刻的危险当中。未来的陆战战场形态并非广泛机动所形成的立体化、全纵深形态。战略性机动作战已经处于历史尽头。

全球商业扩展使全球地理信息系统成为全球公用信息平台，任何地区地理信息将被先进的战场感知系统实时获得，以支持密集的远程、精确打击平台，从而使战场由非线式变成了碎片式。各个碎片式的战场也许在同一时期内出现地面战斗。

高爆弹药、精确制导弹药在可以实时获知全球地理信息支援下，令大型交通及其枢纽，如公路线、铁路线、机场等的战场攻防价值急剧下降。攻防双方将不得不利用城镇、山地实施非对称作战。大国陆军将在欧亚大陆腹地内的各个战场之间或者驻地与战场之间广泛机动，但并不需要在各个具体战场上机动作战。

高度分散的碎片式战场使远程精确打击手段作用凸显，导致部队和目标愈加分散。因此，利用重器进行决定性一击而胜的想法显然非常幼稚，看似零敲碎打的地面突击将决定陆战最终结局。

为适应碎片式战场，陆军的指挥控制、情报和通信、后勤保障需要发生革命性变化，使之摒弃应对不确定性极强的突然威胁的行动，而是在情报通信的精确支撑下，主动寻找敌人，在敌人集中或者实施威胁性行动前，陆军独立实施快慢不定的攻击。灵活变换的作战节奏要求实时、灵活的指挥与后勤保障成为常态，有利于机动与前沿性存在的基地随时为陆军编组行动、伤亡和消耗之后的补充提供支撑。

非对称对手：新技术和新文明带来的新难题

欧亚大陆新陆权秩序的重构打破了冷战时期的大国制衡与博弈的稳定性，大国间零和博弈被不断扩大的共同利益埋葬并伴随着新公共威胁层出不穷，成为影响重构欧亚大陆新陆权秩序众多因素中最重要的因素。大国陆军可以从地球的一端打向另外一端，但许多国家陆军或者非国家武装组织似乎刚刚渡过“石器时代”，这决定了大国陆军的主要对手将是针对缺乏先进陆战技术装备的军队或者武装组织，而非能力对等的其他大国军队。日益失衡的技术特质使所谓的“非对称对手”［最典型的是2003年11月，美军号称世界上最为先进的数字化坦克被埋藏在巴格达街头的土地雷炸毁］成为未来大国陆军必须面对的主要课题。

随着网络时代和全球物流时代的到来，只有难以阻止的技术扩散和货物流通，而没有易于实现的技术和物资管控。信息技术和信息系统、前沿技术工具（如无人机技术、摇控技术、对空探测技术）在全球市场自由流动，导致了无法掌控的武器和威胁扩散，从恐怖分子到普通犯罪分子，即使从合法的商业渠道，也有可能获得令人猝不及防的先进技术工具，致使非对称作战模式及产生的威胁日益多样。大国陆军面对的非对称对手既可能是只需一间网吧或者手机摇控装备的技术人员，也可能是手持冷兵器的极端分子，还有可能是运用正规战术和非正规战术来规避大国陆军火力、信息和机动优势的武装组织。首先，大国陆军需要与其他政治、社会、文化、金融等力量配合，切断非对称对手获得信息与物资流通的渠道，使之难以具备威胁手段。其次，大国陆军需要稳定的占领和控制来辨识与清剿非对称对手。大国陆军实施非对称作战需要先期清除，而不能被动地等待非对称对手产生恶劣后果再实施“军事报复”式作战。值得注意的是，非对称对手打击花费巨大资源建设而成的大国陆军，最廉价的方式是获得大规模杀伤性武器。一旦大规模杀伤性武器落到恐怖主义势力和极端主义势力手里，导致地区秩序稳定遭到破坏或者国家安全面临直接威胁，大国陆军将很有可能处于无用武之地的尴尬境地。

全球政治文明高速发展的时代，国际形象成为大国地缘政治地位的重要标志。大国陆军在作战中必须最大限度地保护、构筑各种经济民生和文化文明设施。非对称对手以单兵或者小群分队，灵活机动地使用冷枪冷炮、土制炸药、便携式防空和反装甲兵器，使大国陆军难以确定威胁在哪里，敌人在哪里，何时出现。大国陆军使用即便是精确打击能力超强的远程火力实施非接触作战，最终也需要通过惨烈的近战才能以陆战达成政治目标。

当今时代是欧亚大陆上城镇密度增大速度最快的年代，人口在 20 万以上的城镇均有成为新的重要交通枢纽的潜力，城镇之间的平坦开阔地、茂密丛林、崎岖山岭，江川河流布满了人车均可通行的交通路线。在复杂的城市和各种隔离的地形中，非对称对手和战场均为多样且无法复制。因此，大国陆军针对非对称对手的近战的核心行动已经由之前的步兵围攻变成机动支援与地面联合火力的综合运用，即坦克、装甲车辆、武装直升机、火炮等对步兵能否形成有效支援。小规模步兵分队能够直接获得来自陆战重装备的火力和信息支援，而非独立作战，才能灵活针对目标实施有效攻击。否则，一支缺乏机动支援和联合火力的地面作战力量，将很可能无法准确、实时地获得“受到谁的袭击和怎样袭击、来自哪里的袭击”等关键信息。

非对称对手总是根据大国陆军的变化来调整作战方式，在多个地区、针对多个弱点、使用多种难以意料的方式实施威胁。大国陆军面临的新型陆战形态，其核心本质在于如何发挥近战时的信息优势与机动优势，而不是火力优势。尤其是当无孔不入的现代媒体使大国陆军和非对称对手处于相对对等的情报信息环境中时，大国陆军在非战斗状态时几乎处于透明状态。非对称对手同样拥有非对称优势，他们更加了解战场情况，可打可藏，利用情报优势来抵消大国陆军的火力优势，甚至可以以非常廉价的武器来毁害最贵的先进兵器、以小的损失进行对重要政治和军事人物的暗杀。

极度依赖信息优势、火力优势的大国陆军，面临的最大危险是这些优势遭到抵消的近战。因为近战可能使大国陆军如同在伸手不见五指的黑暗中行走一样，面对飘忽不定、时散时聚的非对称对手，总是在陌生战场上孤军奋战。从苏联入侵阿富汗到美国发动的伊拉克战争，主要战事结束之后的伤亡人数均超过主要战事阶段的伤亡人数，即使美苏两国没有重蹈覆辙的政治命运，但在战场上却面临同样无法破解的近战难题。

未来的地面近战要求大国陆军部队必须具备多种作战能力，由新型作战平台和指挥系统为主，能够快速和灵敏地识别、利用各种不同地形，并在对手火力打击之前感知目标存在，以接触或者非接触的方式出其不意地打击敌人。

大国陆军如何在城镇中巷战、山地丛林作战等既无法集中优势兵器，更无法发挥情报和后勤优势的战场上，避免非对称对手抵消信息优势、机动优势和火力优势，有两个办法：一是发展受城镇和山地等复杂地形影响小的无人化打击手段，不仅有利于避免增大人员伤亡，更加重要的是减小了参战兵力规模，却增大了无限制机动与打击的能力，使非对称对手无法利用所谓的有利地形巧妙机动与灵活打击。曾经的障碍将变成大国陆军的有利条件。同等规模的陆军部队，无人化打击手段的比例决定着机动与打击能力能否成倍增加。二是通过减少对低空投送能力的依赖，增加地面部队机动的安全性和打击上的突然性。随着低空防空兵器的简化与普及，传统上武装直升机由机动优势的标志变成了部队的显著的安全漏洞。

陆军在大国间武装冲突中的决定性运用：短促决战

决定秩序的关键总是位于最动荡并产生最大危害之处。欧亚大陆从东亚向西延伸到地中海的广袤地域上，巴以矛盾导致的冲突此起彼伏、“伊斯兰国”极端势力燃起的战火似乎屡扑不灭、大国地缘政治非零和博弈和合作应对地区性公共威胁同步交织、城镇化快速发展令不同民族和宗教在商业环境融合导致社会稳定风险，在险恶的山地和茂密的丛林、建筑和街道密集的城镇、一马平川的平原和沙漠戈壁等环境中，都有爆发武装冲突甚至局部战争的可能。根源均与大国博弈有直接或间接关联。因此，美国、欧洲、俄罗斯、中国、印度等决定欧亚大陆秩序的支点性力量，均不可能独善其身。尽管这些支点性力量与各地可能爆发的危机事态的关联的紧密程度不一，但在防范风险方面却有一个共同点：只要有一个动荡产生危害，绝不允许另外一个借机引爆。

未来陆战已经无法重回大国零和博弈背景下的苏德战争模式和苏联入侵阿富汗模式，而是大国博弈背景下的针对地区矛盾和危机事态进行的军事干预和秩序重塑，大国陆军既可能单独行动，也可能进行联军行动。

大国之间正在竭力避免地缘政治博弈导致直接武装冲突。然而，竭力避免正表明爆发武装冲突的可能性。大国间一旦处于直接武装冲突，地面武装冲突巨大的人员伤亡将对直接参与武装冲突的大国产生巨大的政治压力、军事压力和心理压力。因此，大国武装冲突目的无非是保持和争夺地区秩序的主导地位，抑或解决领土争端，而非迫使对方屈服。大国间地面武装冲突的有限性，决定了陆军在大国间直接武装冲突中的角色。

在大国直接武装冲突中，陆军将被运用于地面短促决战当中。海空等远程精确火力对抗和信息、心理对抗虽然将是大国武装冲突中延续时间最长的行动，但陆军进行的短促决战将决定着大国直接武装冲突能否可控。陆军参战力量规模不仅决定直接武装冲突规模，也决定直接武装冲突的性质和风险的上限。如果大国直接武装冲突扩大至需要通过类似于海湾战争中 100 小时地面作战来决定战局的程度，那么大国武装冲突将越过“冲突”的门槛，升级为影响大国国势兴衰的局部战争。这正是所有大国竭力避免出现的局面。

欧亚大陆上的大国均是有核国家，无论是取得制空权、制海权、制信息权一方，还是三权丧失的一方，只要双方陆军长期直接交战便预示着局势失控，任何一方都难以获得期望的战果。因为双方均需要忌惮对方先发制人使用核武器，最终在核报复的恶性循环中走向共同灭亡。欧亚大陆上任何一个大国，如果陆军在地面交战中败北，将面临政府更迭带来的政治动荡，国际社会公共安全威胁如核扩散、恐怖主义、民族分裂行径等将急速发酵，最终使陆军交战胜利一方也将成为受害者。

因此，陆军短促决战可能对武装冲突造成的影响、国家整体行动经济代价和社会风险、对左右武装冲突趋势的成功前景、人员伤亡和持续时间等各个至关重要的因素非常敏感。大国直接武装冲突中，陆军短促决战将受到严格的政治制约，必须建立在对双方综合实力和地区秩序影响、外交和民心向背、自身可承担风险和代价等方面的理性思考上。

大国之间在欧亚大陆上的直接武装冲突如果仅有海空远程打击火力对抗，双方均无法成为赢家，尤其是主动进攻一方无法达成战略目标。因为只凭海空远程火力很难使拥有还击能力的对方丧失对抗意志。如果无控制地使用陆军，又可能使双方成为输家，因为陆军大规模交战将使双方均无法承担最终成为失败一方的代价和政治风险。大国之间直接武装冲突的要诀不是彻底论输赢，而旨在使大国处于灵活可控、可进可退的主动位置。陆军短促决战使武装冲突的大国双方避免将冲突升级到无法遏制的局部战争，最终恶化至赌国家命运的放手一搏。

大国地面武装冲突和局部战争的战略意图要么是争夺争议领土，要么是以军事手段仲裁政治矛盾。尽管大国陆军短促决定的结果取决于火力规模与精度、信息技术与信息系统性能的先进性和可靠性，以及针对某种特定战场和任务环境的作战准备程度。但是，心理震慑和反震慑是大国陆军之间对抗的首要，双方均希望从政治上吓阻对方民众和政府决策者的战争意志，或者赢得某一地区的民众和政治支持。其次，大国陆军对抗需要展开信息作战，即利用网络、媒体、外交甚至学术与商业交流场合，实施欺骗与反欺骗、软杀伤与硬摧毁的对抗，使对方作出错误判断，从而付诸错误行动。再次，大国陆军对抗需要围绕战略展开控制与反控制，比如破坏和控制对对方机动、作战、保障极为重要的铁路站和公路桥梁，空运所需机场和海运所需港口，甚至还包括前进和中转基地等要地，通过控制要地争夺战场主动权。最后，大国陆军需要实施决战，获得争议领土或者将对方拉入有利的政治谈判中。

陆军的基本作战形态：广域决战

陆军的基本作战形态是广域决战。之所以是决战，是因为大国要么不使用陆军，一旦使用便必须要达成政治目标。之所以是广域，是因为远程打击手段和远程力量投送手段快速发展，战斗规模的作战行动，战场范围超越传统战术地幅范围，前沿和纵深之间、翼侧与后方之间、机动线与部署区域之间界限消失。广袤的欧亚大陆内分布着众多能影响和决定战局走势的设施、交通枢纽和城镇，大量装甲部队在平原对抗、大规模武装直升机在山地中频繁机动寻歼敌人的作战模式将淡出舞台。代之而起的是在这些设施、交通枢纽和城镇中，同时或者连续爆发的一系列陆战。在广泛分布于欧亚大陆地表和覆盖陆海空天电全维领域的各类碎片式战场上，同步或者相继协调进行各种决战性行动将是陆军的基本作战形态。

广域决战可以在大国陆军处理未来大国间地缘政治博弈、塑造地区局势、应对突发危机等各类性质和不同规模的行动中灵活运用，不仅可以充分发挥陆军各个兵种战斗功能，也可使作战处于规模和限度受到政治和国际舆论的可控状态。广域决战的政治目标的有限性和战场的分散化，使陆军可以通过精确、短促的作战行动，主动控制战局，为战后重建与政治控制奠定基础，将应对复杂战场的作战行动融入宏观的国家战略斗争全局。

广域决战可以避免大国间直接武装冲突在失控的情况下走向局部战争，从而确保战略主动权。大国间直接武装冲突，样式繁杂、领域众多。广域决战既能争夺武装冲突主动权，又可控制伤亡和消耗而防止局势失控，从而使国家保持政治、外交斗争的灵活性和主动性，从而最大限度地减小政治和军事风险，避免外交和道义被动。

广域决战不仅是大国间博弈有限性的政治因素使然，还是欧亚大陆新的经济发展层次使然。欧亚大陆上连接东西两端的铁路与公路、航线越来越密集，市场一体化和贸易扩大化使决定作战行动是否顺畅和影响战局走势的基础设施愈加分散。“体积”日益减小的陆军，受不断密集的交通制约越来越小，机动与部署能力增强使机动与部署的范围呈现出前所未有的扩大之势。这些因素，使多支陆军可以在比之前更加广阔的地域同时或者一支部队可以在多个地区之间同步作战，导致未来在多个看似孤立的“小”战场上，同步或者连续的作战具有决战性质。因为陆军具有越来越多的远程打击手段，在功能范围不断拓展的信息系统的支持下，不仅可独立实施作战，还可与其他军种联合作战，展开“非接触”攻击或者接触性攻击发挥其他军种无法达到的特殊作战效果。当融合了火力、电子、信息、机动等各种行动的广域决战在未来欧亚大陆的陆权秩序中成为一种独立的权力博弈方式时，陆军将彻底改变在海湾战争、伊拉克战争、利比亚战争时的“配角”地位。

陆军的低强度运用：间接参战

大国博弈的有限性决定了大国间既有爆发直接武装冲突的可能，也有为避免直接武装冲突但又需要主动塑造有利的地缘政治态势的可能。因此，陆军的运用是多样的。大国间直接武装冲突中，陆军的运用是直接作战。大国在直接武装冲突强度之下的行动中，陆军的运用是间接参战，即通过非直接作战行动来增强大国在某些地区的政治地位。

作为维护和拓展国家利益的战略工具，陆军日益增加的政治角色使间接参战成为陆军的重要任务样式之一。大国利益是复杂的，随着大国角色和责任不断增加，这样的处境也在不断增加：即不得不避免直接武装冲突（地区性局部战争）的同时又无法不介入。陆军在大国这样的利益取向下，就必须以间接参战的方式来影响局势走向。陆军可以向相关国家提供侦察和通信支持，派出军事顾问，向相关国家军队提供武器援助和展开军事贸易等。当然，在诸多未来陆军间接参战的方式中，最重要的是莫过于通过联合指挥和联合训练以形成军事震慑效应和塑造军事态势。比如，将陆军指挥体系切入至相关国家军事指挥体系当中，利用数据库和其他重要设施对相关国家的指挥提供智力支持和技术援助；与相关国家开展军官教育和部队训练的交流与合作，使相关国家军队指挥能力和其部队的作战能力获得提升。

每个大国均有友好国家，其实质是反映大国对地缘政治格局的追求。陆军作为重要的不可替代的地缘政治的战略手段，其运用反映着大国维护和拓展地缘政治利益的方式。因此，陆军间接作战可能是援助友好国家控制可能爆发的危机性事态，也可能是对友好国家安全与稳定极为重要的政治、经济、军事设施（如政府机关、重要工业与能源设施等）予以保护，或者是帮助其打击敌对力量。

间接作战也可运用于大国直接武装冲突中，其行动主要包括：一是护卫关键性基础设施。如科索沃战争收尾时俄罗斯坦克部队突然进驻具有战略意义的普里什蒂纳机场。陆军可以在大国直接武装冲突征候明显时提前夺占极具战略战术价值的要地或者军事设备，如导弹发射和防御阵地、全球互联网关键节点和服务器所在地等，或者对要地和关键目标实施低空防空和地面防卫。二是参加联合信息作战和心理对抗。如海湾战争时，美国陆军特种部队对科伊边境上的关键通信设施实施干扰突袭。陆军可以在大国直接武装冲突之前便对对方关键性信息作战力量实施侦察与打击，防卫己方信息作战力量、心理对抗部队，以及电视台等媒体目标，或者利用陆军建制内信息作战力量和心理对抗力量，与其他军种相应力量和政府、非政府组织配合，展开信息攻防。三是评估和巩固大国直接武装冲突的政治效果。国家安全从来不会在爆发大国直接武装冲突中成为唯一的政治意图。挖掘深刻的政治意图才能有助于人们理解大国之间的直接武装冲突。尤其是爆发在欧亚大陆上的大国直接武装冲突，决定冲突走向和结局的空间仍然是陆地。大国能否利用陆军对相关地域进行评估其直接武装冲突后的地位，或者巩固其在直接武装冲突中的胜果，将是衡量大国在直接武装冲突中政治收益或者损失的根本标准。

急先锋风险与机遇：新的战争“门槛”

陆军在未来的先期行动，反映着国家意志，更重要的是，最先使用陆军的大国，将会获取态势与心理上的主动。但是，欧亚大陆中所有大国均是航天大国，布满外太空的卫星使大国陆军的战略性调动部署无密可保。媒体力量渗透到国际社会中的每个角落时，陆军几乎所有行动又处于双方几乎能力对等的战略监视之下。陆军的战略性部署与调动是大国间武装冲突走向局部战争的“门槛”，而不是外交宣战前的秘密动员与展开。换言之，一旦陆军开始调动则很可能意味着局部战争的爆发。陆军在大国间武装冲突中面临另外一个新的风险，即未展开到位，便遭到远程精确力量的预防性打击，或者遭到来自网络和电磁空间的干扰，从而行动无序失控、未战自乱。

欧亚大陆上任何两个大国如果爆发武装冲突，一旦失控，必将导致地区性的民族宗教，种族领土争端等现实矛盾，历史积怨同时激化为即使武装冲突占据优势一方也难以应对的地区性混乱。陆军传统上利用山地、森林、高大建筑、复杂天气等条件达成突然性的行动，在未来只适用于孤注一掷冒险进行战略威慑，而不适用于富有实质价值的战役、战术级行动。因为当众多士兵与军官显露于危险时，诱使双方造成战略误判，难以控制危机规模，也最容易使危机变异。

因此，陆军在大国间地缘政治博弈当中的战略价值不在于规模，而在于在敏感的重要地区的快速夺控能力，要求陆军注重前沿就地部署，以避免机动与部署中的失密与冗长程序的干扰，甚至无需重新机动与部署便可夺控要地，达成未战便掌握主动。

如果陆军能在战术规模行动中，直接控制、摧毁重要设施，或者占据战略性要地，将非常有利于争夺战略博弈的主动权。未来欧亚大陆上，用于军事用途的雷达站、地面导航设施、通信枢纽、气象测绘点等信息系统的重要设施与节点大量暴露，众多规模越来越大的中心城市、被新闻媒体“紧盯”的重要军政人物的活动，都应当成为陆军重点关注的焦点。

陆军针对这些目标的争夺与保护，可以威慑对方，使对方认识到冒险将突破“门槛”；无论是武装冲突或者局部战争，陆军对这些目标的主动作为有利于推动政治控制。

大国与大国陆军：决定现代国家制度的兴衰

每个大国均是政治、经济、社会、民族文化、地缘政治等各个侧面复杂相交而成的综合利益体与行为体。欧亚大陆上的所有大国都构建出符合民族特色的现代国家制度，成为综合利益体与行动体的外在标志。没有现代国家制度，大国综合利益与行为能力必将丧失。陆军既是保护综合利益和正常行为能力的最根本力量，又是毁灭综合利益和扰乱正常行动的最强力工具，对于大国政治清明、经济繁荣、社会稳定、文明前进具有决定性作用。

自从冷战结束以来，民族和宗教矛盾、历史原因造成的领土争端、国家统一与民族分裂等因素，考验着大国构建和完善现代国家制度的智慧与决心。全球化使任何一个大国的现代国家制度遭到颠覆，地区性动荡、经济危机、民族和宗教矛盾的潘多拉魔盒必将打开。届时，致命性武器无法管控、社会秩序陷入混乱、交通体系和经济设施遭到破坏，大国陆军弱点凸显，在维护国家安全、地区稳定，以及配合国家外交斗争的地位作用将遭到无情削弱。

灵巧总体战：运用相对战略优势的战术技巧

随着远程精确打击手段、穿越地理障碍的电子战能力快速增强，未来的战争形式似乎是空天海一体化攻防，陆军只是在远程攻防对抗中的辅助部分，甚至有人认为，战区外的空天海发起远程精确打击将导致战争持续，攻防所消耗的精确制导的弹药消耗剧增。这种判断显然背离了两个事实：没有任何一个大国能够承受代价昂贵和破坏力巨大的大规模长期交战，也没有任何一个大国希望与另外一个大国走向共同毁灭。如果一个大国对其他大国主动发起空天海一体化远程精确打击，必须做好共同毁灭的准备，尤其是当所有大国都对地球上任一目标具有现实或者潜在打击能力时，更是如此。

大国之间军事力量尤其是军事技术相对对称，但仍然需要追求非对称优势。尤其是当信息技术、远程精确打击手段日益成熟时，在这些领域实现非对称优势越来越难，几乎变得不可能。因为如果在这一领域追求非对称优势则意味着海陆空军和天军之间界限的消失，战场只有地球大气层一维。

大国之间的战略优势不是利用远程的精确摧毁能力。这样的优势是无法使用的优势。大国之间的战略优势来自于“小”“快”“灵”的陆军来实施“灵巧总体战”，使自己掌控欧亚大陆事务的主动权与态势转换的塑造权，因为灵巧总体战的能力，使自己比别的大国能更加快速地部署力量存在，而不是比其他大国能更加快速地摧毁，因为没有一个大国不注意附带损伤问题。远程精确打击的集中化，只适用于大国对非对称对手的重要目标予以目的坚决的摧毁，而不能将其运用于常态化的战争实践中。

两次世界大战的经验无法适用于当今这个几乎所有大国均为有核打击能力的时代，但并不意味着它的经验教训必须陈列在博物馆仅仅被人当成历史文物观瞻。在大国间共同利益不断扩大的背景下，政治博弈的焦点是国际地位和地缘政治环境，不再是单纯的边界线安全。军事行动都受深刻的政治、经济和外交意图的支配，导致每一次大国运用陆军将是综合运用国家力量多重要素甚至是所有要素的重要部分。陆军行动与政治和外交孤立对手、经济贸易制裁对手等举措总是结合在一起的，使每一次陆战成为总体战。

大国陆军未来将极少在本国境内运用，绝大部分是在境外使用。当全球经济贸易体系扩展与全球范围内的政治变革同步发生于欧亚大陆腹地时，陆军将成为比海军、空军更加有力的危机控制手段。因为“9·11事件”至今，中东和中亚的混乱足以说明，海空的远程打击难以形成有效的政治控制，反而使政治控制的风险累积。政治斗争规律决定了海空军只是陆军的支援力量，或者只是危机反应时的先导力量，而不是决定性力量。最终需要陆战来达成政治目的，陆军不必以经济、外交配合为必要条件，而是作为决定未来欧亚秩序的决定性工具而使用。

陆军是辅助政治控制不可取代的力量。当陆军无法运用时，至少表明大国在地缘政治博弈中的意志和责任感弱化，而不是更加“灵巧”。

灵巧总体战不会脱离总体战的框定，但不受总体战的限制。当陆战爆发时，国家性的总体战不应当成为陆战的障碍，而是其能力的源泉。

灵巧总体战无法离开超越国境线的铁路、公路与海上、空中运输，还需要信息系统的情报、通信等支援，使之成为完成“最后一击”的手段，成为使外交、经济与海空打击效果达成最终政治目标的重要桥梁。

城市作战：争锋的中心

现代化的经济、科技和政治、社会机构与资源几乎全部集中于城市，也诞生于城市中。城市已经成为现代世界中地缘政治力量的支点。城市作战是衡量陆军作战能力、政治素养和现代文明程度的标志。

亚太经济的崛起、中亚和中东世俗化进程加快、地区动荡导致的政治形态变迁、信息技术等科技发展，欧亚大陆进入千年以来城镇化速度最快的时期。战争规模和战争目标有限性、城市容纳了对实现战争目标越来越重要的政治资源和工商业资源、大量人口（尤其是精英人才）向城市聚集、城市作为国家或者国际地区中交通枢纽的地位不断提升等因素，使“攻城之法为不得已”［摘自《孙子兵法》］的战争古训警示，已经成为陆军不可回避却又必须打破的作战戒律。陆军立体、远程投送能力和突击能力不断增强，成为打破这条作战戒律的基础。

历史上的城市攻防作战总是不得已而为之，才使荒山野岭、丛林沟壑等成为决战战场。未来的决战战场是在城市中。未来欧亚大陆上，无论是大国间直接武装冲突、局部战争，还是低强度非对称作战，胜负标准不再是对重兵集团的歼灭、包围，抑或对重要人物的“斩首”，而是控制城市的数量与质量。无法成功使用于城市作战的陆军，不可能成为达成战争胜利的陆军。

首先，对城市的控制能力已经成为衡量战争胜负和在多大程度上达成政治目标的唯一指标。城市是主要政治机构所在地和政治资源的集中地。城市得失关系到战争双方国家机器能否正常运转、民心向背和意志强弱、国际社会外交取向，从而关系到战争胜负。城市攻防中，陆军拥有其他军种不可取代的作用。其次，城市及城市之间的交通对于陆军具有决定性战略依托价值。城市拥有发达信息和通信网络、交通资源、经济资源，控制了城市，就控制了军队的领导指挥、机动部署、后勤补给。最后，城市是现代媒体的主要平台。国家和军队的战时形象受制于对城市的影响力。

传统陆军主要被运用于大规模机动攻防，他们对城市中高大、密集、坚固的建筑物和复杂交错的街道、地下设施有一种天然的“恐惧”，总是将“上兵伐谋、其次伐交、其下攻城”［摘自《孙子兵法》］和“不战而屈人之兵”［摘自

《孙子兵法》］作为金科玉律。然而，信息化技术的发展，令城市智能管理系统可以精确管理每个人的信息和行踪，令高清显示与监测工具充斥于城市的各个角落。不久的未来，也许一个普通人在任何地点都可以实时通过手机屏幕、电视屏幕看到城市中任何一个其他地点，一个基层的城市管理机构可以对全部城市人口信息、交通信息、地理信息进行实况直播。城市任何一个角落、任何一条街道、任何一幢建筑在全球时代都是透明。信息时代已经使城市成为可视化战场的先驱。

装备有大量装甲车、坦克、直升机、火炮的攻城部队，具有显著的、易被利用的弱点：纵横交错的街道和密集的建筑物限制了昂贵而又笨重的部队的机动、分割了部队的机动与打击力量，并使之庞大的后勤系统和分散的指挥控制系统的重要部位充分暴露。加之对政治、经济和社会文化设施（如发电厂、铁路、港口、机场、非政府组织、情报机构等）的严重依赖，以至于出现无法计数的漏洞，即使遭遇一颗小小的子弹或者一具便携式反装甲、防空导弹发射器的打击，攻城部队也可能品尝难以忍受的痛苦。

因此，智能化武器系统集群、机器人、短杀伤距离精确制导武器和弹药、用于特定范围与特定建筑物的战场信息显示系统（可视化的侦察、通信手段），将成为城市作战的主要力量。武器系统变化，必将导致对战场利用的作战方式的变革。

工业化令汽车成为家庭生活必需品，随之而来的是道路变宽变直，停车场增多。攻城部队的坦克和装甲车辆，可以在宽敞的马路中形成互相掩护的队形开进。之前，狭窄的道路只能容纳一辆坦克或者装甲车，在开进时，只能照顾街道两边中的一边，随时可能遭到来自另一边的毁灭性火力的打击。

商业发展使购物、游乐等生活功能集中在一个大型建筑物或者一大片集贸市场周边。包围并控制了大型建筑物或者大型集贸市场，便压缩了敌人可以躲藏的空间。人员密集区的堵截和开阔地内的追击，将成为攻城作战的主要行动。

之前的城市作战中，高大建筑物显著的战术价值是建立在良好的视界对四周的俯瞰的基础之上。当未来智能化武器系统，可以穿透墙壁、浓雾、烟火、噪声等视觉和听觉的障碍，精确地探测和定位所需目标时，高大建筑物反而成为暴露部署与企图、陷入被包围与孤立的危险位置。

街道、建筑物、地下室和地下管道等城市设施，是守城人员赖以生存和机动的根本，也是取得守城胜利的基础。如果攻城者不能有效限制守城人员对城市设施的使用，极有可能陷入长期的城市作战泥潭当中。

攻城者有效针对敌对分子，不仅要有直接火力打击，还需要利用城市设施，使敌对分子在城市中无处立足。追踪人和限制可利用设施双管齐下，否则便容易陷入逐个街道、逐个房屋的争夺当中。

攻城指挥员要按照使用的难易程度来区分不同的城市设施，按照政治、经济、社会和安全、心理影响的地位价值来区分城市设施，来制定战术和配置火力、兵力。

现代城市发展使地下设施比地面建筑的分布更加复杂。这似乎令人想到面对先进的攻城部队，守城者可以利用地下设施，神出鬼没地袭击占领地面的攻城部队，从而使攻城者无法应对，最终在不可抑制的伤亡下撤军。

这样的想法在现代城市作战中极为守旧。从技术上看，地面下深受钻地炸弹、非致命性战剂的威胁，活动空间被限制在狭小的地下通道与暗屋内，通向地面的出口如果被牢牢控制与封堵，则意味着地下作战便成为自掘“坟墓”。从政治上看，地下作战最重要的损失是丧失了对民众的影响，一旦失去了对民众的影响，民众为了稳定自身生活的需要，而放弃抵抗并接受治理，从而使处于地下作战的守城部队缺乏有力的地面“助手”。

地下交通与商业设施、工程设施对城市发展与功能运转具有越来越大的作用，如果它们遭到破坏，将深切地影响城市功能和民众生活秩序，破坏者便走向了民众的对立面。而且，庞大的城市地下工程体系令攻城部队可以大规模出动有人部队或者智能化武器系统进入地下。对于守城者而言，地下设施的价值就是，利用城市的地下设施不断向城市外围延伸这一特点，将其作为暂时隐蔽或者撤退的临时设施，而不是固守或者待机的反攻阵地。

因此，城市作战中的战场感知能力不再追求单纯的感知范围，而是基于城市钢铁、水泥丛林不断扩大的趋势，追求对日益复杂的城市设施的精度与维度：位置、楼层、水电、人员和物品分布、各类房间和管道。总之，可以从多个角度（既可以从外部角度看内部，也可从内部多个位置看外部）来直观获得城市设施的各种信息，将目标“大数据”化。既然可以研发智能化武器系统，那么每一个正常公民的身份证明便可以被智能化地感知。即使敌人混入人群，智能化武器系统也可以识别出非正常公民。

未来城市作战的重心不是掌控某个标志性建筑物作为制高点，而是控制人群密集的区域的人流动向，尽量将敌人与民众人流隔开。因此，界定平民与敌人的区别，也不能以手中是否有武器或者身穿制服为标准，而是以物理距离、社会亲疏、年龄构成为标准。拘泥于“避免伤及平民”的原则将限制甚至扼杀作战行动的主动权和灵活性，敌人也可能利用这一点制造危险和道义压力。解决这一问题的关键是战斗前，应当以充满善意但不失严肃的态度传达这样一个信息：敌人所在之处的所有人都处于战火危险中。感到死亡和伤残的危险近在咫尺时，平民为了避免危险，将出现三种可能：强烈希望离开敌方区域并转移到安全之处；想方设法地避免自己被人混入而成为“盾牌”；透露敌人的信息甚至围困和捉拿敌人。这三种可能有利于因势利导地孤立并打击敌人。

智能化武器系统（包括智能化轻型坦克），可以自动感应地雷、悬挂的炸弹、遥控爆炸装置等隐蔽的威胁性目标和机动游击的敌对人员，也可以通过智能性弹药穿透或者绕过建筑物、墙壁来打击杀伤。即使在无月光的暗夜、雨雾弥漫、电磁信号复杂等不良条件下，也可以发挥各种智能化功能。

当具有跟踪锁定目标功能的智能化子弹或者炮弹被广泛使用时，“发现即摧毁”的空战和海战原则将被移植于城市作战。智能化武器不仅变革了城市作战的战术，还改变了城市作战的道义标准。当敌人得知自己容易被锁定和击中后，则会越来越少地利用建筑物、街道进行掩护和机动，而是将越来越多地把自己混入密集人群，拿民众做“盾牌”，猖獗地伤及无辜。

智能化武器自主寻找目标、自主决定打击方式与时机，因而使城市防御失去意义。尤其是当远程打击兵器可以在远离城区之外（甚至在另外一个城市甚至在太空）感知目标并可以穿透建筑物（掩体）实施精确打击时，城区内作战行动使空间压缩，令无法进攻者必败。

智能化和可视化的设备的广泛使用、新兴产业大量涌现、传统产业革故鼎新、人的生活方式与思维方式产生巨变，导致城市街道、建筑物等设施的变化日益加快，统计并存储的地图及相关资料更加容易成为无效信息。

城市作战特别需要熟悉城市变化的人的支持，由他们提供最实时的城市设施与社会生活的信息，才是相对可靠的。现代城市的信息化、民主化、市场化和自治程度与之前已经不可同日而语，城区平民中的中产阶级、宗教人士、知识分子等影响力不断增强。攻城部队不仅要尊重私有财产不可侵犯，还要尊重人的精神自由权和地区性文化。否则，无法避免的开放的公共舆论空间和广泛的公共事务空间将为自己制造敌人，而不是有助于消灭敌人。

但是，仅凭作战能力超强的先进武器，无法保证对城市的控制。城市作战仍然需要惨烈的巷战，完成对街区、社区的控制。尤其是随着战争文明程度成为判断战争胜负日益重要的标准，希望先进武器来取代人的想法是空洞的。战争仍然需要人来结束，先进武器仍然是人结束战争的辅助工具。

强大的军队通过摧毁城市来占领城市，聪明的军队通过消灭敌人来管理城市。因此，攻城应当成为从属于管理城市的一部分，是决定管理城市成败的前提与起点。

陆战之后的战争：新陆权秩序中的新陆战

大国如果将陆军投入至境外使用。远离本土的陆军将会遇到比海空军更大的风险，不仅来自军人伤亡对陆军行动能力的消耗，还来自于军人伤亡使政府面临国内政治、经济与社会风险 。

大国陆军由本土走向海外战场的过程中面临巨大风险。陆军不可避免地需要依托公路线、铁路线，如果其中必须穿越丛林山岳、高原草地，或者在城镇地区驻扎，陆军的机动则极易遭到破坏阻滞。因此，大国部署于海外的密集军事基地，表面上是大国塑造陆权秩序的支撑，但实质上不是陆权的根源，只是陆权的结果。

由军事基地、交通线等构成的陆地力量支撑，是衡量大国欧亚大陆陆权秩序影响力的标志。但在当今时代，大国之间快速融合和地区一体化大势所趋，军事基地所在地区和交通线，不再为任一大国所垄断独享，甚至为地区性或者全球性所共享，控制地域或者交通线对提高欧亚大陆陆权秩序影响力并非有利，甚至当大国力求控制基地和交通线的垄断权时，容易导致自我孤立，反而不利于地缘政治博弈。

军事基地所在国对主权独立、领土完整的诉求超越基地与交通线所产生的现实利益时，基地、交通线所有权的大国将面临着巨大的外交压力。这也从另外一个侧面看出：未来陆权影响力无法建立在经济控制与军事强势威慑基础上，而是建立在互相需要的共同诉求的基础上。

大国运用陆军的重要性便是战后之战的作用。战后之战的实质不是时间连接上的行动阶段区分，而是将作战与获得民众好感、信任的民事行动同步。

赢得民众支持的关键是陆军要尽量避免破坏当地民众生活直接相关的设施，并帮助当地恢复和建立比之前更加有利于民众的经济和社会发展的秩序。尽管这已经超出了陆军军事职能，但是陆军却是对非军事职责提供最大帮助的军事力量：比如抓捕破坏新秩序者、维护政府运转顺畅，督促和保障法律得以执行和遵守。

阿富汗战争、伊拉克战争说明陆战之后的“战争”容易成为大国陆军的能力窗口，也是陆军面临的更加繁重的任务的阶段。欧亚大陆腹地相继爆发政治动荡，导致因为政治制度不同，地区大国垄断石油供应的野心和地区内部历史积怨导致陆战的可能性已经降低，反民族分裂、打击恐怖和极端势力、制止大规模杀伤性武器扩散而引起陆战的可能性增加。这些原因所引起的陆战，其难点不在于开战，而在于开战之后，如何将民族分裂和极端势力所引起的陆战危害也就是经济凋零和交战的时间尽量缩短。因此，陆战结束，应以地区的经济和社会秩序恢复为标准，即只需要警察等民事力量即可维持，而不是如现有国际法那样以是否存在大规模对抗行动为标准。

当陆战由于防止大规模杀伤性武器扩散而爆发时，就必须以剥夺扩散大规模杀伤性武器者的意志与能力为标准判断是否结束或者继续进行陆战。陆军的作用不仅是控制和占领其关键设施，甚至还要彻底使国际威胁得以完全消除。大规模杀伤性武器扩散的根源，不是国际体系的结构性矛盾，而是某些实体的具体愿望，与世界主流发展趋势与进程不合时宜，陆军必须发挥“终极”作用。

快速战略决战：避免消耗和直击重心

陆军的作用主要是打击或者歼灭敌方地面作战力量和其他重要目标，从而实现控制与占领，最终为政治解决奠定基础。陆军作为地面战役、战术行动主要力量和辅助政治控制的重要力量，其职能定位将随着陆军转型而转变。

特种部队、高速机动力量投送手段、战场地理信息系统和跨战区的全球性指挥体系的出现，使陆军无需通过大规模兵力机动、部署和作战来实现战略意图。导致大量消耗的陆战将会被直击重心的陆战替代。陆军规模更小、灵活性更强，可以对敌人战争力量系统进行随机、可控攻击，既可打击其领导与指挥系统，又可以打击其战争潜力系统，还可以孤立其作战部队，每一击将直接产生战略性效果 。

陆军不再是海空远程作战行动的跟随者，而是平行行动的不可或缺的参与者，甚至是决战者。以往的陆军，由于机动与部署耗时耗力，后勤补给难以持续伴随行动需求，光芒常被掩盖。

当多个小规模的陆军部队出现后，已经不需要通过频繁的机动，先形成优势再战而胜敌，而是直接进行快速战略决战。快速战略决战不仅适用于大国间武装冲突和局部战争，更适用于境外遂行频繁的非对称接触作战行动。

快速战略决战强调使用具有隐身性的超强突防功能的陆军，通过规避远程雷达和外太空等侦察探测手段，通过达成战术突然性取得震憾性的战略效应。快速战略决战要求陆军不仅要规避先进侦察与探测，还应注重摆脱地形障碍和利用原来的障碍，出现在对方认为无法出现的时间与地点。

快速战略决战并不是全程使用，而是有选择性地使用，主要是快速占领要地、控制目标与设施。快速战略决战是多功能的，打坚固目标、装甲目标、空中目标、地表与地下目标，将火力、机动力与电子力进行高效协同，集各种功能于一体，既避免附带损伤，又可以通过精选目标从而实现高效的协同打击。快速战略决战的最大优势是速度与效率，要求陆军使用机动速度更快、持续保障能力更强、投送容量更大的单项平台与系统，便捷地从一个地方机动至另外一个地方。

精确化作战：信息优势转化为效果优势

如果打击精度提高，同样当量和基数弹药的毁伤效果会成倍增大，如果行动精度提高，同等规模和结构部队的指挥与保障效果也会成倍增大。精确化作战是未来所有军事力量行动的基本要求。大国运用陆军尤其要注重精确化作战，以避免人员伤亡过大、附带损伤过多、行动时间过长的弊端。

陆军实施精确化作战的基础是精确的信息获取及其运作流程。从海湾战争开始，指挥自动化系统从各种表现鲜亮的武器装备中脱颖而出，使包括陆军在内的所有军种参与的联合作战成为各国军队公认的基要形式。

大国运用陆军不可能使陆军仅仅通过地面信息系统来获取信息。陆军获取信息的首要来源是太空中的信息系统节点，如具有侦察监视、导航定位功能的卫星使陆军可以在作战时间划分与利用、感知战场态势、掌握作战节奏、与其他军种同步选择和划分打击目标等，这些信息能使陆军在各个方面实现精确协同，从而实现高效作战。

陆军是最容易造成民事方面附带损伤的军事力量。陆军实施精确化作战，对各种非军事目标与军事目标之间，同一目标的军事价值与非军事价值之间进行实时判断具有关键作用。陆军实施精确化作战也是剥夺对手精确化作战能力的重要条件。比如，陆军对地面信息系统节点精确突击，使对手丧失战场精确感知能力，从而难以发挥打击效能。

陆军有效实施精确化作战能使大国在战略、战役、战术多层次上保持灵活、主动地位。冷战及冷战之后，之所以未爆发大国间战争，是因为战略武器的总体平衡。但是，这个平衡是通过掩盖矛盾来达成平衡，而非解决矛盾达成平衡。当矛盾开始被掩盖，也就是开始积累时，大规模摧毁对方的意志均对等增长或对等下降。因此，解决矛盾的主动权取决于小规模作战能力，以蚕食对方立场，或者防止对方蚕食自己立场。陆军实施精确化作战可以令自己既可扩大打击范围，又可缩小打击范围；既可延长行动时间，又可尽快结束作战，从而在效果节奏上灵活，适度掌握强度与效率，使对手不敢过激反应。因为精确选定目标、手段和掌握节奏、强度，使自己的进攻少受对手制约，而对对手的反击，增加可供选择的余地。

精确化作战从政治和战略层面上是防御性的，而在战役、战术层面是进攻性的。陆军精确化作战需要太空与网络、天空和海洋的支援。因此，陆军实施精确化作战，需要以整体战略力量精确化行动为基础。但是，陆军精确化作战在很大程度上决定着战略力量的使用效果。

太空信息系统使许多人认为未来战争将首先开始于太空，而不是陆地。但是，如果陆军首先对位于地面的太空人员和设施实施精确化夺控，对方太空战力量便无法运用。太空、网络超越国界意味着陆地国界线的作用、功能产生变化。陆军实施精确化作战也是太空、网络超越陆地国界线的必然结果。空军和天军可以利用远程精确打击力量实施全球打击。但陆军精确化作战，却有不可替代的作用。因为“前沿”的消失，同时也意味着“后方”的消失，没有一处地方不可以发起攻击，也没有一处地方可以弃之不顾。

精确化作战可以使陆军减少伤亡。敏感的伤亡数字使之必须将直接威胁与间接威胁等轻重缓急的各种对手区别开。比如城市作战，由于“水泥”丛林出现、信息化监控成为城市管理的常态，陆军地面机动充分控制街道楼房间的依托与遮蔽作用，指望利用建筑物作为掩体躲藏的对手难以跟上节奏。尤其在夜间，强大的夜视能力扩大了精确掌握城市信息的部队的优势。

低空作战的优劣：陆军航空兵的强弱之比

突破原有战场意味着战术变革。直升机的出现使陆军战术不再局限于以地面机动为基础。只有大国陆军才具备低空作战能力。低空作战使大国陆军作战手段更加多样，进攻时可以从更远处发起，防御时可以有更多积极主动的反击手段。直升机使陆战战场的平面和纵深均大幅扩展。然而，作战手段增多，战术协同也更加复杂，保障任务也更加繁重。

陆军低空作战比地面作战具有更大的战场感知范围和更加快速的机动能力，可以在更远的距离上精确探测到地面目标，从而实现快速精确的火力打击；也可以以更快的速度从一个地区向另外一个地区转移，在指定战场快速形成火力、兵力优势。

陆军低空作战的劣势来自非对称对手。他们可以从越来越多的渠道中获得操作、携带和维修均非常便利的低空防空武器和轻型火器。陆军低空作战劣势的根源不仅是飞行高度，还在于直升机复杂的保障和有限的载弹量。因此，低空作战在进攻时，只能短促攻击，防御时，只能用于防范性打击，无法连续高强度作战。陆军航空兵部队分散于前线时，单架直升机或者小规模编队只能执行“短平快”作战任务或者保障任务。一支陆军航空兵部队只能在一段时间内仅参与一次重大作战行动，其余时间只能在驻地停留。低空作战容易出现能力薄弱的窗口期而极易被对手利用。因此，地面保障与支撑设施与人员等资源对于陆军航空兵而言，也许就是“阿喀琉斯之踵”。冷战结束以来，美军是使用低空作战最密集、最频繁的军队，直升机在海湾战争和伊拉克战争中因为故障坠毁或者因为友军误伤、穿梭在摩加迪沙街道的矮楼上空和阿富汗山地中时，更有着惨痛的经历。

陆军低空作战面临的威胁不仅来自地面的非对称性对手。虽然冷战结束使大国爆发直接武装冲突的可能性骤降。但由于直升机具有超常的快速机动能力、较强的对地面目标远程精确打击能力、一定规模的快速投送能力和便于直前观察与评估等优点，低空作战具有重要的战役战术功能，成为大国之间爆发直接地面武装冲突时的“急先锋”。低空作战进展顺利与否将决定双方武装冲突的初期态势，进而对冲突结局产生重大影响。直升机既是应对危机的利器，也是双方第一时间重点打击的目标，从而导致双方直升机均处于对方的严重威胁之下。

大国直接地面武装冲突中，发现、打击距离与反应速度决定着直升机的安全。

大国陆军与非对称对手作战时，陆军航空兵部队可能独立、分散、小规模地使用于火力打击和输送、侦察等行动当中，但威胁主要来自于低空防空兵器或者山地中的直瞄反装甲火器。当大国陆军直接地面武装冲突时，陆军航空兵部队如果独立、分散、小规模使用于夺控要地和驱离性攻击，那么很可能陷入被动与危险，因为在大国地面武装冲突中，双方均想把握控制危机局势的主动权，又极力避免危机升级，因而不可能在先期行动中便采取高强度的致命性攻击对对方重要和昂贵武器实施攻击，只会力争抢先对方占领有利位势和尽量减少人员伤亡。所以，在大国直接地面武装冲突中，陆军航空兵部队在争取速度的基础上，要力争集中性和规模性地使用。

这预示着未来陆军航空兵部队将集中到战略领导指挥机构手中，战役级指挥机构根据其授权来指挥陆军航空兵部队或者直升机行动。

有一种趋势认为，未来合成部队中，陆军航空兵部队将成为火力与机动突击的中坚力量，在编成内承担重要任务。因为合成部队需要确保可独立作战的垂直进攻和立体机动的能力。这样的设想是为了追求对立体战场的控制。但是这样的设想却限制了陆军航空兵部队快速机动突击以达成作战突然性的功能的发挥。

陆军低空作战意味着陆军的运用将摆脱以坦克、装甲车、自行火炮为主轴的传统协同方式，或者与自主克服地形障碍限制的无人化作战力量进行协同作战，甚至由低空作战独立构成未来陆军的全部作战行动。

陆军低空作战既可能是战略性行动，也可能是战役战术级行动。未来攻击型直升机与运输型直升机、侦察型直升机等专项功能将逐步融合为一体，低空作战将成为一个独立性非常强的行动模式。数字化指挥系统、精确侦察定位与火力打击系统、抗电子干扰系统、新型飞行动力系统（如主动减震、根据空气气流调节）、综合保障系统（电力供给、燃料提供等）融合后，高度集成的直升机既可与有人化作战力量进行数据链接而实现信息共享，也可与无人化作战力量进行自主协同。

制高点有迷雾：无人化作战真的可靠吗

当阿帕奇、支奴干和眼镜蛇等武装直升机在海湾战争中大放异彩时，几乎所有大国陆军都开始将很大的注意力置于陆军航空兵上。阿富汗战争和伊拉克战争又进一步巩固了武装直升机作为陆军王牌兵器的地位，理由是可以不受威胁地实施高速机动突击，还可以搭载有生力量进行具有战略价值的重要核心任务。

然而，大规模地面作战的可能性日益减小，大国陆军单独甚至联合行动进行非对称战争的可能性日益增大。地空导弹的便携化和高炮日益精确化使直升机处于巨大威胁当中。昂贵和复杂的技术保障、对机场的严重依赖导致的脆弱，使直升机的生存空间萎缩。大国陆军和作战对象以及战场环境发生新的变化，未来的制高点也应随之主动改变。但是，科技的制高点就是战场的制高点的铁律却仍然存在。

伊拉克战争之后，大国陆军从未进行过大规模地面战争。无人机对重点目标的实时精确打击能力和人员低风险的战略效应，使之成为继太空和网络兵器之后的又一个制高点。因此，人们又将陆军的无人化作战看作未来地面战场的制高点。

无人化陆战平台具有强大和全面的火力、侦通一体和攻防一体的信息运作能力、不受限制的机动力和适应不同强度的持续行动力。无人化陆战平台中的火力要素将是集传统坦克、火炮、便携防空导弹、近战武器于一体的组合体；信息功能要素将是能够使精确侦察和定位、实时通信、加密防护、智能化分析功能进行融合的全维网络；机动要素将是既能够依托现有公路、铁路和低空输送工具，又能自主选择路线和克服地形障碍；既能自我供能又能外接能量的动力与保障系统。

当人工智能技术不断发展时，未来陆军部队武器库中将可能井然有序地排列着各种新奇的无人化作战平台。然而，无人化作战平台可以完全替代有人作战平台吗？答案是否定的。正如电脑永远只是人脑的辅助工具一样，无人化作战平台仍然是有人化作战平台甚至是陆军士兵的辅助工具。因为大国陆军的作战行动不再支撑零和博弈，而是深受政治控制和国际法、道义约束的有限战争。无人化作战平台尽管拥有越来越高的智能化水平，但并不能代替思想和道德准则对人脑的影响。

未来的陆军无人化作战平台必须被置于人的指挥和控制之下。无人化作战平台和有人化作战平台的科学配置是未来陆军作战力量构成的主流模式。车载、机载和舰载的指挥控制系统和分散于各个地区的后勤与机动保障系统，以及有人操作武器平台和无人操作平台构成了未来陆军部队的基本框架。

无人驾驶车辆、无人操作的低空飞行器组成的机动与突击力量；无人化侦察与通信工具，甚至包括无人化导弹发射工具，可能成为陆军部队遂行作战任务的基本作战单元。这些基本作战单元具有鲜明的模块化特点，高度集成，拥有强大的杀伤力和战场适应生存能力，能够执行和胜任各种强度和样式的任务，既是大规模地区性战争的机动突击中坚力量，又是针对各种危机性事态进行快速反应和强力控制的首要力量。

然而，要使这样的作战单元能够执行多种任务，那么又会带来一系列弊端。“由于无人化装备的专项要求，当作战单元独立执行任务时，需要可涵盖火力打击平台、侦察、通信与指挥控制系统以及大量的保障装备，从而将作战、支援与保障等多种功能集成为一体。另外，无人化作战平台中的每个模块都是作战单元中的一个独特组成，与其他类型的作战单元互联互通时，需要大量通用的情报、通信等接口和软件”［根据实验表明，能够控制200平方公里的1个无人化陆战单元就包括了近400部（套）无人装备，这还不包括各类聪明弹药、无人传感器等。尽管未来无人化战斗车辆重量一般能够被控制在16—20吨之内，比现有中型装甲车辆轻70%，体积要小一半，但1个行动单元的所有装备和人员总重量达到了10000吨。况且，技术可靠性存在很大质疑。美军在研发未来无人化战斗系统中，运用了100多种新技术，关键技术多达31种，但目前仅有7种相对成熟］。可见，装备种类与数量将使无人化作战单元的行动受到极大制约，其能力短板和脆弱性也源自于此。

人仍然比机器更加可靠，也能够更加聪明地追求胜利。尽管机器在复杂的战场上比人能够更加高效地执行危险、动态、重复性任务，但机器导致的战斗力进步，仍然需要人不断增加控制与指导。

信息技术和信息系统对指挥的影响：战区指挥的适用性与局限性

信息技术和信息系统没有与全球性地理信息融合为一体，常规作战平台的机动与打击能力在地理要素上极为受限。因此，常态化的战区指挥机构应时而生。自从出现战区这个常态化指挥机构以来，世人看到的是无论大小战斗均由战区指挥直接指挥控制。战区指挥也承担着将来自不同军种的多种作战力量与保障资源进行整合以形成联合作战能力的任务。

然而，随着全球性地理信息和全球化进程推动各个地区之间的经济和社会融合，类似于X-37B、X-47B等可以进行全球性目标实时打击的兵器的出现，常态化战区指挥机构的价值功能也必将随之发生改变。

全球性战场感知系统使陆军部队能够实时感知战场地理信息、人文信息，甚至潜在和现实对手的信息，以更快的速度完成决策和计划。这样的结果就是陆军部队可以搭乘快速机动工具完成机动和部署，而不是如传统那样等待命令再计划和实施作战行动。

传统指挥的稳定性程度取决于通信的可靠性程度。由于通信技术的脆弱，机动指挥机构仅仅是战区指挥机构的补充。当通信的可靠性日益增强，那么在不确定性战场上，为更加快捷地完成战场感知和计划、机动与保障而实施机动指挥便极有可能取代未来的常态化指挥机构。机动指挥机构可以在很小的空间内对参谋人员、智能化辅助指挥工具进行科学分工，以制订、评估、优选各种应对复杂情况的方案，最终实时动态地应对战场变化，进而主导战场态势。

常态化战区指挥机构适用于信息技术和信息系统、机动和技术性能有限的局部战争，而不适用于未来碎片化的全球性冲突。未来的第一次军事冲突将导致覆盖全球的军事要素的联动。战区指挥机构囿于一个局部地区的弊端将在全球性冲突中凸显。

适应新陆权和新陆战建设新陆军

为了在残酷的国际竞争中立于不败之地，有的大国快速发展陆军，却使国库枯竭；有的大国快速发展，却无法应对接踵而来的各种威胁。欧亚大陆即将进入新的陆权时代，作为使用起来政治和军事风险最大、战略效能最稳固的军种，只能“攻城拔寨”的陆军已经不能适应未来大国维护利益、地位的需要。

陆军的建设发展方向：由适应性陆军转变为主导性陆军

在近几场局部战争中，空中战机和海上舰艇发展的精确制导导弹摧毁了大量地面目标，使陆军部队对海空远程火力支援的依赖，远远大于海空力量对陆军部队的依赖。这似乎造成这样一个印象：海空火力是“开路先锋”，陆军部队只是沿着海空远程火力轨迹的跟进者。这样的印象在大国间战争变得越来越难以爆发的背景下，导致很多人有意或无意地忽略了这样一个铁一般的事实：陆军如何扮演“终结者”将决定着战争的进程与结局，陆军如何扮演地区事务的“参与者”将决定着大国在世界陆权秩序中的地位与利益。

从狭义看，陆军部队在由多个军种部队组成的作战力量体系中，既是受支援者，也是实施支援者；在国家战略力量体系中，既不会是胜负的唯一决定者，也不会是战争胜负的“陪衬”。陆军部队需要来自海上和空中、外层空间的战场感知系统的支援，但对港口、机场、物资油料的护卫，使海空远程火力得以持续发挥巨大的毁伤能力；陆军与其他军种共用信息系统和分享，共同为联合指挥员指挥决策创造有利条件。

从广义看，只要与人类生活直接相关的自然空间仍然是陆地，那么陆军对危机事态的反应、塑造地区安全环境和政治秩序、彰显大国地位，具有不可替代的价值。欧亚大陆秩序的演变表明，依赖于所谓的非接触作战，只能将应当由战争来解决的问题遗留下去，而最终早晚会恶化至需要花费更大代价来解决的地步。陆军在近战中的火力、突然性、速度和陆军官兵对文明社会的责任感、专业技能和作战意志，将成为塑造欧亚大陆秩序最可靠的军事力量。

如果仅仅是所谓的有限斗争，那么远程精确打击足以震慑和惩罚，如果要想欧亚大陆危机与战争最终解决，从而形成一个新的秩序，那么仍然需要依赖于具备强大陆域夺控能力的陆军。

冷战时期，大国陆军准备在少数几个明确的地区爆发大纵深攻防作战。冷战后，随着大国地缘政治格局的稳定，危机性事态爆发不确定性日益加重。传统的战争和非战争的界限模糊，促使陆军在攻防作战、军事外交、维稳、民事行动等全方位领域必须有所作为。陆军不可能是单纯地只执行其中一项，在很多情况下将同时或者交替执行诸多任务。一系列复杂任务又使陆军力量结构需要重新分化组合，职能面临重新确定。陆军多能性和适应性的能力要求超出历史上任何时期。

陆军的核心任务是参加攻防作战，其目标是夺取、占领、控制具有战略战术价值的要地，迫使对手意志屈服。陆军在攻防作战中，必须要迅速灵活、有效地转换作战阶段和组合攻防行动，以保持作战锐势与灵敏性。

陆军进行维稳包括参与地区维和、平息暴乱、保护平民免受军事伤害。陆军进行军事外交包括参与国际联合军事演习和科研、学术、情报与军事技术交流。陆军执行民事任务包括救灾和法律援助民事行为等。陆军执行多样任务反映出大国在构建欧亚大陆秩序的信誉和地位。

因此，陆军应当由适应性陆军向主导性陆军转变。适应性陆军是根据对现实与未来的危机、战争的预判，使陆军符合应对危机和打赢战争的需要。主导性陆军是充分使用陆军不断形成的新型能力，在未来的地缘政治博弈和处理安全、利益事务方面占据主动。主导性陆军包括最大限度地优化结构与机制、探索释放新型能力的思想理论、试验和提高陆军部队战备与训练的稳定性、增加可用于直接战斗或者其他直前行动任务的作战单位等各个方面。

主导性陆军的能力包括快速反应与部署能力、对多种战场和对手的适应能力、精确打击能力、持续作战能力和战场生存能力等。这需要陆军在非战争时期，着重从思想理论、教育训练、力量结构、技术构成和后勤保障等各个方面进行创新重塑。

主导性陆军具有多重的力量结构，既可以控制危机事态，又可以快速夺取地面作战主动权和优势，还可以在联合作战背景下，对其他军种实施支援，以及承担起人道主义和军事外交任务。

主导性陆军是陆军作为国家政治工具的本质功能的体现。大国在欧亚大陆上地缘政治博弈中不可能脱离全球化大势，针对欧亚大陆出现的乱局，大国间难以形成直接武装对抗。相反，针对公共威胁，大国之间联合行动的可能性因素正在累积。未来的主导性陆军的显著特点与其说是多能性，不如说是平衡，即陆军的职能在应对现实威胁、争取现实利益与主导长远陆权秩序之间的平衡；陆军的能力在成为全维性联合作战重要力量与单独产生战略收益之间的平衡；陆军的行动在接触性作战与远程精确打击作战之间的平衡。

欧亚大陆东部和南部海岸对面的许多岛屿可能导致大国战争，欧亚大陆腹地从东南欧向东南延展至南亚半岛的广袤的斜长地域内又有许多大国共同面对的民族分裂分子、恐怖分子和极端力量的公共威胁，大国陆军需要根据事态的不断发展，调整在这些地缘政治板块中的存在。未来看，欧亚大陆的陆军部署的密集之处，将仍然是东亚沿海的岛屿链和中东、中亚。然而，大国陆军的密集部署并不是一成不变的，而是为保证未来的变化可能扩展或者收缩，以便迅速对危机和战争作出反应。

陆军的大量密集部署到底是现实和潜在危机、战争的见证，还是制造危机、战争的诱因？对于这个问题的回答，如果站在不同立场，则会决定着大国在建设和运用陆军方面，最终出现一支不同的陆军。

陆军质量优势的标志：应对危机与打赢战争的效率

有一个常识，陆军质量优势的标志是尽量精减的员额规模、性能良好的技术装备。如果我们被表象误导，这个常识将会伤害陆军。因为陆军质量优势的本质是完成各种任务的行动效率。

精减员额规模的实质，不是单纯地减少军人数量，而是增强凝聚力、职业素质、团队精神、社会责任感等能力素质，促使陆军深刻地融入文明社会。陆军质量优势的根基是提高陆军军人质量。

性能良好的技术装备的实质，不是单纯地提高武器装备杀伤力，从而以更少装备完成以往同等规模甚至规模更大的任务，而是使武器系统与指挥系统、保障系统结合，发挥出更大的系统效能。信息技术和智能技术令陆军最大限度地增加指挥跨度、减少指挥层级，指挥员可以比之前更少限制地行使权力，甚至可在必要时，为有效实施越级指挥删除中间指挥层级。

因此，如果仅仅将陆军质量优势表象化地理解为装备精良和规模精干，按照如此思路发展的陆军，只能应对较低强度和持续时间较短的武装冲突，难以成为大国树立威望、掌控兴衰之势的战略力量。

陆军质量优势的标志是危机阶段能控制事态、剪除根源，战争阶段能通过远距离甚至超远距离而强制对方无法持续行动。对危机控制越有力，对战局驾驭越灵活，陆军质量优势体现越明显。以前，陆军质量优势是着眼于打赢战争，而忽略在危机阶段占据主动的努力。全球化进程中，着眼打赢战争耗时长、伤亡多，导致政治被动，着眼控制危机则容易占据国际斗争的政治主动地位。

陆军质量优势反映出来的行动效率，不是简单地追求快速部署，而是编组、训练、快速部署和同步使用合适的陆军部队。大国陆军的所有作战对手均希望获得非对称优势。大国陆军需要长时间动员和远涉而至战场。所以，非对称优势的核心是全力缩短行动时间，使大国来不及使用陆军便达成目的。如果不成，便通过不断利用大国陆军的松懈、安全漏洞和先进武器系统的能力短板来寻机制造威胁，并使大国陆军难以发挥强项进行有效打击。

尽管大国陆军可通过兵力规模、武器系统数量来占据绝对优势。但随着战争持续，大国陆军也容易出现疲态。在战争来临的危机阶段，大国陆军如果对危机进行有效控制，便能获得相当大的战略收益。如果大国陆军仅着眼于打赢局部战争建设，容易导致行动迟缓，从而招致更多的非对称攻击。由此而知，陆军处置危机的能力是常态化能力，追求打赢战争的能力却是使危机得以遏制的有效战略威慑。

陆军质量优势应当具备以下三点标志：一是陆军独立遂行陆域作战任务是所有能力的基础。欧亚大陆事态爆发的不确定性，决定了危机事态在走向战争的过程中，大国难以有从容的条件和时间调集和组建合适的多军种部队。陆军必须具备陆域夺控能力优势，才能在危机初始阶段实施“关键一击”，从而有效强力控制危机事态。因此，大国陆军在利益相关区域，根据利益权重程度部署，至少准备有专项任务陆军部队，并有专门情报、通信和投送、补给力量体系。战斗地区常态化存在陆军部队，本身就是事前反应和主导局势的重要方式。

二是专项任务陆军部队保持稳定的前沿存在。专项任务陆军部队保持稳定的前沿存在，无需花费大量时间组织后勤保障，在危机初始阶段，便能够快速投入地面力量，对危机进行快速反应与有效控制。事实证明，临时组建陆军再实施投送，通常需要花费大量时间来保证陆军部队的编组结构与数量规模等，与投送能力相配备、与任务相适应。这反而损失了最宝贵的时间资源，很可能使快速组建而成的陆军部队无法跟上形势发展。

三是前沿存在的陆军部队能够与其他军种部队形成整体力量。陆军部队应当不仅能单独行动控制危机事态，还能通过先期反应，为组建大规模多军种、多个国家的联合军事力量，赢得相对充分的时间条件。专项任务陆军部队的情报、通信与后勤保障能够与其他军事、民事系统兼容。

现有陆军在机动、部署和作战时，对公路、铁路、机场、港口等现有的工业化设施极为依赖。被注入信息和网络技术的工业化设施，成为陆军完成机动、部署和作战的基础，当然也成为最易被人所乘的脆弱部位。未来陆军对现有陆军的超越之处，必定是能够使用军队和国家，甚至私营企业等资源和设施，完成全球性机动、部署和作战。值得注意的是，未来陆军需要可以利用军队和国家，甚至私营企业等的资源和设施，不仅意味着陆军的规模与装备需要走向小型化和轻型化，以确保灵活性和通用性，更重要的意义在于，陆军作战即使违背集中力量的基本准则，仍然能够形成关键地区的全局性优势。

全球性信息网络与交通体系、分散于各地区的非对称作战，使陆军作战必须遵循集中力量这一基本准则的时代一去不复返。分散机动与部署的行动模式，将促使陆军不仅要紧紧依托信息技术与系统、新式机动工具，还将拥有更加完善和持续的自我保障能力。比如，陆军作战部队可以自携水、电、油料和食物等后勤资源，或者以新的后勤保障手段，减少作战部队对后勤与装备技术的依赖，再或者大量装备通用化和标准化的精确制导武器，减少作战消耗需求并控制消耗速度。

全球化时代的必然产物：全球性陆军

全球化的一个重要结果就是危机爆发连锁反应的可能性剧增。战争由危机恶化蔓延而来的可能性大于直接爆发的可能性。在欧亚大陆上，一发不可收拾的恐怖势力、极端势力、民族分裂势力和大国间直接或者潜在的地缘政治对抗，令所有国家和地区面临着危机连锁危害的威胁。

减小危机爆发后危害的首要前提是陆军尽快完成先期部署，即便无法阻止第一危机爆发，也能以相对较小代价，遏止危机连锁形成。然而，单凭一个大国或者一个同盟的陆军既难以具备全方位应对危机能力，少数几个大国陆军亦无法通过合作应对危害超越地区陆地边界而波及全球的威胁。

一个危机爆发导致多个危机顺势而出时，陆军便需要具备全方位应对危机能力，对装备训练和信息保障、力量投送提出新的需求。全球性陆军应时而出。公共威胁层出不穷并向全球蔓延催生全球性陆军。

全球化步入信息时代，先进的陆海空立体交通、网络、无孔不入的新型全能媒体覆盖全球，恐怖势力、极端势力和民族分裂势力，甚至还有许多未显现的公害，有了便利的渠道和平台。

只要一个地区产生动荡，全球公害便难以阻止。一个或者少数大国即使拥有超强军力，当需要应对全球公害时，也会背负难以承担的巨大的财政、外交负担。全球性陆军的实质是全球集体安全机制的军事功能。

几乎所有大国矛盾、民族和宗教争端集中于欧亚大陆。全球集体安全机制的落实需要多国联合组建的地面力量。全球化陆军的职能应当从属于全球政治、经济、军事合作体系，当然，也应当成为全球政治、经济、军事合作体系完善与优化的重要推力。

全球化陆军的出现是全球秩序稳定的产物。最有可能破坏全球秩序稳定的莫过于一个国家在未获国际社会认可时攻击其他国家或者擅自使用军事力量。所以，全球化陆军是处于进攻态势下的防卫力量，防范全球秩序因为破坏国际认可的权利而遭到的威胁。

全球化秩序的构建过程也是国际社会民主与法制水平不断提高的过程。一旦国际社会认可的权利遭到破坏，如果缺乏对破坏者的惩罚手段与能力，全球秩序将无法稳定。

全球化陆军的使用受诸多道德的激励，也受着道德与现实矛盾的限制。如果某个富裕国家处于国际社会心理认同的边缘而非中心，但又与其他大国之间存在无法忽略的巨大的现实利益。一旦它破坏国际认可的权利时，能否受到惩罚便令国际社会陷入两难境地。

全球化陆军并不仅仅是基于公共威胁。共同或者相近的道德观、价值观、文化观、对全球秩序的共同取向，才是全球化陆军的根基。军事同盟，尤其是大国间军事同盟，大多“昙花一现”。历史上，只有那些文化观、道德观与价值观相同、相近的国家间军事同盟，联合军队才具有相对持久的“生命力”。否则，只是“临时搭伙”。在大多时候，即使是政治制度相近的大国间，也存在难以克服的地缘政治矛盾和历史传统，比如，冷战时期，戴高乐退出美国主导的北约军事体系和中国拒绝苏联的联合舰队的提议。

全球化陆军的构成基础不是同盟，同盟义务是利益诉求的反映。然而，全球化使孤立于大部分地区之外的同盟却有着与其他同盟之间存在强烈的利益和意志的不同，这在地区性事务中屡见不鲜。防止域外大国干扰，成为大国阻挡全球化最正义的“挡箭牌”。

所以，全球化陆军的最大障碍是区域性同盟的各自领域，这就是全球化进程的现实悖论。换言之，全球化陆军是具有全球化行动能力的大国军事组织，它并不需要所有同盟与大国同意，而只要获得大多数国家认可。

全球化陆军的现实前提不是大国地缘政治零和博弈的彻底消失，否则，冷战过后，便不会有大国单边主义抬头。冷战结束加快了全球化进程，各国利益共存融合，每个国家都需要在稳定秩序中获得实现经济繁荣的机会，贸易、金融全球化成为国际社会走向法治、和平的基本途径。一个地区产生动荡，很可能直接或者间接危及另外远端地区的贸易与繁荣。因此，全球化陆军的最高宗旨是维护国际法治，而不是冷酷的现实政治秩序。全球化的今天，全球性陆军依然是国际社会追求的“奢侈品”。因为它要受到所有参与国、政府、军队与民众的支持与监督，尤其是那些需要全球化陆军出现的地区更要获得当地民众支持，或者参与国民众的支持。

全球化陆军如何分摊经费、兵员、设施与构建组织、启动条件，与使用后如何减少作战行动的民事损伤、尽快恢复经济、社会发展，具有同等重要的意义。全球化陆军的价值体现在在某一地区使用完结后对地区、全球经济与社会秩序的优化，而不是使该地区始终处于动荡与重构当中。

因此，全球化陆军是出于主动构建而被动使用。主动构建是各国基于现实需要构建，被动使用则是因为危机致使。全球化陆军的多个参与国，需要获得国际社会的普遍认同，才能使其得到支持。全球化陆军得到集体安全机制的支撑，意味着对集体安全机制的完善与优化。因为全球化陆军并不一定是在国际组织职能范围内行动，这导致既有国际组织将出现新的变化，来适应各种军事力量的使用，如果国际组织面对不断变化的军事安全需要，那国际组织也有被淘汰的危险，为其他新的国际组织的出现培育了条件。

全球化陆军的基础薄弱，薄弱地使它看起来那么美好，带有些许虚幻的美好，但终将在人类历史中实现。

能力与职能的双重拓展：战略型陆军

自从美海军特种部队海豹突击队成功击毙本·拉登之后，战术级规模的小型部队的战略价值开始引起世人关注。规模日益缩小和重量日益减轻的陆军（大多数国家陆军也编制有轻型精干的特种部队），已经具备在先进机动工具和外太空信息设备支持下，独立遂行战略性任务的能力。

战略型陆军的出现并不意味着将专职执行战略性任务的陆军部队和专职执行战术型任务的陆军部队划定各自畛域。未来陆军的同一支部队在不同的地域，经过不同的支援与加强，既能执行战略性任务，也能执行战术性任务。因此，战略型陆军并不是相对于战术型陆军而言，而是代表着陆军作战行动和任务性质的变迁。

陆军行动战略性色彩越来越浓厚的原因主要有两点：一是远程打击能力增强。“陆军将和海空、空军共同具备全球快速打击能力，能在全球任何一个地点发起远程打击，打击另外任何一个地点目标”［2010年4月和2011年8月，美国空军先后进行HTV-2“猎鹰”超高声速飞行器的试验飞行；2010年5月和2011年6月，美国空军两度进行X-51超高声速导弹试射。2011年11月17日，继海军与空军发展全球快速打击武器之后，美国陆军成功地进行超高声速飞行器试飞，该飞行器于美国东部时间6时30分从夏威夷考爱岛太平洋导弹试射场发射，准确命中约3900公里外马绍尔群岛里根试验场的预定目标。这一远程即时打击手段的试验成功标志着未来陆军紧随海军和空军之后，越入全球性打击力量体系的“门槛”］。远程打击能力增强的直接原因是远程打击的动力技术和运载技术发展，但实质是各军种融合而成新战争力量体系和武装装备系统的必然。陆军远程打击能力增强，使之无须组织复杂的机动与部署，便可通过一次远程精确打击达成战略目的。当前，陆军远程打击行动只是范围极为有限的防空、反导、地面防护等次要性任务。全球性远程打击能力则预示陆军突破了传统职能的限制，职能领域更加多样。

二是国家新兴战略资源投入增多导致陆军战略功能扩展。陆军作战手段呈现出不可逆转的无人化、智能化大趋势，意味着陆军只有越来越依赖于国家层面的科技、社会等战略性资源，才能确保其可持续发展。传统的信息产业和工业支撑陆军发展，使之受限于国家整体信息化水平和工业规模。价格昂贵的无人化和智能化技术装备，不仅代表着科技力量，还代表着与之相适应的大量社会财富。在这种情况下，如果频繁地追求战斗胜利或者战术性效果，陆军建设的效费比将难以令人满意。

不同的路径产生不同的效果：技术主导抑或作战形态主导

对于如何建设未来陆军，始终存在着两种并行不悖的路径：

一种路径是为适应未来陆战形态来建设陆军。这种路径的起点是判断未来的陆战形态。欧亚大陆上的贸易与交通体系快速席卷各个“角落”，每个从城镇出发的人可以非常便利地到达村落，甚至与世隔绝的原始部落。当欧亚大陆各个区域被纳入经济和社会发展的整体时，大国陆军再也无法，也无须在力争预先准备的基础上，狂飙突进地实施大规模机动作战、野战阵地或者城镇攻防。代之而来的是在多样战场中，进行实时的、精确的、主要目的是控制与反控制的、众多小规模突如其来的遭遇战。

如果没有实时、精确信息支援，以装甲兵、炮兵、武装直升机为骨干的规模庞大的地空突击集群，即使能够快速到达战区，也很难派上用场，只能在有限区域内提供火力支援，甚至成为对手的“靶子”。遭遇战需要精干的作战分队，不断得到实时感知的目标信息和地理信息，在复杂和多样的战场环境中频繁机动和突击。

遵循现代陆战向当代陆战演变的内在逻辑，务实和严谨地分析其历史进程，从而可知，未来陆军优势不是预先部署和强力突击的能力，而是无须通过预先部署，直接在多个战场上，自主选择、利用各种地理、经济、社会等条件的能力。陆军将由全球化机动与部署的战略力量变成在全球范围内的要地进行常态化存在的战略力量。

当代大国陆军在全球范围内各个要地中轮换执行任务时，疲态和由此而来的低效饱受诟病，根源是全球性交通体系与机动能力的局限性。这种局限性使任何一支大国陆军都缺乏足够的能力控制每个要地，从而导致陆军部队总是以削弱部署与作战的灵活性、时效性和增大伤亡与消耗为代价，遂行控制和占领任务。

未来，大国陆军将极少单独作战，大多数情况下需要与至少一个军种实施联合作战，从联合情报支援到向作战地域派出地面作战力量，一种陆军部队不能适用于多种任务。如果未来陆军常驻于各个要地实时使用，将在全球信息感知系统、远程打击手段支持下，无须通过临时依托庞大的战区指挥体系变换指挥关系，也无须从遥远的其他战区内共同优化重组作战力量，就可以成为专职化地面作战的主体。但是，我们将如何思考、判断哪个地域为要地？敌人为什么要攻击我们重兵部署的“要地”，而不攻击我们力量薄弱甚至空白之处呢？如果未来陆军仅仅只是当代陆军发展惯性的必然，那么悲剧仍将“生生不息”。

另外一种路径是为颠覆现有及可预见技术而建设未来陆军。大国陆军因为大量装备坦克、装甲车、火炮、武装直升机等，从而具备了立体作战能力。公路、铁路、空中航线因为信息化社会和全球化经济的出现，暴露于敌我双方之中，出现了难以预计的软肋。大国陆军的强势之处也充斥着严重依赖于地面经济设施的弱处。漫长的高速公路上哪怕只有一小段疏于管控、哪怕火车站车辆调度网络出现一个故障，整个陆军都将可能陷入瘫痪。

未来陆军的发展基础是克服这些软肋的技术，而非按照现有技术惯性发展而来的技术。未来的陆军不依赖于公路、铁路和机场，就必须能够自主选择适应各种地形，甚至为适应在某种地形进行机动和作战，还必须不断适时改变作战平台的结构。按照这样的设想，“汽车人”“变形金刚”“蚁人”等只存在于科幻电影和儿童美术片中的角色，也可能出现在未来陆战中并大显身手。

未来陆军不需要依赖空天火力支援和信息支援，因为每个作战平台都将具备实时、精确的战场感知能力，聚焦于行动区域空间内的战场环境和目标信息，灵活进行信息共享，完成自主优化决策控制。

然而，这种陆军的劣势却显而易见，即无法识别极有可能引起道德争论的目标。当敌人与老人、妇女、儿童混在一起，陆军如何识别重叠在一起的目标信息，可能成为影响作战胜负的重要因素。无论何种年代，战争的主导者是人，信息都不可能替代人类的头脑。陆军也不可能在缺乏人类头脑的情况下，决定如何自我防护、自主机动和自选目标。文明程度不断提高，未来战场上的完美的目标识别和态势感知能力，必须建立在正视战场道德领域的基础之上。完全与人类一样拥有理智、伦理和情感的技术无疑是幻想，甚至是错觉。战场上敌对双方既不可能以完全相同的方式设定作战规则与行动，也不可能具有共同的道德认知。

无论哪种发展路径，建设陆军最终都会出现无法完全适用于未来的“瓶颈”。以现有的历史经验和逻辑，人类无法准确预知未来的技术与作战形态。因为即使单方面把握自身变化，也是一件超验之事，何况把握多方平时竞争与博弈、对抗背景下的变化。

但是，立足于技术或者作战形态，只重视一方而忽略另外一方的发展路径，体现出来的局限性，却互为反衬地印证了未来陆军正确的发展方向。

首先，未来的陆军必须融入整体信息系统，不仅能得到来自空中、海上、外层空间的信息支援，还能以地面目标感知系统为支撑。换言之，未来陆军发展的基础是独立和完善的全球性目标信息与地理信息感知系统。尽管信息不可能取代机动力、突击力、防护力，但独立和完善的全球性目标信息与地理信息感知系统，使陆军可尽可能地避免战场信息无法确定的近距离遭遇作战。未来近距离遭遇战的结局，不仅取决于陆军机动力、突击力、防护力，更加重要的是，取决于对目标与地形超前感知的能力与程度。全球性目标信息和地理信息感知系统完全可以通过预先储存与实时分发，使大国陆军在充斥着混乱与无序的城镇与复杂地区中实施遭遇战时，可以最大限度地阻止意外发生，而不是手握先进陆战武器却一厢情愿地“乱打乱撞”。

其次，未来陆军不能以损害火力与防护能力为代价，提高部署的实效性与灵活性。全球化时代，大国争端导致地面武装冲突日益减少、规模日益变小。大国面对的最大威胁来自无法确定的地区性危机与冲突。大国陆军装备的技术化程度与火力对于应对突发的地区危机与冲突，具有无法超越的意义。因此，有一个非常权威的观点，即三天部署一个营比三周部署一个师更加有利于应对危机与冲突。然而，事实真的如此吗？为保证快速反应，将轻型与小型力量高速进行投入危机或者冲突地区，往往导致更加激烈的危机与冲突，火力与防护能力的漏洞，往往成为危机和冲突制造者产生侥幸冒险心理的诱因。这种侥幸冒险心理极有可能造成无视轻型陆军的存在，从而攻击轻型陆军，导致危机和冲突失控、扩大、恶化。在信息快速直达全球任何一个区域的时代，拥有强大火力与防护力的部队直指危机和冲突地区，即使是完成实质性部署之前的外交宣示，也具有对危机和冲突制造者的心理巨大震慑作用。陆军的威慑能力往往和反应速度一样，能够引起危机和冲突制造者的重视，遏制其出现侥幸心理。当然，未来陆军并不应以牺牲部署与机动的灵活性，增强火力和防护力，而应更加重视在增强火力和防护力的基础上，缩减部署与机动所需要的时间。

轻型步兵和战斗车辆并不能够完全适应危机和冲突地域的各种情况，甚至还会受到各种人为约束，难以发挥想像中的作用。未来陆军必须有利于超越各种限制的部署，正如直升机超越地形限制但依赖于起降地域、坦克超越一定角度陡坡但却依赖于公路一样，未来陆军火力超强的同时，要么不受地理要素的限制，要么避免长时间机动与转换部署。这要求未来的陆军无须通过长时间地面机动或者大规模空运、海运抵达任务区域，即使是重型平台，也应具有克服地形限制的能力，并利用各种平台以决定性的破坏能力来控制危机和主宰局势。未来的陆军价值不在于远距离的机动能力和打击能力，而在于强大的火力与防护能力，即使这些火力与防护能力并不来自地面。

独立和完善的信息体系以及不受现有地形限制的部署与行动能力，决定了未来陆军如果仍然依赖所谓的远程投送，却无法具备全战场领域内行动能力，最终只能成为“能力稍强的警察保安队伍”。因为未来的陆军需要主导的不是远程作战，而是近战。当战场环境已经改变，大量轻型但却高爆性武器在全球扩散，如果不能在近距离作战中取胜，便可能导致因僵化的地面战术，而出现“大屠杀”。

未来陆军作战体系：设计能力先于一切

军队体系从来没有超前于技术发展。每一次军队体系巨变均起始于已知前沿技术注入军事领域。对技术进步敏锐而又深刻的国家和军队，总是走在其他国家和军队前面，主动变革军队体系。有人认为，美军赢得海湾战争经典地诠释了这一规律。然而，事实并非如此。美军在海湾战争中的速胜，不是由于先进技术注入军队而导致的结果。相反，先进技术注入美军是因为越南战争失败后的思想与结构变革而导致的结果。思想和结构的变革，令美军主动寻求创新技术，将其注入军队体系。一流的军队先设想未来作战体系，再根据设想创新技术。未来一流陆军的作战体系也应起源于针对未来陆战的设计而成，以作战体系构建作为创新技术的指引。

欧亚大陆经济一体化和各种文明交汇，使从太平洋西岸直到大西洋东北岸的广袤大地上，布满密集的陆路交通和沿海纵横交错的海上航线；信息时代的来临又出现了打破陆地和海洋疆界的网络虚拟世界。现在的荒山僻野，将来会变为灯火通明的繁华都市，成为开放的国际社会中的一部分。欧亚大陆上的信息、资本、文明、人员跨域流动加速，决定了谁主导建立在交通、能源和网络、文明交汇基础上的信息、资本、人员的流动，谁就掌握了构建未来欧亚大陆陆权秩序的钥匙。

交通与网络的不断发展，电子商务模式、立体物流模式、大数据等新兴的经济产业，将增强陆军在欧亚大陆范围内行动的灵敏性、通用性和可持续性。这不仅是因为新兴经济产业使陆军可能获得更快、更全的信息以及更加便捷的投送保障，还因为陆军可以依托电子商务、立体物流等新兴产业，高效地综合运用人力资源、物力资源和财力资源，催生出新的管理和建设模式，迸发出更强大和更可靠的新型作战能力。

设计和构建未来陆军作战体系将深深嵌入这一大潮流当中。以大国零和博弈为主题的陆权秩序中，国境边界线和势力范围的分割线就是陆战战线。密集的交通和交错的网络却打破了这些历史上泾渭分明的地理与政治限制，传统的陆战战线随之消失。当陆军可以自由地穿行于欧亚大陆时，设计和构建陆军作战体系就是为了大国陆军可以自由地穿行于欧亚大陆，将任何不确定的战线变成自己的“主场”。

大国战争，政治统揽军事。从国家的最高当局向下延伸到战斗人员，均必须专注于漫长而又可见的战线。工业化和信息化时代的双重技术背景共存，使陆战装备机动性能和信息覆盖范围必须适应广阔又互相连接的战场。因而，陆军必须保持高度集中统一的领导指挥体系，各个作战部队，甚至各个武器系统的所有行动均有赖于上级指令，它们之间的信息流程均必须经由上级中转和加工。战场信息和作战指令传递的每一环节，哪怕是一个细微之处受阻，都将很有可能致使指挥和作战行动产生混乱。广阔而互相连接的战场、脆弱的指挥与保障体系，促使陆军作战体系必须容纳数量庞大的人员和装备。

在军队机动能力和远程精确打击能力快速增长，交通和信息网络不断密集，未来陆战战场的碎片化等趋势反衬下，指挥体系高度集中、人员和装备数量庞大的陆军必将反应迟钝、行动笨重。因此，简化战场信息、作战指令传递流程、减小指挥和作战周期的新型陆军作战体系便应时而出。

当前的陆战的主要形态围绕立体战场的机动、突击、防护，胜负取决于能否迅速找到对方薄弱之处后，以灵敏的行动和精准火力实施非线式突击、立体机动和全维防护。未来的陆战的主要形态则是力争在对方尚未准备之时精确打击其关键之处，并非完全是对方体系的薄弱之处。未来的陆战需要尽量在远端进行侦测与感知，通过最快速度的直线性机动，一击而胜。因此，以前作为重要能力指标的防护性能的重要性快速下降。未来的陆战取决于谁能更快、更精确的进攻，而非防护。

未来陆军作战体系可以在自选的地点直接交战，而不必在公路、机场和港口等特定地点完成交战前准备后再投入作战。这样的陆军作战体系增强了时间利用率，使对方即使保持静态的火力与机动优势，也无法做好充分的准备，甚至在完成准备与展开前便被精确火力摧毁。当未来陆军可以随时随地发起攻击时，投入巨大资源的经济设施、交通体系、军事力量，不仅不可能成为国家实力的源泉，还可能成为国家陷入危险的象征。

在以精确打击能力和快速机动能力为主的作战体系中，精确打击能力的前提是作战体系内的各种手段对各自的打击目标能够进行精确定位和几乎自动分配。快速机动能力的基础固然是机械和空气动力技术等工具的不断涌现，但对于机动路线的自主选择与利用却紧紧依赖于覆盖全维战场的地理信息系统。

精确打击能力和快速机动能力的共同前提又是将各种目标信息和战场信息进行获取、传输与使用的优势转化为指挥优势，即先敌掌握战场、先敌确定目标、先敌投入战斗，使对方难以及时地发现威胁和准备交战，在每一次作战中都陷入遭到突然打击的窘境。

因此，未来的陆军作战体系并不是局限于存在于地面和低空的作战手段的组合，而是涵盖各个空间（陆海空天电网络和心理）的精确的火力、持续的机动力、灵敏的反应能力、高效的保障能力的集合。

未来陆军作战体系将是以信息技术和系统为基础的、将各种武器系统进行网络化联接与综合集成的、由作战部队与战场感知系统和投送力量共同组成的陆战体系。这种作战体系不仅具有机动突击能力，而且还具有战场自动感知和投送功能。作战体系内每个部队和武器系统都能够处理建制内的侦察、通信、打击和后勤等信息运作流程，还能够接收来自其他军种甚至是国家和国际组织的情报信息，可以在任何气候与地形条件下，采取不依赖现代化交通条件的机动方式遂行作战任务。无论是白天还是夜晚，无论是一维地面战场或者多维立体战场，作战体系内的作战手段可以自主选择和利用地理要素，既可以在各种距离以各种摧毁能力（精确打击能力或者概略打击能力）实施突击，也可以简化各种保障（如减少对燃料、消耗品、水和食品）资源的管理与调配来提高生存能力和持续作战能力，后勤“尾巴”更加短小，手段选择更加灵活、空间战场选择更加多样。

军事技术发展使作战体系的复杂性总是相对于单项技术数字级增长时出现几何级增长。复杂程度越来越大的作战体系导致的最为直接的结果就是成本越来越难以承受。成本的增加不仅包括生产各种复杂装备所需的日益庞大的经费，更加重要的是围绕复杂装备所需的操作、指挥与维修、生产的人员的重新培养。未来的作战体系包括新型的装备与新型的战斗人员。

新型作战体系难以获得实战检验，陆军作战体系中新成员取代老成员的可能性与现实性这一关乎陆军未来发展成败的问题，总是出现难以想象的争论。所以，新型陆军作战体系不仅代表着人们如何设计未来陆军作战力量的结构框架和行动准则，还代表着如何取代现有陆军作战体系。

新的作战体系的评估与测试不能遵照评估与测试现有作战体系的工具与方式。当新型作战体系的评估与测试工具和方式出现并确定之前。人们可以利用已经发生的战争的经验与标准来界定现有作战体系的短板，从而为探索、评估与测试新型作战体系寻求工具与方法。

从目前发展趋势而言，陆军无人化作战体系是一个显而易见的目标。然而，无人化陆战武器系统装备的增加，并不必然性减少陆军的人员数量，也不意味部队结构更加简单，因为无人化武器系统将可能需要更加繁杂的指挥控制、协调保障事务。

陆军新型作战体系中的规模、结构不是取决于陆军作战力量发展的惯性延续，而是取决于自身独立和完善的陆战场感知系统的性能。独立和完善的陆战场感知系统的性能决定了无人化武器系统在作战体系中的比重，也决定了作战体系的哪些要素将要应用于战场当中。

未来陆军作战体系的基础是全球性战场感知系统。没有全球性战场感知系统的支撑，无法感知敌人如何寻找和利用我们的弱点，更加无法感知和预判敌人行动。全球性战场感知系统不仅包括具备信息获取与处理、共享功能的信息系统，还包括作战支援与指挥控制系统能够实时获取不断变化的战场环境信息，也可以更快的速度选择最合适的部队来执行任务。为了保证陆军部队在全球性行动中所必须的持续性、灵敏性和全维性，全球性感知系统应当具有显著的开放性，能在不同军种之间、军队与政府之间，甚至国际社会之间实现互联互通。

全球性战场感知系统不仅根源于技术进步，还根源于陆军军种文化的改变。新的军种文化不应再拘泥于某一个军种内部而与其他军种形成心理藩篱，要求由内聚性转变为外聚性，成为战场感知系统由单一军种走向多个军种、地区性功能扩展为全球性功能的内在心理驱动。陆军文化代表的是所有聚合而成的军种力量，而不仅是地面作战力量的心理自觉。军种之间的融合并不代表着新型的军种文化自然而然地发生。全球性战场感知系统是催生新型陆军文化的关键载体之一，即陆军对其他军种负责也是对自己的负责，超越军种界限来实现互为一体的目标。

全球性战场感知系统不能从技术层面理解为多项复杂技术和工程的巨型集合。全球性战场感知系统的实质是争夺全球信息优势的所有技术装备和信息作战部队的总称。它在全球范围内，涵盖陆海空天电网心等全部战场领域，无论平时还是战时，抑或危机阶段，既可以常态化与特殊性搜集战场信息，又可以通过卫星电话、互联网和视频电话会议系统，为信息交流提供极为重要的信息共享，甚至还可以用于信息攻防和心理战。

全球性战场感知系统对未来陆军的首要影响是陆军指挥体系，而不是机动与打击手段。通用化程度极高的全球性战场感知系统使许多层级的陆军指挥机构失去了存在的必要，但是增加了这样一种可能性，即在通用化的全球陆战场感知系统的基础上，针对特殊、具体的作战需求，需要临时组成专职性极强的指挥体系及其所属作战力量。然而，每次都需要临时调整、补充或者删减指挥体系及其所属作战力量，却容易导致指挥协调的复杂性超出预计和控制能力。

基于全球性战场感知系统的指挥体系如果事事依赖临时组建指挥体系及其所属作战力量，将会对新型陆军作战体系建设造成极大的混淆和严重的错误导向。减少指挥层级的直接效果应当是简化指挥流程、缩小组建、使用作战力量的周期。

陆军部署并运用于全球，随之而来的是，全球性战场感知系统令陆军作战体系逐步扩容到空运和海运力量，以满足陆军全球性使用的需求。因此，“重量”是设计和构建未来陆军作战体系的核心标准。全球性战场感知系统和全球性机动体系决定着未来陆军作战效能，从而使陆军的“重量”成为决定如何运用各种新技术以确保在快速、灵敏、强力的基础上具备适应性和生存力、多能性。

陆军对“重量”敏感，是因为“主战平台的物理重量如果超过海运、空运工具的载重极限，那么陆军在远程机动、特别是跨越大洋进行部署和行动时，极有可能处于‘英雄无用武之地’的尴尬境地，甚至是危险境地”[“布雷德利”战斗车和“艾布拉姆斯”坦克无法用 C-130 和 C-141 运输机运送。因而，陆军行动能力在伊拉克战争和阿富汗战争期间饱受诟病]。

因为无人化装备和动力技术的发展，未来的陆军“重量”不再决定于突击性平台与部队规模，而是取决于为获得信息优势需要哪些复杂的信息系统。当前的信息系统主要由地面网络系统、雷达、卫星、先进通信工具、计算机等大量种类繁杂、性能各异的硬件设施（设备）组成。由于各个军种分割独立，即使是一体化信息系统也无法保证将需要共享的信息以适当的方式实时传送至重要的使用单位。陆军减轻“重量”，就必须使陆军各类作战平台与信息系统直接联通，从而减少专用设备与设施的数量与重量，简化陆军装备体系，降低维修与保障、可持续使用的成本。陆军的“重量”优势，其实质是提高快速反应能力所获得的信息优势，而不再是选择车轮还是履带、坦克重量、火炮件数以及部署小型战术分队的比例等问题。

快速机动、快速反应、精确打击的确是未来陆军作战体系的显著特点，但并不是未来陆军作战体系的独特优势。信息技术和精确制导技术、机动技术并不是陆军的独有。陆军独有的、不可替代的独特优势，是从一个地区迅速投送到另外一个遥远的地区，进行决定性的战场控制。如果将精确制导技术、信息技术和机动技术，比作陆军巨人的头脑和重拳，陆军的投送力量体系正是他坚实的双足。危机时期的陆军能否反应快速，投送力量体系的反应效率具有决定性意义。投送力量体系因此成为未来陆军作战体系不可或缺的重要组成部分。

投送力量体系决定着投送速度，但庞大的投送力量体系容易出现防不胜防的安全漏洞，尤其值得特别关注。

当大国陆军极为依赖投送力量体系，而它又可能在任何时间遭受任何方式的威胁时，指挥与后勤的巨大负担，使陆军即便进入战区，也难以持续展开行动。因为信息化社会和商业体系使任何军队的投送力量体系广泛暴露于公众视野，众多既定战场设施随时可能严重受损。投送力量体系的安全决定着未来大国陆军能否直接获得来自相对安全地区的支持。

大国陆军在欧亚大陆上强大的投送力量体系，不仅是快速反应的基础，更是陆军部队在联合作战背景下获得决定性优势的关键条件，对大国解决危机和打赢战争的方式、代价产生重要影响，最终将决定大国的地缘政治影响。

投送力量体系不仅包括军事机动和输送工具、部队和领导机构，还包括政府、民事、商业投送手段和机构。投送力量体系好比运输公司，陆军部队好比赶时间的乘客。大国的空运和海运、陆地运输都是庞大、复杂的实体性国防资源，时刻面临着来自网络和其他方面的各种不确定性威胁。然而，构建和运用投送力量体系的效率是确保合理和足够的陆军部队迅速通过战略投送和战区内机动对事态进行反应。

主要由涵盖远中近距离的精确火力打击和机动突击系统、全球性战场感知系统、投送力量体系构成的未来陆军作战体系，拥有先进的技术及其工程系统。但是，核心仍然是作战体系的驾驭者：陆军军人。只有陆军军人在不断变化的力量结构中，能够熟练和灵活地操作武器系统，才能在陆战场上将精确与实时指挥、远距离预警侦测与通信、实时精确打击等作战行动实现有机融合。未来陆军作战体系象征着陆军作战力量的新纪元，但不是某一个历史发展阶段的终结。未来陆军作战体系仍然是开放的，完全可以吸纳新的力量要素和技术要素，成为一个开放和具有自我更新能力的作战力量巨型系统。

未来陆军的核心能力：战略反应和战略控制

全球化使大国的新博弈呈现出来的新的特点规律决定了欧亚大陆陆权秩序演变是由地区动荡导致，并非大国实力地位变迁导致。“危机—武装冲突—局部战争”的递进式动荡决定了未来大国陆军的核心能力。

无论是某个大国、政治集团，抑或是国际社会，扼杀危机于爆发前的代价和风险，总是远远小于危机爆发后；快速控制、扑灭危机的代价和风险，总是远远小于卷入战争（即使最后赢得战争）的风险和代价。因此，在决定未来大国在欧亚大陆地缘政治地位的诸多因素中，陆军主动防范和遏止危机的能力是核心的军事因素。

传统的大国陆军，进取精神体现在在战争中如何进攻或者在防御中如何反攻。未来的大国陆军，进取精神体现在如何将危机扼杀于爆发前的萌芽状态。大国陆军的战略反应能力决定战争胜负，战术反应能力决定危机管控。

未来大国陆军的核心能力，基础为战略反应能力。海空军远程打击能力的发展，使传统的大国陆军，经常只能在危机事态或者战争征候已经迫在眉睫时作出被动应对。未来大国陆军需要从对危机、战争征候的超前预知和快速感知开始，主动进入敏感任务区域或者瞰制任务区域和实施机动部署。

因此，战略反应能力的首要标志是先期行动与心理优势。冷战结束后，欧亚大陆上层出不穷的公共威胁、民族分裂事件、大国地缘政治博弈，已经充分说明了，大国在危机爆发后面临的最大政治、外交、经济风险和代价就是，不得不在高危环境中使用陆军进行伤亡率极大的地面作战。陆军常常被动应付危机事态，大国任其恶化为不可预知结果的武装冲突和战争。

大国拘泥于外交宣示和临时指令将很可能错过最佳时机。陆军实施战略反应的首要一步就是先期占领和控制战略要地，包括关键地域（能源聚集区、交通枢纽）、政治和经济中心等。先期占领和控制战略要地，将主导后续行动开始的时机和节奏，使对方被自己“牵着鼻子走”。更加关键的是，大国将利用陆军的主动使政府、民众的心理占据主动，从而迫使对方决策层和民众面临不确定性的未来，增加了其错误判断形势的可能性，使其无法根据既定计划行事。

先期主动是战略反应的关键标志。大国间地面武装冲突和局部战争通常追求“短平快”，反民族分裂战争、反恐战争亦尽力避免长期消耗而增大人员伤亡。陆军如果迅速完成对要地的占领和控制，将使对方难以决心实施攻击。因为大国武装反击使双方均难以承担风险，民族分裂势力、恐怖势力的报复又意味着弱者地位暴露无遗。这样的军事结果将很可能产生超出预期的政治、经济和外交效应。

先期主动并不是战略反应的全部。战略反应的最终成败取决于能否消除威胁。首先，大国陆军的战略反应需要孤立对方，使之无法获得来自陆上、海上或者地面作战区域外的支援；其次，通过信息作战、心理对抗等削弱和瓦解对方抵抗意志，或者破坏对方指挥系统，甚至使对方武装组织开始内讧，出现溃不成军的迹象；最后，通过后续火力打击和兵力突击摧毁对方的抵抗。这三个步骤并不一定单纯按照时间排序，也可能按照效果排序。任何一个单独步骤很难达成期望结果，只有多措并举，效果才会持久。

大国陆军的战略反应包括从基地准备直到完成作战行动任务的全程。在这个极为复杂的过程中，必须具备两个基础性能力：一是信息能力，二是部署能力。

信息能力主要是大国陆军对现实和潜在的战场信息进行动态掌握的能力。战场信息不仅包括任务区域内的地理、人文和对手信息，还包括基地至任务区域内经过扩展的战场环境的信息和可能的威胁性因素。信息能力的强弱取决于能否在危机和战争爆发前充分累积，而不仅仅是在危机和战争爆发时刻的临时收集和分析，尽管这一环节也是信息能力的极为重要的组成部分。

欧亚大陆的地表上拥有全世界最丰富、全面和复杂的地理要素。在民族宗教矛盾交织、大国地缘政治博弈背景下，陆军需要基于核心和敏感任务区域分布，从政治、军事、经济、社会、基础设施等各个方面，对现实和潜在战争信息进行收集和分析。陆军在平时不仅与其他军种共享信息，还应注重与国家政府部门、国际非政府组织、国内社会组织甚至族群部落等实体进行跨机构的信息交换与采集。随着能源贸易体系的扩展和一体化市场的形成，欧亚大陆已经成为世界上城镇化水平发展最快的地区，平时累积的信息落后于危机事态或者战争形态的可能性增大。大国陆军信息能力的关键是平时情报力量体系的构建和战时信息手段的使用。

为提高战略反应效率，平时情报力量体系的构建和战时信息手段的使用应当满足于基本作战单位甚至单个作战平台的需要。然而，规模庞大的陆军中，只有相应层次的指挥体系才具有独立的跨部门信息能力，限制了基本作战单位的情报搜集与分析能力。基本作战单位的指挥员如果无法实时掌握任务区域信息，基本作战单位和需要快速反应的武器系统便难以实时产生最大化作战效能。

欧亚大陆危机事态和战争形势充分说明了，基本作战单位必须获得具有联合性空地网情报力量体系的支撑，整合远程监视和人力情报系统，多种信息手段并用，才能在复杂的任务区域中，实时、全面和精确地感知战场态势。

部署能力是大国陆军从在基地战备、训练状态转向在作战任务区域内实施作战行动的能力。随着各个大国的利益全球化，威胁其境外人员、资产安全的因素开始全球流动，部署能力将直接决定陆军能否成为大国重要的战略力量。

大型运输机、大型运输船舶和蓬勃发展的商业运输力量，推动了跨国和洲际交通体系快速扩展，公路、铁路和飞行航线，甚至环绕临海的众多港口在欧亚大陆上正以前所未有的速度密集涌现，军事开始和民事、商业力量产生深度融合，大国陆军可采取的机动方式更多、更容易获得交通、补给、信息等方面支援，可以更加便利地依托军民通用设施，建造固定和临时基地群，有了更大的空间和更便利的手段来应对意料之外事态，从而在各层次与领域展开联合或者单独行动、提供军事援助等行动，强化国家的战略地位。

但是，交通体系和商业发展，使大国陆军得到越来越强大的至关重要的支撑的同时，新的、可能更加致命的“软肋”也开始伴随而出。大国陆军比以前更加依赖现代交通、商业体系和先进机动工具，大国陆军需要保护的基础设施太多，面对隐蔽游动的威胁，容易应接不暇。

庞大的规模和庞杂的装备，使陆军完成战略部署需要在广泛地域内进行大量复杂的调度和尾大不掉的保障。欧亚大陆上多样的交通设施和机动工具，大型深水港口、大型机动和承重能力超强的桥梁公路、铁路等位置明显的固定设施，特别容易遭到破坏。另外，陆军频繁使用它们，往往无密可保，主要战斗装备的部署意图和最终目的地非常容易判断。由于它们需要定期的耗时维修和保养，并为了确保部署速度，人员与装备分开投送，打乱作战单位的建制，当到达任务区域时，又需要重新统配作战单位，使部署通常需要消耗时间，导致陆军部署的组织指挥程序非常复杂、保障任务繁重，难以快速反应。当网络信息系统成为管理交通和商业的基础时，网络的脆弱也造就了陆军的脆弱。因此，大国陆军部署能力的基础是关键要地、关键设施的控制能力。

陆军作为欧亚大陆上控制危机事态和打赢战争的终极工具，应当成为将军事行动化为政治目标的“直通桥梁”。尽管存在着科索沃战争那样通过空中打击迫使一个国家接受政治条件的先例。但是，叙利亚内战和伊斯兰国的崛起却说明了陆军仍然是大国使用军力达成政治目标不可或缺的力量。因此，陆军的核心能力不仅包括针对危机和战争的战略反应能力，还包括战略控制能力，即巩固战略反应取得效果的能力。

当对手无力进行规模性抵抗时，陆军便成为保护平民、基础设施的最有力保障。因为陆军能够可持续地辅助建立新的政治机制与法律、发展新的产业和市场、革新当地的人文精神，使民众在一个稳定而充满希望的社会中生活。

每当欧亚大陆面临地区性政治动荡风险时，民众最大的诉求就是稳定。稳定也是欧亚大陆经济健康发展和避免政治秩序遭遇颠覆而产生动荡的基础。如果民众无法预见秩序的稳定，经济停滞导致的不安全感将充斥整个地区，陆军所有行动将遇到不可预计的阻力和风险。维护地区稳定既可能需要保护既定秩序，也可能需要在动荡中塑造秩序。

陆军战略控制能力的实质是令民众相信其代表着稳定与所需革新的能力。陆军不是、也不应该成为社会秩序的主导者、公共事务的专职协调者、民众生活的专业服务者和政府机构的领导者。然而，陆军却必须具备稳定社会秩序、恢复公共事务和帮助政府机构、与民众进行良性沟通的能力，它们与陆军控制危机和打赢战争的能力同等重要，其要旨在于能够服务民众、帮助民众，构建民众希望的持久的稳定与繁荣。尤其是出境行动时，大国陆军需要影响当地民众和第三方民众的态度，从而为国家的全局性利益与地缘政治战略创造、培育和重塑有利条件。

时髦无法超越实用：模块化的利弊

当陆军总体员额持续减少但任务越来越多样、通货膨胀和科技发展导致装备采购成本提高但装备体系越来越复杂，当信息技术和系统将各个专业兵种联成一体但专业越来越细化时，可以灵活增减和拆装各种专业作战力量的部队编成模式，便开始大行其道了。模块化编成使指挥员可以灵活使用各个专业兵种力量，根据任务实际需要有的放矢地组建作战部队。另外，各个军种实行集约式领导管理，也需要根据不同的能力需求，优化结构和减少重复建设，提高质量效益。模块化也因此成为陆军建设的一个非常时髦的词汇。

模块化似乎遵循着集约、灵活、多能的规律，将主要装备、人员、作战分队通用于所有陆军部队，以减少陆军规模，使小规模陆军基于任务而优化催生“1+1 大于 2”的效果。然而，模块化部队迄今为止从未在战场上予以实践。通过旨在试验部队协同能力的演习无法验证模块化的实际价值。因此，不能置陆军遂行任务的现实于不顾移植概念。

欧亚大陆上各种不同地形、不同文化背景的不同战场中频繁出现的近战，要求针对不同战场和对手的专职化陆军，而不是适应所有战场的通用化陆军。因此，模块化部队必须限制在区域性程度之内，否则节省下来的费用无法弥补陆军部队适用性削弱的代价。

模块化部队意味着同一种类陆军部队可以全球范围内广泛使用，但却无法实施独立使用。因为模块化部队能够实现小规模部队之间的高效协同，也能够使作战保障、后勤保障更加集约，但却存在一个致命问题：有限的部队大范围内广泛运用，需要不断变换作战支援和保障，将投入更大、更多资源来支撑其广泛的行动。模块化部队的广泛运用导致了无法独立作战而陷入“孤立”。任务种类越多，专业兵种和专业人员多样性和合成性越强，作战保障与指挥功能的相应需求增多，收集与处理情报、通信、火力支援、后勤保障等的特殊性需求同步增多，这正是模块化无法企及的功能。

模块化部队只能适用于规律特定的部分战场的短促行动任务，不能成为未来陆军的主流建设模式。任务转换要求部队规模和结构转变，行动复杂性必然增强，作战保障和作战指挥需要完成以往只有更高一级部队及其指挥机构才能完成的作战保障与指挥任务。这些任务使指挥权力特定的指挥员无法胜任。模块化使部队过于依赖建制外支援、保障，难以针对专职任务进行针对性极强的快速反应，也无法适应广泛多样的战场环境。

模块化不可能适应基于不同任务环境和对手威胁而灵活组建专职部队的设想。模块化部队的基础是通用的信息网络系统，有独特的专项任务和相关任务的信息获取和处理能力。在此基础上，模块化部队的核心是归类建设，即按照军队整体规模、国家安全和利益需求，对专职化部队赋予任务型模块化结构，只有执行相似任务的部队之间才能被注入“模块”，使在特定、专项任务区域内，灵活快捷变换结构与部署，增强部队的适应性，而不是使之承担过多任务而疲于奔命。

模块化部队不仅意味着遂行相似任务的各个部队间，装备、人员、编制的通用化程度，还意味着与各个层级指挥机构与指挥系统、不同军种甚至不同的国家的军队之间的兼容性、适应性、多能性的增强。因此，模块化部队应当成为联合作战背景下作战要素和保障要素的提供者，不仅可以独自行动，接受自主权较大的委托式指挥，还可以在联合作战体系内实施作战目的高度统一的集中式指挥；遂行任务时可以根据任务区域不同、行动阶段不同、对手变化而获得加强或者兵力转隶，保持模块化结构灵活性的持续作战能力。

模块化部队在结构调整时，无论原地增减或是转移部署，均应当以减少对现有交通和机动工具依赖为重要准则。如果装备过重或者过多，依赖制式机动工具和特定标准的公路、铁路、机场与港口才能进行机动调整部署，模块化部队将会因为组织指挥与保障程序的烦琐而行动笨重，无法具备应有的快速反应能力。

模块化部队需要具备一定的独立遂行后勤与装备保障任务的能力，或者减少对保障资源的依赖，以运用最少资源获得最高效能。比如专职于城市或者复杂山地地形中作战的模块化部队，需要具备立体机动能力，尤其是需要具备破除地面障碍能力，以增强在复杂的城市地形和山地地形中的适应性。

模块化部队独立作战能力的基础是独立的信息运作能力。独立的信息能力不是由外而内，而是自下而上地在建制内获取、搜集、处理、利用和分发信息的能力。模块化部队的所有主战装备不仅应当可以自动接收包括外层空间、海上、空中等信息系统提供的作战信息，还可独立获得作战信息，尤其是当任务区域发生剧烈变化、关联区域内的地形和威胁处于未知情况时，模块化部队可以拥有独立的侦察、监视能力，并根据任务区域变化不断优化作战力量结构。

海湾战争、车臣战争、阿富汗战争中，陆军表现出来的最大能力短板是需要经过长时间和环节烦琐的指挥、保障程序才能进入任务区域，而后又难以在短时间内形成规模性火力，精确打击坚固目标（尤其是机动能力较强的坦克、火炮等目标）。换言之，陆军部队尽管具有日益增强的火力、机动力、信息力，但必须在无安全威胁下才能从容展开作战行动。

模块化部队应当在联合作战背景下，即使面对较强的远程精确打击威胁，也能在展开作战部署时具备防空、反导、电子对抗和信息攻防、地面火力打击和兵力突击等能力。然而，模块化前所未有的合成性和融合程度，使每一级指挥机构面临的指挥对象都“麻雀虽小但五脏俱全”。多种作战要素组成的具有完整作战功能的作战单位，指挥协调事务呈几何级增长。模块化部队通常需要频繁地转隶内部各个作战单位甚至各种作战要素，不同的作战要素或者作战单位经常配属到不同的模块化部队中，指挥员在不同阶段均需要面对陌生的指挥对象，也面临着陌生的信息环境和对意图理解的差异。另外，一个作战单位如果要具备独立作战能力，作战要素就必须全面而又功能互补，容易导致指挥机构复杂和庞大、指挥关系复杂繁多。因此，独立行动能力增强的模块化部队，对指挥人员素质要求是革命性的。

独立行动能力增强的模块化部队，对作战力量结构也产生了新的挑战。机动突击要素与保障要素之间的比例必须协调，既具备强大的精确火力，又可随时获得支援保障。模块化部队很可能因为强调独立的合成性作战能力，以损害机动突击能力为代价，增加保障要素的比重。因此，陆军的模块化不是追求无所不能的、通用的模块性力量，而是追求专用的基于任务的专项组合。比如山地、地市、丛林、沙漠等各种战场上均有各自的专项任务部队。

未战先胜的思想优势：超前设计任务环境

冷战时期的大国陆军，虽然面对的对手和战场相对明确，但强大的美军在越南和强大的苏联红军在阿富汗的窘境，却证明了越强大的军队，越容易在面对“难入法眼”的对手时陷入“泥潭”。这也反映战争史上经常被忽略的一条规律，无论技术先进与否，在对方熟悉或者在双方均不熟悉的任务环境中行动，胜算要远远小于在自己先期便熟悉而对方相对陌生的任务环境中行动。因此，历史上总会出现一支装备精良、训练有素的陆军却派不上用场的悲剧，导致几代人心血和巨大国帑令人扼腕痛惜地“打了水漂”。根源在于没有预见或者错误地预见威胁和对手的变化，从而按照旧的任务环境来建设陆军。

欧亚大陆上的大国陆军需要应对的威胁复杂多样，既有来自全球性霸权国家、其他地区性大国或者它们代理人的陆上威胁，又有恐怖主义势力、民族分裂势力、宗教极端势力等威胁。

恐怖主义势力、宗教极端势力产生的国际公害在影响欧亚大陆腹地的同时，大国之间因为领土争端、国际地位竞争导致的地缘政治博弈，决定了大国陆军面临的任务环境，既有一马平川的地形，又有险峻复杂的山地，还有刚刚开始走向现代文明的城镇。在多样的任务环境中，陆军适应和主导任务环境能力，决定着陆军作为国家战略工具的价值。

冷战结束之前，大国陆军的主要对手是明确的，即其他大国军队。未来大国陆军却无法从多种多样的对手中，准确界定谁为主、谁为次，容易导致陆军走上错误的道路，需要时却派不上用场。面对多种多样的对手和威胁，大国陆军的能力无论怎样突出，如果缺乏有针对性的建设，将像迷失于沙尘暴中的游客一样，不知道沙尘暴从何处、在何时而来，不知道如何躲避，军事被动而致使国家付出巨大的政治代价和经济代价的惨痛教训在未来仍然会上演。

实践证明，要使陆军建设产生巨大的战略效益，必须使对手的思路要跟着自己走，这是陆军建设能力的思想优势。建设未来陆军的思想优势最终体现在能够根据自己选定的时间、地点和方式进行作战，而不需要总是去适应威胁和对手变化，被它们牵着鼻子走。

主动权起始于有的放矢地设计未来任务环境，最大限度地减小未来行动时面临的不确定性、最大可能地避免在完全陌生的战场上或别人熟悉并占据优势的战场上行动，最终增大自己的胜算。

战争迷雾使任务环境复杂。双方两股活的力量的对抗使目标信息和战场信息难以获取。信息技术与信息系统只能在少数几个大国军队得到普及，任务环境的复杂性却来源于非对称性作战：弱者总是尽最大的努力抵消大国陆军信息、机动、远程精确打击优势。

未来欧亚大陆上的非对称性作战尽管与传统大国军队对抗相比，有显著的全新特点规律。但是，非对称作战的本质却仍然是人类社会内部竞争与对抗的行为方式之一。尽管先进的信息技术和信息系统，使大国陆军凭借快速感知地理要素、目标信息和战场信息的信息优势，总能够比对手更加高效地控制任务环境。然而，有一个不争的事实是，因为对手无法在大国陆军熟悉的环境中挑战它，大国陆军未来将难逃陌生、多变的任务环境产生的困惑。

欧亚大陆是全球政治和经济事务最复杂、地理环境和民族国家最多样的大陆。当大国之间的共同安全与利益诉求剧增和共同实现经济繁荣成为国际关系主流模式时，也同时伴随着日益激烈的新型战略竞争。围绕地区事务的话语权、自然资源的控制权、经济规则的制定权、意识形态的主导权而进行的大国新型战略竞争，使大国陆军任务环境的种类、构成急剧复杂，产生了比历史上任何一个时期都要快速的变化。按照原有的逻辑来界定任务环境的地理范围、文化特征、行动准则，决策者和指挥员的视野与判断力将会模糊得难以履行职责。即使获得最强大信息能力支援的大国陆军，也必须适应充斥着诸多不确定因素的任务环境。

因此，超前设计任务环境，不是对某个可能成为战场的地区进行改造或者外交和军事准备，而是以新的规律和逻辑来前瞻可能的任务及其执行任务的方式，并为之准备力量，在出现复杂和不确定的威胁时做到有备无患，即在平时就着眼于避免将大量时间和资源用于机动、调整部署、保障、目标侦测等非直接作战行动，形成随时随地地遏制危机苗头、一露头就打等未战先胜之势。

只有超前设计任务环境，才能使未来陆军根据前瞻作战任务，将新型装备技术需求、结构规模需求作为新的标准来牵引作战理论、作战原则、作战计划，优化教育训练，最终形成良性的作战能力演进机制。否则，陆军发展只是为了适应对手的被动努力。被动努力只会导致始终跟踪对手发展，将思想的主动权拱手相让。超前设计作战任务环境，却可以集中精力形成自我优势，令对手（无论是现实或者潜在对手）努力适应自己。按照此种方式来发展陆军，即使没有投入到作战实际，当对手看到其装备、训练、结构和指挥等方面具备新的、无法适应和应对的能力时，也可以形成足以令对手忌惮的优势。

超前设计任务环境决定未来陆军的建设目标与方向。冷战结束，美国陆军将任务环境由东欧平原对抗苏军转变为在全球危机地区应对地区冲突，从而使美国陆军将轻型、精确和全维作战定为未来陆军的建设目标，“砍掉了已经花费大量人力、物力、财力研制和装备的先进重型坦克、火炮、车辆，甚至直升机”[其中最典型的是，美国国防部在2002年5月砍掉了价值达110亿美元的陆军“十字军战士”自行榴弹炮合同，2004年2月又终止了已经投入750亿美元研发费用的“科曼奇”直升机发展计划]，大力发展轻型轮式车辆。美国陆军的轻型化和精确化、分散化的确摆脱了冷战任务环境的约束，并在阿富汗战争和伊拉克战争中证明了重新设计任务环境从而改变陆军的关键作用。

陆军建设优势来自于对任务环境变化更加敏感与前瞻能力更强的一方。超前设计任务环境使陆军避免先判断威胁再进行“压宝赌博”式的建设模式，也有利于避免为追求理想化“无所不能”而使建设资源大量使用于应对未来无法出现的威胁。陆军必须承认既无必要、也无可能具备应对所有威胁的能力，应当将资源用于关键技术、关键能力塑造，及时大量采用新型技术与思想，形成新型的结构、规模，培育新的能力。

未来的陆军文化：先进国民性、理性、创新

军事文化是国民性最强烈生存意志的集中体现。军事文化随着国家实力地位和战略意志变化而变化。即使是传统上的弱国，当不甘心于受人支配和主宰时，克制主义也会演变甚至是剧变为激进主义。有人说：“你如果想了解德国，就必须抓住这样一个事实：德国，特别是普鲁士，是一个倒立着的金字塔。牢牢埋在地里的塔尖是普鲁士士兵头盔上的尖铁，一切都是由它托着的。如果人民不特别谨慎，总有一天这金字塔会倒下来，毁了它本身，连

带还要毁掉许多其他东西。如果你能弄懂这金字塔是怎么倒下来的，你就已经开始对德国有一点了解了。”[H.W. 斯梯德：《三十年间》，第1卷，伦敦：1924年版，第28页]这样的话语虽然指向的是德意志民族历史上的血淋淋的军国主义传统，但也从一个侧面反映了一个陆地强国的军事文化对于国家命运的影响。

铁血尚武与残暴无情总是在丛林法则横行的时代里，成为穷兵黩武的民族文化中的一体两面。工业革命向信息革命演进的时代，随着物质力量井喷，民族取代王朝之后，又被现代国家制度取代。穷兵黩武和大规模地面残酷交战时代已经远离，深深地根植于国民性当中的军事文化，如果不创新、不变革，那么军队便是守旧的代名词与落后者的守护神。

文明前进并不意味着不需要强大的军队，相反，现代国家制度的不断完善与优化、民族自信心与全球性战略视野，都离不开军队的形象及其体现出来的道德标准。所有大国的军队均集聚大量民族精英和世俗权威，更应当成为国民性的道德表率。所以，军队的形象和道德标准对塑造新时代国民性具有重要的导航作用。

从世界大势看，世界和平的动力由大国一致转变为多种民族、宗教与文明共同存在。军事力量的使用准则日益受到国际法理和国际社会的道德规范的约束。建立在尊重宗教与民族传统基础上的军事行动，才能获得预期的战略效益。大国尽管在日益强盛的军事实力和不断扩大的军事行动中占尽优势，但如果以缺乏追求道德标准的军事文化作为支撑，那么将会使遭受巨大的灾难，而不可能获取巨大的利益。

人类生存空间的唯一载体是陆地。历史上的大国战争，最终的角力场所是陆地。只要人类仍以陆地为基本生存和从事精神活动的场所，陆地便是战争手段终极作用的空间。陆军应当成为最直接、最明显体现国民性的军事力量，也应当是推动文明前进与传播先进文化最重要的军事先导力量。

国民性是陆军的文化底蕴。陆军如何发展不仅取决于国家的战略诉求和军力结构，还取决于国民的文明程度、实干精神、革新精神和竞争精神。先进的国民性使陆军发展找到正确的道路。全面衡量效益、风险和代价，不断更新技术装备和优化力量结构、教育训练，构建完善高效的领导指挥体系，推动实施集约化保障等，实质上只是国民性在军事领域内的外在反应。

国际社会和国内社会文明程度提高的显著标志是随着民主化程度越来越高，道德与民众呼声对国家制定军事政策和从事军事活动的影响日益增大。作为与政府和民众接触最为紧密的军事力量，陆军的一切必须首先符合国际法理与国际社会的道德规范。陆军文化的伦理色彩变得更加浓厚，民众的道德认同感成为未来陆军行动准则。

近代以来，信奉丛林法则的国际社会造成大国陆军的滥用，不仅毁灭了大量物质财富，更在无形中摧毁了道德观念，也摧毁了自我的社会道德认同。未来，陆军应当成为国际社会和国内社会文明程度提高的助推力量。陆军文化应当根植于承担维护社会文明进步的责任，而非冷酷的实力政策。因为冷酷的实力政策最终造就的是不可理喻的狭隘视野。

“忠诚和服从是最高的军人品质，没有它们，军事职业就不可能存在。”[Samuels·Huntington：The slider and the State.Belnap Press of Harvard University Press,1957.P73] 对尚武、纪律、忠诚、荣誉的极致追求是世界通则性的军事文化。尤其是陆军，忠诚和服从的程度和历史渊源远远甚于其他军事力量。但理性却并不是普遍的军事文化财富，它只是少数军队在少数历史阶段的个别财富。

历史上的所有战胜国，其国家的军人形象十分崇高，尤其是军官的道德规范超越了军营，成为整个社会的道德标杆，被民众所效仿。而在所有战败国家，军人道德信仰失落，精神无所寄托，六神无主，抑或对一切抱冷漠态度，致使其高贵的社会地位荡然无存，此时，整个军队便会遭到饱受战乱之苦的民众的指责和蔑视，甚至被视为罪犯。

然而，战败却容易使军队在沉思中重新发现自己，国家和军队将何去何从。而战胜却容易使军队自认为是完美的化身，拒绝接受新的进步与开放，反而成为守旧思想的坚固堡垒。任何一支军队都必然会面临胜败，理性的军队无论胜败之后，自身自觉反思的同时，也会推动整个国家和各个社会阶层开始反思，以迎接国家和社会新的生存与发展的挑战。

理性将使陆军得到幸运女神的垂青，使之在失败之后的迷茫、困惑时，如何寻求新的正常轨道，在胜利之后的自豪、自满之时，如何寻求新的进步之路。人类社会文明程度提高的历史进程，其本质是人类个体在容忍不公、制造不公时丧失人格的生物体，变成具有独立思考、强调自觉保护权利与履行义务的公民。这一进步通过理性地反思历史确定未来方向，使历经失败和屈辱的民族，在沦为道德和精神废墟边缘时，图存力量发挥作用，最终克服软弱和封闭；也使取得辉煌成就的民族，在站上历史与未来的制高点时，谋求新的奋进与开放。

陆军的理性文化根植于民族的思辨特性。文明进步使陆军理性文化可能处于矛盾性增长的过程中。一方面，从以服从命令为天职的职业规范看，军人可以以“执行命令”为自己战败或者接受有害于社会文明进步的命令开脱。惟命是从成为军人最好的“护身符”。另一方面，社会文明程度增强使所有人，包括军人对于盲目执行上级命令，甚至成为卑躬屈膝的奴仆的心理，产生越来越大的反感。战争虽然是暴力行为，但无孔不入的现代媒体和全球化推动的文明交汇进程，使暴力行为反而越来越容易唤醒良知，“由事后反悔变成事前防范暴行”[以德国为例，战后对德国战犯的审讯中，许多人激动地谈到他们及其战友们在执行第一次屠杀任务以后的震惊和良心感到不安。许多悔悟的军人纷纷出庭做证，揭露纳粹暴行，表示“要清洗自己，同过去决裂”。统一后，德国社会中出现的纳粹复辟的倒流现象，军队给予了坚决的打击和抵制。德国联邦国防军陆军总监赫尔穆特·维尔曼致信各部队的指挥官，强调说，“国防军绝不容许极右势力的存在”，必须迅速而果断地制止极右势力制造事端。信件公开后，德国国防军士兵一致表示支持]。

尚武精神总是容易被异化，是因为整个民族处于信奉军事狂热当中。正如一战之前的德国，几乎所有人人认为：“可以用流血的方式获得的东西，如果用流汗的方式得之，未免太文弱无能了。”[塔西陀：《日耳曼尼亚志》，马雍、傅正元译，北京：商务印书馆，1959 年版，第 62 页]作为军人职业操守的尚武精神变成民族性的战争狂妄。理性的作用应使尚武精神受到道德的驾驭，而不是任由尚武精神受到玷污。

未来的文明社会中，陆军军人首先是“着军服的国家公民”，以良知和责任感来支配尚武精神。其次，陆军军人应当具有献身精神，以纪律为生命、以工作岗位要求为修身之本。献身精神并不意味着漠视生命。战争巨大的破坏性令耗费了巨大资源与作出巨大牺牲所获得的世界文明脆弱不堪。如果战争目的的崇高性被剥夺殆尽，无道德制约的战争将不仅使军人无谓牺牲的可能性大为增加，也使平民的牺牲和资源的浪费变得无以复加。未来世界的主流是建立在经济与文明共存与交汇基础上的和平、自由、民主共同体。从道德和个人情感上接受理性的尚武与献身精神，并且内化为自觉的行动，是未来陆军文化的基本特质。

陆军应以优良的专业素养和明确的社会责任感来赢得尊重，以适应现代形势的需要。每个国家的军队都是国家机器的一部分，然而军队并不孤立于社会体系之外。尤其是陆军与社会结合最为紧密，如果没有与文明程度相适应的文化，陆军军人作为个体的道德价值和本身的权利，也不可能获得来自社会的尊重。如此，陆军便仅是由一个个携带武器的工作人员组成的机械集体，而不是现代文明社会的不可或缺的一部分。

陆军军人要符合现代文明社会进步需要的品德、才智、献身精神和责任感，不仅取决于社会发展的环境熏陶，更关键的因素在于创新型的陆军文化，使陆军军人总是能够富于远见地面向未来的文明社会、未来的战争形态，从而塑造高度的责任感、献身精神和专业素质。

新型陆军的表象是全新的技术装备、设施和人员，本质却是为主导未来战场而在理论、技术装备、教育训练、结构、职能、领导指挥、作战计划、后勤保障等全面重塑，其中的核心是军人。

科技发展使未来陆军将急剧扩充工程师、后勤人员、情报分析人员等关键“能力倍增器”的人才队伍，导致指挥员、士兵等直接参战人员规模缩减。陆军职能将更加广泛，任务区域更加多样，承担更大的责任。除作战之外，还有相当的外交与民事责任。然而，高度专业化的陆军军人无法短期内培养，一旦危机或者战争爆发，再来培养大批专业性人才，为时已晚。因此，要建设一支规模持续稳定、训练有素、战备程度高的陆军部队，使之能在平时完成各种基础和高级训练科目、在战时能够完成各种不同强度的行动任务，就需要产生一整套鼓励创新的陆军文化，使陆军部队能以新的能力适应新的专业训练与管理、新的战场与任务。

如果陆军文化无法为陆军的未来服务，便成为陆军前进路上的“绊脚石”，而非精神动力与智力源泉。因此，陆军文化创新的障碍既可能是陆军军官们丧失独立思考的空间，也可能是陆军军官们无法领会陆军存在的真正价值而“自由”思考。前者使陆军军官是毫无自知地一味迎合，后者使陆军军官难以洞见未来，对陆军可能的任务、发展趋势作出毫无逻辑基础的结论；前者使他们盲从，后者使他们盲动。这两种的共同点是僵化与保守，固定于一种思维方式，从而阻碍生成新的思想。

如果陆军内部没有不同意见、没有出于专业角度的讨论，不可能有科学、严谨的论证。陆军与其他军种、国际国内社会之间分享经验与构建相同的远见，可以获得更多发展机遇。因此，陆军文化的创新不是简单地肯定或者否定，而是建立在“开放”基础上的注重小心求证的心理自觉。

陆军文化创新的核心是使陆军成为一个学习型组织，即形成陆军军人，尤其是军官将院校培养学习与职业规划、在职培训等紧密结合的激励学习制度。激励学习制度的目标，不是仅仅学会掌握已知的知识和技能，而是培养在未来履行未知使命时对任务环境的适应能力和主导能力。未来，战略层次的行动战术化将成为未来地面作战不可逆转之势，陆军作战的战术目标往往关联国家战略全局。当多军种在多个层级进行联合作战时，陆军军人不仅要善于发挥本级平台的作用，还要具备战略视野来建立团队、沟通意图、培养信任以及指挥作战等新型能力，并且以国际和文明交流的高度来争取国际社会和非政府组织、民众的支持。另外，城镇化成为欧亚大陆经济社会变化的最突出特质之一：各种信仰、文化程度、肤色和职业组成的社会群体在城市群中重新分化组合；网络对人类生活的渗透，使战场与民众生活场所高度混合，军事专项设施与民用、商业设施频繁交互，社会的法制化程度提高，使现代媒体无孔不入，民众舆论左右的信息环境对作战行动形成强力制约。陆军再也无法用传统的逻辑和法则，判断敌人、朋友和中立者。在这种背景下，陆军军人如何适应并主导未来的任务环境，将取决于陆军军人在多大程度上将学习的重心，置于未来的本领和掌握新兴能力而非现实技能上。

智能化陆军

每种新兴技术方兴未艾之际，往往是敏锐的政治家、军事家抢先推动建立新式军队之时。人工智能技术迅猛发展，智能化军队令人耳目一新地出现在地区战争和大国军事博弈精彩纷呈的舞台上。全面注入前沿科技的新式军队是一件奢侈品。智能化陆军只能由具备独立人工智能技术资源和产业资源的大国建立。

比智能化更高层次的思考：科技革命与大国军队

技术革命无法理性地选择在合适的时机、以合适的方法来推动。这种完美主义的态度不是科学探索精神，其实质是固步自封。技术革命的直接动机通常是解决现实问题，而非长远规划。一旦技术革命端倪显现，说明时机已经到来。

军事革命的过程是军事技术革命推动作战力量结构、作战方式产生革命的过程。它并不是以某一次令人震惊的、颠覆之前历史经验的战争为开端。所谓的“令人震惊”和“颠覆之前历史经验”的战争其实只是军事革命的结果和成败标志。

对某一次战争感到震惊的军队意识到军事变革已经产生时，上一次军事变革很有可能已经结束，新的一轮军事革命已经不知不觉地开始。

真正的军事革命，总是“润物细无声”地改造军队甚至是改造国家与国民的。

高调地宣布军事革命的军队，往往是僵化地模仿者和失败的“邯郸学步”者。

真正的军事革命者超前地设计战争，落后的模仿者被动地适应战争。

当前，民主政治、市场经济、公民社会、信息技术造就的无孔不入的现代媒体，出于利益的驱动，抑或出于道义的驱动，抑或出于政治的需要，均将近几场战争中那些令人震惊的作战手段与作战方式、战争的残酷与血腥、战争双方强弱对比和先进与落后的对比、影响战争结局的外交动作等战争的一切展露在全球面前。这足以说明军事革命导致的战争性质、形态的革命也成为科技革命、政治革命、经济革命、社会革命的一部分。

未来，科技革命的方向是地球的任何一个角落均能实时看到或听到另外一个任意角落的图像与声音。战场已经没有防区内外之分，全球性战场已然形成。政治革命的方向是全球性民主化运动，战争不再是大国地缘政治博弈式的组成部分，而是不同政治形态、文明体系之间的争斗的组成部分。经济革命的方向是自由贸易与自由市场不断扩展，战争不再是对市场、能源的争夺，而是为了稳定全球性经济体系。社会革命的方向是民权扩展、个体权利与义务界限分明。战争不再是以摧毁为手段，而是以控制和传播法治、民主精神、确保社会和谐为指引的。技术革命与时代革命将走向何处。这是今天大国军队必须考虑的问题。

人工智能技术的兴起与人的主宰者地位：现象与本质

奇点大学校长库兹威尔预言：“到2045年，现有生物体意义上的人类消失。”也就是说，未来社会将由机器人与人共同构成。如果这个预言成为现实，未来人与机器人之间中谁主谁次？人与机器人是否会融合为一个新型的生命载体？

如果这些问题无法得到解答，人的主导地位将会受到质疑。如果人的主导地位受到削弱，完全有可能认为人工智能将超越人本身。事实真会如此吗？

如果人工智能超越人，那么在智能抑或体能远胜于人的人工智能，将随时剥夺人所拥有的财产、生命、追求幸福等天然权利。也就是说，人工智能将会奴役人。

人是人工智能的缔造者，也人生命本身的孕育者。这二者均是人类文明进步的标志和动力，但本质却是不可同日而语。前者是制造工具，后者是繁衍后代；前者是宏观的利己行为，后者是微观的利他行为；前者是外化人体物质器官功能，后者延续伦理的权利选择。任何科学都是人的行为与思考的复制与延伸。科技进步的本质是人本身的进步和自我超越，而不是人的本质的颠覆。

在作为一个生态系统的地球中，只有人才是工具与目的的高度统一，其余一切皆为工具。从这个角度看，地球的主宰者永远是人类。科技发展使人对自然界的掌控能力越来越强。人工智能技术仍然从属于人，是人掌控自然界、包括掌控自身能力增强的标志。

人区别于其他动物和植物的界线是能够在自我意识支配下理性选择事物，即设定改造所有一切的目的。目的的不同反映着自我意识的不同。人作为个体具有不同的自我意识，催生出人类社会中“你我”之分，从而导致始终贯穿理性、伦理和本能的争利、划界、分群、合作等反映、代表社会特征的行为。自我意识作为精神活动的基础，“你我”之分体现在主观设定目的的差别，从而驱动人产生思维。

人的思维包括形象思维与逻辑思维，前者对应直观，后者对应理性；前者实质是对实物的感知，后者实质是对实物的改造。实物是指环境中能感知的一切：声音、图像、数字、文字、人、物品、地形、天候、地理与社会等。

人工智能是模拟人的思维的技术，是以对人体和所在环境的感知为基础的思维物化的功能载体，即以感知实物为基础，确定行动目标和方式，行动规划、计划、推理、计算。人工智能技术是人已知客观逻辑与思维逻辑的外化。因此，从本质上看，人工智能技术研发出来的机器并没有智能，只是使用人类已知、已有逻辑的工具。

既然人工智能是对人类思维的模拟，人类思维的原理就是人工智能技术工具的工作原理。人类智能贯穿于“感知—判断—反应—理性”全过程，通过语言、情绪和行动来表达。建立在经验与天赋基础上的人类洞察力与行动能力，无法脱离情绪、道德伦理等主观意志影响；建立在数据与程序基础上的人工智能技术，摆脱了情绪、道德伦理等主观意志的影响，将各个不同的人的个体经验与天赋、思维逻辑进行“提纯”式抽象、去异，快速识别与计算、推理。但是，人工智能的目的由人决定，其功能模式由人设定。因此，人工智能无非辅助、替代人进行感知、判断和决定、行动的工具，本质仍然是人的经验与天赋的拓展，令外部世界与人脑直接相连的介质。

人的局限性反映在智能化工具的设计方面。因为任何人即使可能想象到人体目前还没有发现的功能，但却无法明确这些功能是怎样运作的。人只能想像器官功能的延伸，却不可能想象人脑不涉及的情感与伦理，因而无法将没有经历过的人生阅历研发并运用到行动模式。智能化工具只是增强了人作为生物体已知的部分功能，而不是已知的全部功能，更谈不上具备人体不具备的功能。

自我意识是对人作为生物体的本能的超越。自我意识的改变首先是行为目的的改变来引导行为方式的改变、区分差异与寻找同性的不断往复。人的自我意识随着阅历改变而改变，智能化工具没有也不可能产生自我意识，即使有人类本能的充分反映，也不可能对意识进行优化。人工智能技术不具备生物特性，也不具备人的自我意识，只是功能的复制与延伸，本质上是人同步改造自然界与自我改造人的工具。

人最可贵之处是个体独特个性而非生物性共同特征，人工智能技术制造的机器人无个性。人的个性培养是因为大脑每天需要面对许多新生事物与进行新的环境认知。当重复性低、创造性高的领域日益广泛时，人工智能技术工具作为模拟人脑功能的产物，只能亦步亦趋地跟随人脑而被动感知新生事物和进行新的环境认知，它只能基于经验与已存逻辑，而非对未知的前瞻。

人类历史进程是思想革命、科技革命、经济革命和政治革命周而复始的螺旋式上升进程，也是技术工具—社会文明不断周而复始的循环前进进程。人工智能作为技术工具，同样也将反映原有和推动现有的社会、经济和政治形态。

人与机器的差异将导致人与机器的矛盾。机器人基于标准的程序，而人并非基于“标准”的程序。如若机器人具备人的自我意识，即使机器人是按照人设定的模式行动、思考和释放情感，人也很难对机器人实施指挥控制。表面看，技术发展使高级机器人愈来愈难以控制，但实质是，人越来越难以认识到自己到底有多大的潜能来激发科技与智力进步。每一次技术进步与革命，都将反推着人类深化和扩展自我认知。人工智能也使人来深化和扩展对自身思维的研究，寻找人类思维的局限与潜力。

人工智能技术发展促使人更加准确与深入地发现人脑的结构、运作原理来完成信息—知识—经验的不断往复循环，从而有利于人优化知识探索、提取与扩展思维方式、优化情感，充分释放与扩大理性的质量。

人工智能技术激发了思维的革命，重构了思维与信息的关系。以前的人类思维是建立在信息基础上的理性，而未来的人类思维则是创造情报的基础。通过人工智能技术，人可以快速阅读历史经验、实时行动，形成大数据。而后，新型人工智能技术工具可以基于大数据，以人脑无法企及的速度预见风险，甚至在风险出现之前，扼杀风险源头；或者以人脑无法企及的远见卓识发现机遇，超越所有人类的经验来制造机遇。

这种可能性使人随着技术的发展开始程序化、标准化地生活、生产，导致人工智能技术的发展使人变成了技术的受控者，而非控制者。然而，程序化、标准化的生活、生产背后，却是生活、生产更加便捷和有效，并非颠覆人的生活、生产主体地位。这是人借助人工智能技术反映和推动思维变革的标志。

人的主体地位越突出，思维革命趋向便越强烈明显。人的思维革命体现在自主学习和预先判断风险方面。自主学习与本能的区别在于确定目的，而非不加选择地进行感知与理性思考。

人工智能系统的自主学习能力，是在对实物感知和判断后的确定行动目的的能力，而非行动方案。目的是否合理实用是人工智能的先进与否的标志。因此，人工智能的自主学习的逻辑是非常规的，而不是基于常规的设定。自主学习的最终目的使学习主体成为原理的高效使用者，更是创造性使用的革新者。预先判断风险的能力是将尽量广阔或者尽量缩小产生直接威胁的环境进行可视化、语音式呈现，并将威胁的程度与性质进行排列，甚至优选出应对方法。

智能的差异体现在从感知到行动的全程中。毫无疑问，人工智能技术的代差是机器对自身、对所有环境的感知，当然，还包括人。机器人对语声、图像、实物的感知，再自主确定行动目标和方式，只是人工智能初级阶段，高级阶段的是机器人拥有想象力和逻辑思维、系统思维甚至识别伦理、情感等能力。因此，人工智能的最高级阶段，是将人与人的交流转化成机器人之间在语言、动作、目标和思考、情感等各方面的交流。机器人拥有社会性特点才是人工智能的最高境界。

如果站在人类社会的角度，宇宙、地球的整个生态系统均为人类社会享有的天然资源，也是人类社会需要面对的天然风险，其中包括毁灭的危险。人类社会前进是一次又一次突破既定和现有的“疆界”而达成。正如自然界疆界在人的自主意识造成的思想空间一样，人类社会的最终疆界在哪里？人工智能技术的发展，是否会使整个生态系统出现比人类社会更加文明的生命与文化系统？随着人工智能技术的发展，这个问题的回答越来越多样。

智能化陆军的作战优势与全面影响：颠覆 OODA 规律、推动部队结构优化、改变战争规律

按照博伊德的理论，在更短时间内完成“OODA”周期的一方更加容易取

得胜利。这样的规律适应于双方都能掌控战场的战役、战斗。然而，在伊拉克、科索沃、阿富汗，当美军战机在对方根本无法触及的距离上发射精确制导武器时，对方缩小“OODA”周期的努力毫无意义。一味追求反应速度，反而丧失了对战场的整体掌控。

近几场局部战争中，非对称的空战、海战和大规模地面机动战的出现，使博伊德的理论似乎只在城市攻防中得到验证。然而，未来智能化陆战武器系统的自主作战能力使“OODA”仅仅被设定为一个程序而已。智能化陆战武器系统在巷战中直接与有人化部队交战，后者的“OODA”根本无法企及智能化陆战武器系统。如若智能化陆战武器系统之间在城市中对抗，“OODA”对抗理念也只有在双方对等透明的情况下适用。智能化、可视化等信息技术的演进，正是为了防止对方与自己形成对等的战场透明。未来的智能化战争，双方无法同步掌控共同的战场，处于对方无法掌控的战场上实施作战的一方将取得胜利。

智能化陆军的作战优势都体现在智能化陆战武器系统及其带来的技术、战术超越。智能化陆战武器系统本质上仍然是根据人指令行动的工具，在人已知知识、经验与设定的行动模式框定范围内行动。智能化陆战武器系统能够归纳，还能演绎。可以自主校正，通过对自我行动或者模式进行自主改善，确定新的感知、机动、打击和规避、通信等行动。总之，智能化陆战武器系统初步具备了人脑的意识、感知和判断新环境、优化行动的能力。

正如精确制导弹药和隐身飞机是颠覆“集中兵力”这个千年战争制胜法则的“奇点”一样，智能化陆战武器系统将是颠覆信息化战争致胜法则的“奇点”。“远程”“精确”“体系”即将被“广域”“自主”“定向”取代。智能化陆战武器系统可以随意在各种模式设定之间切换，适应不同的任务行动与战场环境。

任何战场都是残酷的高危环境，即使是训练有素的军人，走上战场后也非常容易出现紧张、胆怯、失忆、疲劳、昏厥等心理和生理问题，从而无法正确使用武器。智能化陆战武器系统不会出现紧张、胆怯、失忆、疲劳、昏厥等心理和生理问题，能够全天候、长时期根据程序和设定的模式自动作战。战场上需要庞大的后方保障。一个飞行员驾驶战机执行任务，需要 16 个人负责指挥引导、机械维修、医疗等各项保障事务。拥有自主感知、行动与修复功能的智能化陆战武器系统无需大量人员保障，从而节省了人力，也减少了设备承载量，使作战力量更加精干和灵便。智能化陆战武器系统省去了许多与人有关的设备与行动环节，将颠覆现有的指挥控制、后勤保障、部队编成等模式，从而颠覆军队的领导管理模式、教育训练模式等各个领域。

智能化陆战武器系统的新型材料能够对抗核生化及其他污染和毒化物质的侵蚀与伤害，导致未来核生化等军事手段的政治效应发生改变。比如，毒气无法伤害智能化陆战武器系统。当智能化陆战武器系统成建制、规模化成为主导性力量时，意味着地形地物、天气、水文等的影响被降至最低，地雷和人工障碍也无济于事。战场构建将发生变革。

智能化陆战武器系统体积变小甚至可以根据战场情况改变外形，并拥有超强的机动能力、融入所在环境的能力（比如调节温度使热成像夜视仪失效）、隐身能力，对抗日益先进的探测技术能力日益增强；使用起来不仅最大限度地避免人员伤亡，更加重要的是，有利于绕开国际、国内政治与法理制约，快打快撤快控实施越境行动，减轻“入侵”道义责任。智能化陆战武器系统推动改变了国际法中关于“武装力量”“武力威胁”“侵略”“领土”“领空”“领海”“主权”“自卫权”等多个重要问题的定义。

国际法适用于国家与国家之间的政治、经济与文化等各个方面在政府、企业与社会领域内的互动，面对不受国际法约束的恐怖势力、极端势力，却成为反恐行动的束缚。比如自卫权概念，《联合国宪章》规定国家在受到武力攻击时具有自卫的天然权利，并没有规定自卫权力行使的对象如何界定。恐怖势力和极端势力通常跨国存在，所在国并没有参与或者至少没有直接参与恐怖活动时，越境进入所在国领土实施反恐行动，有悖于尊重他国领土主权的基本原则。显然，这样的规定无法适应恐怖势力和极端势力存在与活动规律。

智能化陆战武器系统越境行动可以避免军人越境行动带来的国际法限制，缓解政治压力。但是，智能化陆战武器系统缺乏准确辨别、法理界定恐怖分子与平民的能力，令其面临着伤及无辜的道义责任。

智能化陆战武器系统可同时向各个方向进行无遮挡的可视化探测，也可以在静止或者机动中使用各种长短距离打击武器，更可以与有人化陆战武器系统或者部队协同，随时变换协同对象与协同关系。

有人部队之间的协同作战或者军种间联合作战，受到人的主观意志、情感、经验差异、默契程度的影响，智能化陆战武器系统之间的协同作战或者联合作战，减少的人为因素的干扰，在自主情况下实现信息感知与共享、决策优化与同步、编组灵活与实用、行动实时与精确。智能化陆战武器系统甚至可以与单兵协同进行战场观测、侦察、预警、火力打击等，帮助单兵观察人生理极限无法触及的观察与射击死角。

智能化陆战武器系统不是各个单项功能要素或者组件的融合，而是各个多项功能或者组件的融合，在各个指挥层级和作战要素单元上的高度融合，突破了作战模块的单项功能限制，扩大了多项功能的作战集群效应，不需要依托现有的、庞大的陆海空天电网等安全漏洞百出的体系。

智能化陆战武器系统可以凭借超强的抗毁伤能力、运动平衡能力主动适应复杂的战场环境，或者由士兵在远程中操作控制来适应复杂的战场环境。智能化陆战武器系统可携带远程火力、近程火力和轻重兵器，直接感知、直接打击，无需招唤其他支援，主完成目标识别、定位、打击、评估。精确化和瞬时化的行动不仅最大限度地减少附带损伤，还替代了许多原来需要靠近敌人才能达成目标的行动，从而降低了己方军人面临的危险，提高了作战的效费比。

智能化陆战武器系统能够克服阻碍人观察和行动的障碍（如建筑物、街道拐角等），甚至可以实现无障碍机动、无遮挡探测、无限制打击。值得注意的是，无限制打击并不代表忽视“选择”，而是基于政治控制的需要，根据目标性质和对战局的影响，灵活变换与控制行动强度与限度，从而使对手处于被动应对之状。

智能化陆战武器系统利用机动性能和负重性能，可对高度机动作战的有人部（分）队甚至单兵，进行实时伴随的保障与支援。如跟随小分队行动，帮助单兵背负非直接使用的陆战武器系统、食品等，减少士兵在机动与作战中的体力消耗。比如，美国波士顿军火公司制造了一种动作非常灵活、运动平衡性强、适应多种坡度与拐角机动的机器狗。当它添加能量后，可以在负重 180 公斤的情况下，连续高速机动 32 公里。并且，它还携带有先进侦察与通信工具，对战场环境四周具有较强的感知能力。一个“机器狗”可以支援一个小分队一昼夜连续作战。

智能化陆战武器系统可以自动识别语音、地图和草图，并能在一定距离内对各个方向进行可视化感知；无须在每一步骤的作战行动中接收指令便能遂行机动、选择打击武器与行动，既包括精确和智能武器，也包括一般性非致命性武器。

即使拥有众多高机动性的先进巷战兵器和训练有素的陆战部队，其指挥系统、后勤系统、主要陆战武器系统甚至指挥官的安全，也会在难以察觉的智能化陆战武器系统面前显得极为脆弱。

未来，价格低廉、能够适应多种天气机动甚至飞行、可透过密集建筑物自主感知和选择目标进行打击的智能化陆战武器系统，成为城市作战的“杀手锏”，“四两拨千斤”的打法足以决定整个城市作战的战局。智能化陆战武器系统的获得和出现，令判断城市作战能力强弱的标准和逻辑就此颠覆。

反恐作战使普通市民和村民均陷入危险。但是，令他们陷入危险的是混入他们群中的恐怖分子，而不是反恐军事力量。反恐作战中，智能化陆战武器系统使军人必须冒生命危险深入“虎穴”的任务急剧减少。随着智能化陆战武器系统持续机动能力、精确打击、杀伤能力、自主控制能力增强，城市区域的智能化和大数据管理系统的普及使普通市民和建筑得以被识别和感知，恐怖分子只能在日益稀少的村落和山洞中混入人群，才能实现无法持久的安全。随着覆盖范围广泛的地理信息系统运用，智能化陆战武器系统能够及时感知村落和山洞目标的变化，恐怖分子能够生存与躲避的地方越来越少。

陆军智能化指挥优势与智能化时代的指挥艺术：预见性、远程控制与基于人性的创造性

人工智能技术对国际法的打破和对作战规则的颠覆，使未来的战争将难以区分交战状态抑或是停火状态，更难以准确界定战争的开始与结束，政治家和前线将领控制和解决危机与战争，并不取决于控制打击目标对战局的影响，而是取决于控制作战行动持续时间来驾驭战局。

信息技术性能的巨大飞跃，使实时获取战场信息的能力成为火力、兵力、机动力等发挥作用的先导。因此，能够高效处理战场信息的指挥控制系统不仅是战斗力的倍增器，其本身就是作战能力构成的物质基础。

陆军信息优势不仅使之可以先敌发现、先敌开火，更加重要的是，当陆战呈现近战胶着之际，信息优势可以避免巨大伤亡与消耗。信息优势代表比对手更加快速和全面地感知战场。陆军使用先进的侦察、通信和监视手段，可以使之在恰当的时间和以恰当的方式，向执行任务的部队下达指令。同时，陆军还可以利用信息优势，破坏和扰乱对手战场感知能力，致盲对手。

陆军发挥信息优势的物质基础是信息系统。信息系统的出现缩短指挥周期、加快作战行动，通过催生指挥革命，导致作战方式革命。指挥员通过先进的信息系统实时获取战场信息，比对手更加快速、准确、科学地预测战场发展，使下级指挥员及时领会意图和判断战场形势变化，实现上下级实施同步行动。

然而，“兴一利必兴一弊”的规律在科技领域内作用非常强大。先进的信息系统加快作战节奏，有利于意在速战速决的一方。但是，当信息系统获

取和处理的信息超过一定数量限度时，面对海量的信息，指挥员容易陷入思想的混沌和犹豫不决，反而容易忽视和遗漏战场信息中的关键信息。更加严重的是，上级指挥员可能凭借海量共享信息，过细、过多干预下级指挥员，致使部队行动混乱。

基于信息化指挥的优点和缺点，陆军智能化指挥应时而出，使指挥员能够精确感知战场的范围、限度与方向，而不是不加选择地使信息泛滥成灾。智能化指挥最大优势是提高了预见的时效性与准确性，将战场信息对各种行动可能的影响、敌方如何应对、我方应对效果等各个方面的预测结果快速呈现给指挥员，避免指挥员疲于应付意外情况而处于被动境地。尤其是在关键性作战细节上，指挥员无须经过烦琐的经验式推理与逻辑性分析，就可以提高衡量利弊的时效。

艺术是对经验的超越，而不是重复。显然，按照已知经验设定行动模式的智能化武器与指挥系统无法超越人的想象力。

智能化陆战武器系统自主实施目标识别、探测、跟踪与定位，透明的战场意味着失去了培养和激发指挥员智慧和想象力的“土壤”。他们只是变成了作战行动模式的设定者和操作者。智能化陆战武器系统只能按照人设定的模式行动，而无法根据每一次行动来积累经验从而形成新的行动能力，适应不断更新的任务环境、提升执行新任务的创造力。它只能适用于被事先设定的行动模式中。

战争是双方作为活的力量的对抗，无法在固定时间、固定的空间里遵从固定法则。智能化指挥控制系统无法辨别信息的真伪、全面性程度、表象与本质。指挥员判断战场态势无法避开自我主观意志对战场信息的限定与量化。

智能高低的标志是单位时间内考虑到的因素的数量，并将各个因素可能造成的影响进行排序。未来战争中，政治驾驭战术行动越来越频繁，指挥员需要考虑涉及到的政治性因素越来越多，而政治性因素（如道义感、舆论形象、法律约束、人权、市场、士气）无法像街道、建筑物、天气、武器那样显示在智能化指挥控制系统中。

智能化时代的指挥艺术仍然需要人根据经验，创造新的指挥方式与作战方式。战争的本质永远是人之间的对抗。人是战争的主宰者，战场永远无法“透明”，只是隐蔽方法的改变。

指挥艺术是在每个战场、每个机遇、每个天气、每个危机时刻中，把握人性的艺术。着眼于人性的指挥艺术将在未来战场上完美展现。智能化时代意味着人性的传承与演进，新的令人捉摸不透的人性也随之出现，等待我们去发现与挖掘。

指挥员不能指望在完全透明的战场上追求胜利，而是指望依靠天然人性中的经验和判断力追求胜利。指挥员应当尊重和保护人性中的积极因素。因此，作为智能化指挥基础的智能化战场信息运作能力，首先需要具备自动识别己方人员和武器的性能，其次才是对战场环境感知的能力，如对城市中街道和建筑物、野外丛林、沙漠、河流等现实战场可视的能力，最后才是确定敌对性目标的能力。识别敌对性目标，不仅包括确认被识别目标的威胁程度及其在敌人作战体系中的地位作用，还包括它们对战场中各种地理要素、人工建筑的利用，以及对作战行动的影响。

智能化战场信息运作的实质是先于对手直观感知战场，或者令对手无法直观感知战场，即战场信息主导能力。直观感知战场能力并不取决于单位时间内获取的信息量，而是取决于对特定目标、特定设施、特定时间节点的精确信息和实时信息的数量。因为未来陆战战场范围广阔，无须全面控制，只须控制关键地幅中的作战行动。直观感知战场只需要根据每次具体任务行动区域，聚集于有限战场。否则，难以预测的无关信息将干扰专项行动。

各种陆战武器系统是作战体系的节点，信息设备是连接节点之间的“链条”，“链条”的起点、连接点、终点的不同代表着不同的协同关系。任何两个或者多个陆战武器系统之间即使相隔万里，也能直接协同。因为智能化指挥超越了物理空间、电磁空间、外层空间的限制，将多维空间融合为“一维”空间。

当指挥控制中心的功能跨越大洋、贯通山脉，对相隔万里的智能化陆战武器系统实施实时指挥控制时，模拟人脑的智能化指挥控制手段，通过广泛分布于地球各个角落的节点，将整个智能化作战体系塑造为可再生的机械与生态系统。

远程的“脑—机”连接还可以扩展为远程的“脑—脑”连接。这意味着智能化指挥优势的一个重要方面是潜入敌方指挥人员和作战人员的脑空间、甚至敌方最高领导人脑空间，控制其判断、记忆和情感，无需进行实体性作战。

2015 年 12 月，俄军派出一支无人化作战分队，数小时内便攻占了叙利亚政府军数周也未攻占的受反政府军控制的一个重要高地。作战过程中，无人机在高地上空盘旋侦察，将敌方阵地部署与工事图片传回远在莫斯科的指挥控制中心。无人火炮接受莫斯科指挥控制中心的指令后，进行密集的火力覆盖，机器人士兵则利用精准的射击、坚固的防护快速冲向高地制高点。整个作战场面堪称科幻电影大片，并且其场景实时地出现在位于莫斯科的指挥控制中心的大屏幕上。无人机、无人火炮、机器人战士之间在由指挥控制中心掌控的信息与通信手段支持下，同步共享目标信息和战场信息。智能化指挥实施远程控制的基础是构建可视化战场，使作战人员可以实时认知威胁、目标和环境，从而高效地趋利避害、扬长避短。

每个个体人员搜集和分析信息的能力、视角与视野都存在天然性短板。人工智能系统可以打破个体搜集和分析信息的能力、视角与视野的局限性，分析预测战场态势、优化行动方案。因此，智能化指挥的本质不是对原有知识与经验的重复使用，而是能将已知知识演化为应对“未知”的能力，即设计新的情况、新的作战行动，来构建专家系统，充实知识与逻辑程序。

专家系统是智能化指挥控制系统中的核心系统，能针对专项任务利用存储的知识、数据、经验和设定的逻辑程序辅助决策。其流程是运用已知的方法或者设定的行为模式发挥已知的知识、数据、经验和逻辑程序的作用，再将感知的实时信息与存储数据进行自主性与自动化比对，从而接受、启发并创造性地运用新的方法，提出决策咨询。专家系统的实质是在未知与已知之间实现“螺旋式”递进。

专家系统的功能是对战场信息进行专业化的解读、分析，并就可能的应对措施进行自动优化。其内在每一流程，均通过实时、动态的语言交流和信息显示，对多元战场信息、多个优选行动进行分类排序，供指挥员挑选。

专家系统存储有与各种专项任务相关的知识、数据、经验与推理逻辑，自动进行感知之后的知识筛选、优化行动方案，辅助作出决策和形成行动指令。其中，知识和数据俗称为战场环境（自然、人文、社会）和敌对性目标的种类、威胁程度，还有陆战武器系统的管理数据等。经验与推理逻辑代表着以往作战经验的存储与种类因果关系、评估效益标准，即针对各种行动进行规划之前的自动分析。

专家系统能对各类战场环境信息的可信度、精度进行分类排序；各类敌对性目标的威胁程度、打击难度、所在位置及移动、毁伤所需手段进行分类排序；对使用手段的成功概率、速度、精度与行动难度、所需条件的复杂性进行分类排序；对敌我双方可能产生的影响、己方伤亡和物资损耗等进行分类排序。

智能化陆军的战场劣势：道义与智慧的限制

智能化陆战武器系统具有越来越重要的作用。智能化陆战武器系统进行先期侦察与监视、控制对方设施（如地面通信枢纽、重要建筑物、重要据点）、封锁重要地理空间、打击对方智能化陆战武器系统等不流血行动，将关系到危机中的主动权归属。

按照《战争权力决议案》规定，美国政府在海外使用武装力量超过60天，需要获得国会授权。显然，在大量使用无人机的利比亚战争中，奥巴马政府违反了《战争权力决议案》并逃避了追责。这一明显的事实预示着，智能化陆战武器系统因为减少己方军人伤亡风险，而在使用国国内受到的政治和法理约束，比起使用有人部队受到的约束少得多。智能化陆战武器系统将会日益频繁地使用，也必将吸引越来越多的来自媒体、民众、政府、非政府组织、企业、国际法庭、人权组织的关注。

任何科技进步都会产生道德争论。当智能化陆战武器系统超常的作战效果和微小的人员风险，使之成为政治家和军方高级将领眼中的首选力量的同时，相关产业链上的科研人员与工商业力量也将深受鼓舞。智能化陆战武器系统的大量使用，可能会向世人展示这样一幅景象：使用者成为强悍的、恣意妄为的镇压者，遭受打击者成为令人同情的羸弱反抗者。尽管这样的景象常常与事实不符。然而，无人机击毙恐怖分子的同时，的确造成了平民伤亡。智能化陆战武器系统对准备投降的军人或者昏迷的人，也是巨大的威胁，导致国际法遭到破坏。

当前，关于无人机作战的道德争辩喧嚣尘上，预示着智能化陆战武器系统对战争道义、战时外交带来巨大冲击。智能化陆战武器系统可能使政治家和军方忽视政治与外交手段的配合，更可能无视道义压力，反而使对手争取到了更大、更多的民众支持和舆论主动。

陆战武器系统的智能化是指运行时自主进行前馈与反馈，并完成自我控制、调节与优化。这意味着智能化陆战武器系统“一站式”完成“情报—决定—指令—评估”指挥周期和“选择目标—攻防行动”的作战周期，也意味着任何一个要素和运行环节不可或缺。因此。灵敏高效的智能化陆战武器系统存在致命的弱点：任一个要素遭到破坏或者任一运行环节受阻，整体功能可能遭到巨大损伤。

智能化陆战武器系统的本质上是一种反应式系统，即只能根据指挥员指令和战场情况的变化进行行动。由于同样的词语在不同的情绪和语境下，具有不同的指令含义，智能化陆战武器系统无法理解指挥员作为人的情感、伦理观念和政治立场；由于战场情况无法完全按照之前的作战经验和训练情况展开，被设定为特定行动模式的智能化陆战武器系统无法准确预见战场的发展变化。

高效能和低风险作战手段能够减少伤亡，这一条规律只适用于技术严重失衡的双方所从事的战争。越来越多的国家能够生产、获得无人机，智能化技术将随着全球市场体系形成和资本、技术更加快速流动向全球扩散，即使没有工业生产和产业体系的个人和组织，也可以将其越来越多地用于军事用途。

便捷而又低风险的作战手段总是“受欢迎”的。智能化陆战武器系统的发展，令攻击行动更加容易，在作出决定时受到更少的约束，使武装冲突更加难以控制。频繁的攻击行为令军人和平民的伤亡危险急剧增加，导致战争重回新的高消耗残酷时代，与作为战争终极性目标的安全与繁荣背道而驰。

浑身先进的工业与信息技术令智能化陆战武器系统拥有强大的护身利器、遁形铠甲。对抗智能化陆战武器系统，仅仅用火力实施物理摧毁，将要导致巨大的消耗。人们被迫设计出巧妙的方式对抗智能化陆战武器系统。比如，利用智能化陆战武器系统的运行模式和电子导航等系统，诱捕智能化陆战武器系统，或者直接打击智能化陆战武器系统所依赖的位于他处的系统或者节点，使之“投诚”。

智能化陆战武器系统的实用价值比完美更加重要

急需实用的手段与应对未来不确定性的手段，孰轻孰重？短期内部分地解决急需实用问题，哪怕不够完美，也比不知终点的完美的设计更加有效。

比如城市作战机器人，无须将单个机器人设计为集战场侦察、通信、绘制建筑物等功能于一身的完美作战工具。在大多数情况下，只需要它具备部分功能，如在危险地段实施爆破、在危险地点投掷催泪剂，或者在观测死角中，实施侦察即可。

如果功能过多、过于完善的机器人，从而导致价格昂贵、携带笨重，则意味着技术能力的缺失，而不是军人勇气和技能的缺失。城市作战中，人仍然是主导者，而不是机器的辅助者。

没有人能够将未来城市作战面临的情况和困难完全预想到，这个事实便带来了一个问题：谁能保证简易的机器人就一定实用呢？只有在功能全面和携带、使用方便两个矛盾之间进行平衡。

后 记

对中国及中国陆军前瞻的启思

一、从尊王攘夷到以夷制夷：中国两千年来地缘政治战略实践与思维的历史回看

中华民族传统文化中，尽管存在着令自身在近代受辱的顽固守旧的成分，但也存在着“易穷则变，变则通，通则久”的创新思维取向。中国能否在新的地缘政治博弈中占据一席之地，占据怎样的一席之地，不仅取决于自我“革故鼎新”，更取决于对世界进行“革故鼎新”的认知。

中国的地缘政治战略的实践与思维发端于春秋时期齐桓公提出的“尊王攘夷”，经历了战国时期的远交近攻、东汉末年诸葛亮的《隆中对》后，至唐宋时期，地缘政治战略实践基本是对北方游牧民族防御，明朝又因出现倭寇袭扰，开始注重海防，而明朝的海防重心仍然在岸上。直到清朝的鸦片战

争，尤其是左宗棠收复新疆时期，中国开始出现海陆兼顾的地缘政治战略萌芽。新中国成立后，先后以美国和苏联为主要对手，先后注重东南和北部。而在冷战结束后，台独问题促使中国开始注重发展海权。“9・11事件”爆发前后，西北地区的民族分裂挑战浮出水面后，中国又开始向中亚拓展影响力。纵观中国几千年来的历史，地缘政治战略的传统重心一直在陆上，即使有过海洋意识也只是短暂的昙花一现，而海洋意识中，又因为大部分海上安全举措的重心置于岸上，使海洋成为陆地的一个门户屏障。当今，走出陆上边境对于中华民族来说是一个全新的课题。

中国今日面临的陆权与全球战略问题是五千年文明历史中从未出现过的。晚清曾经所谓“千古未有变局”，其时中华民族处于衰落当中，而今日又处于更大的变局当中。当今中国正处于崛起的前夜，在这样一个历史的关口，陆权与全球战略将是对中国战略智慧的考验的全新课题。中国在设计未来之前，非常有必要以未来的角度分析中国的战略思维的传统，然后才行战略思维的超越以设计未来。

中国的地缘政治战略实践分为三个阶段：一是从分裂走向大一统的阶段；二是大一统后成为封贡体系中心阶段；三是鸦片战争至当代如何面临海陆双重压力的防御阶段。这三个历史阶段的战略思维，有内在的联系，也有所区别，它们共同构成了中国地缘政治战略实践与思维的全部。

春秋时期地缘政治战略思维的高峰是齐桓公提出的“尊王攘夷”。齐桓公任用管仲实行变法，使齐国在东周后期诸侯国中成为最强者。经济、军事实力的增强，使作为诸侯国的齐国的地位开始高于式微后仅成象征的东周王朝，受到其他诸侯国的敬畏，也受到东周王朝的礼遇。齐桓公却没有实施极端的实力政策，而是“九合诸侯以攘夷尊王”。齐国遵从秩序，而不是颠覆秩序，是中国历史上所有地缘政治战略实践中表现得最为接近理想主义色彩的和最具道德感召力的。齐国是通过稳固既定秩序来提高政治地位，而其他诸侯国由于实力弱小，担心安全，因此而务实地将齐国地位置于周天子之上。周天子的象征性地位仅因国齐桓公而稳固。齐国之所以如此，除去齐桓公尊重东周秩序之外，另外就是礼教和实力因素。争夺诸侯国中的政治领导权是建立在实力基础上的。

齐桓公的“尊王攘夷”思想具有开创性，以至于后来的宋襄公、楚庄王、秦穆公、晋文公、吴王阖闾、越王勾践的称霸战略，尽管咄咄逼人却无心破坏东周秩序，仅是通过实力与战争来争夺政治声望。

然而，战国时期却是极端冷酷的实力政策大行其道。三家分晋的结果有两个：一是秦国因为强大的晋国瓦解而地位上升。二是齐桓公等春秋霸主遵从的东周秩序彻底衰亡。

在现实政治大行其道时，实力强者反而容易陷入孤立。魏国成为战国初期最强者，但不利的地缘政治位势却令其四处树敌。魏国处于秦、楚、齐、赵、韩等国交集地带，却对所有大国都予以兵威，迫使秦割让函谷、从韩国获得大梁，在战胜齐楚等大国之后的盛气凌人使自己陷入孤立，最终在经过商鞅变法的秦国面前低下了头。魏国的教训是脱离了自己的地缘政治实际，四处树敌，陷入孤立，遭到大国的联合打击。

战国时代开启了中国历史上真正的现实主义支配下的实力政策历史。接下来几千年，像齐桓公那样遵从秩序、追求声望的博弈，彻底沦为追求垄断性政治、经济和文化地位的残酷斗争。合纵与连横由此出现。合纵连横是继尊王攘夷之后的又一开创性的战略设计。秦惠王时，用张仪连横之策，“拔三川之地，西并巴蜀，北收上郡，南取汉中……东据成皋之险，割膏肤之壤。遂散六国之纵，使之西面事秦”[司马迁《史记·李斯传》]。秦国面对六国合力抗秦，战略上从未退让、策略上又灵活进退，利用六国的自私来拆散联盟。齐国在魏赵抵抗秦军攻击时吞并宋国，令所有合力抗秦的国家之间互不信任，因而出现咄咄怪事，六国“以地事秦，犹抱薪救火，薪不尽火不灭。”[苏询《六国论》]

六国合力抗秦却没有限制六国的自私与短浅，是秦国连横之策的成功根源。秦与齐、楚位于西、东、南三个地理极点当中，均可能互相利用其他二者陷入中间韩、赵、魏泥潭的“战略机遇”。然而，当合纵成功后，齐、楚自顾扩大势力范围，继续吞并其他小国，丧失了利用秦与三晋大国对抗的机遇。商鞅变法使秦国最强时，齐楚的自私又成为秦国统一六国的帮手，不成熟的同盟实践使合纵连横仅限于暂时的策略性层面。

由此可看出，中国自古以来便疏于同盟战略的运作，精于单个实体的纵横捭阖，即使在国力羸弱之时宁愿左支右绌般的闪躲腾挪，也不愿意将同盟战略置于应当有的重要位置。其鲜明的标志就是“远交近攻”。秦国在战国时期的远交近攻，类似于美国先“门罗主义”后“国际主义”，当将周边作为不断向外进取和拓展的“跳板”时，便需要把注意力聚焦于如何制造“跳板”。决策者的战略视界不是由近及远，而是由远及近，把正确地看到“远处”当作正确地制造“近处跳板”的起点。“近处”永远是战术性目标；“远处”永远是战略性目标。全局与一域的不断转换，全局不断变成一域的历史进程，蕴含于全局者不断扩大和进取的目标。正如今日的每一个大国，周边是“一域”，全球是“全局”，“周边”战略需要全球战略来不断修正与调整。然而，当今世界，攻伐解决大国间争端的手段已经过时，影响人和令他人依赖之能力成为实力基础。远交近攻，无疑是建立在地区间互相孤立与割裂的基础，当今世界联系日益紧密一体，远交近攻，亦将违背一体化、全球化大势，使醉心于复古传统大国必将处于孤立和危险之中。

与远交近攻有些相似的是三国时期诸葛亮设计的联吴抗曹。诸葛亮之所以主张联吴抗曹，是因为刘备集团在曹操集团和江东孙氏集团面前处于弱势，必须先避免与曹操集团和孙氏集团争锋而向西发展，再遂行联吴抗曹。从整个全盘设计而言，诸葛亮可以客观而清醒地认识到刘备集团和曹操集团、江东孙氏集团的实力对比，也看到了曹操与江东孙氏集团的弱点。诸葛亮建议刘备应当联弱抗强，尤其是赤壁之战后，曹操退居北方，刘备集团与江东孙氏集团处于关系的亲密期时，以荆州为基地，向西发展夺取西川，并且借夺取西川之势，一举又从曹操集团手中夺取汉中，使刘备集团作为格局中的最弱者，却获得最主动、最灵活的位势："荆州北据汉、沔，利尽南海，东连吴会，西通巴、蜀"、"益州险塞，沃野千里，天府之土。"这意味着刘备既可以通过荆州威胁江东孙氏集团，也可以通过荆州和汉中威胁曹操集团，以西川为基地、以荆州和汉中为两翼，进可攻、退可守。当然，也可能同时面临曹操集团和东吴集团的两线同时攻击。此时的刘备集团，作为进攻的最佳位势者和防御的最劣位势者，仍然坚持在最弱势时所采取的"联吴抗曹"，显然已经不合时宜了。首先，刘备集团内部开展盲目的战略攻势。关羽丢失荆州后，刘备亲率主力又遭到失败，致使荆州丢失的同时，军队遭受重创。从关羽丢失荆州开始，似乎刘备之错误在于违反联吴抗曹之策，然而，刘备集团的本质之错误不在于与孙氏集团的关系，本质的错误在于没有合理地根据自己在格局中的位势的变化而进行相应的调整策略。其次，荆州丢失之后，诸葛亮又开始与东吴修好，即是在无法威胁东吴的情况下与之重修抗曹之盟，在已经没有曹操直接威胁的情况下，诸葛亮此举无疑是将主动权拱手交给东吴，使东吴既可与曹操集团联合孤立刘备，又可联合刘备集团共同孤立曹操。再次，诸葛亮六次主动进攻曹操集团，以弱攻强，虽能拖延曹操进攻自己，但已经丧失了恢复国力、休养生息的机会，最终也拖垮了自己。

诸葛亮的成功之处是利用强弱之势完成三分天下，而错误在于三分天下之后，仍然僵化地坚持在三分天下之前的策略，没有对联吴抗曹的策略进行适时的调整。如果刘备集团在夺取汉中后，不固守联吴抗曹，而是在东吴和曹操集团中的自我角色定位进行改变，或者主动做些许让步来与曹操稳定关系，使自己既可联吴抗曹又可与曹合力制约东吴。刘备集团如果成为具有灵活立场的枢纽，后面的战略设计便可能完全改变走向。

刘备的僵化在于夺取荆州、西川、汉中后，除非将荆州交回东吴，否则不仅无法联吴，而且还与东吴走向敌对，使曹操获得“坐山观虎斗”的难得喘息之机，恢复因赤壁战败而损害的力量。刘备集团不及时调整角色定位而陷入战略上的僵化，其后果就是使自己历经千辛万苦由弱变强后，又重新成为最弱和最孤立的一方。

诸葛亮的地缘政治思维的弱点就是固守自己的弱者位势，而忽略格局演变之实际。将刘备集团在获得汉中后的地缘政治优势丢失殆尽而劣势完全凸显。其最后分散兵力、战线过长、盲目进攻等诸多错误均源自于此。由弱者地位向强者地位迈进的大国，必定会存在诸多风险。然而，最大的风险莫过于仍然按照旧的位势来制定新的未来之策。

秦汉时期，中国另外一个重要的地缘政治战略实践是抗击匈奴。其产生的地缘政治国策思维奠定了之后抗击北方游牧民族的基础，之后历朝历代的抗击北方游牧民族以维护中原地区安全的地缘政治战略思维基本上是抗击匈奴的延续。匈奴对中原的威胁取决于两个因素：一是气候，二是中原的政治秩序。气候恶劣后，匈奴便要对富饶的中原施以抢掠；中原秩序稳定时，匈奴利用之机便几乎消失。

气候恶劣使匈奴高度依赖的草原很难提供足够的生存资源，边境城垒便成匈奴抢掠目标。中原王朝与匈奴之间的冲突根源于互取所需的贸易稀缺。虽然中原王朝与匈奴之间并不缺乏贸易，然而中原王朝出售的商品及谷物等却难以符合匈奴需要，而匈奴产自于草原的精加工商品又难成中原民众生活的大量诉求之物。所以，中原与匈奴之间贸易无法发展和文化差异，导致了匈奴永远是威胁中原的敌人。

中原政治秩序的治乱全在于中原地区内各支政治力量能否形成稳定秩序。春秋战国时，中原各国征伐不已，为匈奴所乘。但当秦始皇统一六国后，大一统的中原王朝可以集中人力、财力的优势，调集优势兵力出击匈奴。其中最著名的是秦军名将蒙恬率领30万大军主动攻击匈奴后，并在接下来镇守北部，使匈奴的威胁暂时得以消除。

然而，秦王朝衰落，刘邦与项羽争夺天下使中原政治秩序重构，匈奴威胁又开始出现。战胜项羽之后已经筋疲力尽并建立汉朝的刘邦，在白登山被困后只能开始和亲政策。当暂时的安抚匈奴变成了常态的政治习惯之后，导致了匈奴对汉朝的不断压榨，汉朝不仅要送公主给首领作为妻子，而且还要送黄金、珠宝等贡物，汉王朝的弱势并不是中原的弱势，是中原陷入混乱后的弱势。所以，当汉朝经过文景之治后，汉武帝刘彻利用先朝积累下来的财力优势，组建精锐骑兵集团对匈奴实行大规模反击。

刘彻对匈奴不仅在军事上主动打击，而且还有联合匈奴之敌的联盟战略。汉朝的联盟战略得益于两个方面，一是匈奴与周边大部分政治力量具有不同的经济形态，从而成为匈奴的抢掠对象，其中“西域诸国大率土著，有田郭田畜，与匈奴乌孙异俗”[班固，《汉书》，北京：中华书局，1962，3872页]。它们与汉朝具有相同的政治遭遇，使刘彻派出的张骞最终经历诸多风险仍然争取到了西域的外交与军事支持，而且，张骞出使西域还诞生了“丝绸之路”[丝绸之路东起长安，沿甘肃走廊往西，越过塔里木盆地和帕米尔高原，然后通过今土耳其、伊朗、伊拉克和叙利亚，最终抵达地中海沿岸]，开拓了中原王朝与外部世界的贸易。

发达的文化和经济使中原王朝将匈奴看作野蛮民族。这一心理定势一直延续，匈奴衰落西迁后取匈奴而代之的其他游牧民族也被视为“蛮夷”。这种心理定势使中原王朝对游牧民族的战略举措难以发挥自身优势，使自己无法在军事上自由选择防御抑或主动出击而丧失战略主动权。当中原王朝无法发动军事行动时，只能采取屈辱性的和亲与献贡。中原王朝无法使用各种综合手段来构建秩序，也从未想过吸纳，只是希冀将北方游牧民族排除于中原之外，其结果只能是在军事上失去主动权和无法完成文化归化中走向僵化，尤其是当中原王朝进行政权更迭前后，更是如此。

中原王朝从不缺乏战略智慧与思维，但在这些智慧与思维无法灵活使用时，只能陷入被动。当“故上兵伐谋，其次伐交，其次伐兵，其下攻城”[摘自《孙子兵法》]的智慧被当作金科玉律并被固定为“战争并非首选之策”的思维时，中原王朝实际上已经丧失了应对北方游牧民族的主动权与灵活性。

汉唐之后的中国，地缘政治战略的实践主要是构建和维护“封贡体系”。封贡体系内缺乏长期对等的大国竞争是挫伤战略智慧的最大诱因。因为作为封贡体系的中心，中原地区没有秦汉时期才有的分分合合的大变局，只有王朝更迭的旧秩序稳定后遭到破坏、再恢复稳定的“有序”循环。

长期处于中心位置的优越感，使中国地缘政治战略的实践与思维进入了智慧衰退期。虽然期间有过不少面对北方游牧之敌的军事胜利。但是，行动模式的僵化和格局的固化使中华民族的地缘政治战略思维僵化而又固化。这导致了后来封建制度的延续者，唐宋末期、元明甚至清朝面对列强时，它们战略思维中的劣根性也源自于此。

封贡体系的地缘政治战略思维主要有两个方面：一是在内心居高临下地看待周边，自觉形成自我的道德制高点。二是在文化优势心理下长期形成的一成不变的道德说教，使历代帝王将相与才子佳人们，相信凭借着无以伦比的先进文明，华夏民族自然居于天下中心。当他们形成优越的自觉心理的同时，内心中容易将异己者看成道德的叛逆者，而不是必须在内心中重视的危险对手。因此，作为封贡体系的中心，中国地缘政治战略思维的价值判断是"异族"们是否信奉自己的"道德"而非那些帝王将相认为的"蝇头小利"。非我族类其心必异，导致了空洞的道德标准，对方只要口头上的顺从，便给予物质利益。

自我固守的道德地位成为战略举措走向僵化的根源，导致非敌即友地简单处理与其藩属的关系。用旧的思路解决不断出现的新问题，因而将非己族类的所谓"蛮夷"推向对立之面。中国孤立性的自我道德的认知，使自己并非处于中心位置，也要追求别人对自己的服膺和顺从，而非力量与外交技巧的完美结合。

长期的道德固守有两个相反作用：一是在心理上形成强烈的民族认同；二是容易忽视别人的利益诉求。两者的作用就是造就了民族强大的生存意志与民众对民族统一的心理趋同，但也造就了战略视界的狭隘与自我封闭，只知个体感受，以个体感受来套用判定他人的利益诉求与心态。隋唐之后的中国，地缘政治战略思维并没有因为长期的地缘政治实践而变得丰富，这主要是中原王朝虽有更迭，但因为制度未变，而且外部威胁也总是北方游牧民族的旧威胁。

在明朝之前，中原王朝的地缘政治战略实践的焦点总是应对北方威胁，这主要有三个原因：一是两千年的王朝盛衰与更迭使中国虽然处于封贡体系的中心位置，但却并没有越来越强大，宋朝应当是中国封建历史上最有可能出现类似于西方宗教改革、光荣革命和工业革命的时期。但是，宋朝却成为首个皇帝与大臣全部被俘的王朝，国土丧失与战争致使人才精英尽失，不仅失去了尚武精神，更加致命的是思想文明与科技发展陷入停滞。

二是思想文明体系经过封建王朝不断更迭的冲击，思想文明由激发民众创造力的智慧变成了封建统治的规范，纵有个别闪光独立思考者，仍然也是经过改造后的诸子百家的延续，并没有出现对诸子百家的思想文明体系的超越，思想文明体系停滞使军事思想难以创新，总是按照先贤们的套路建军打仗，仍然将自己定位为被动防御者。

三是北方游牧民族之间的战争非常残酷，在残酷的生存环境中锤炼出来的骑兵，其机动性能和作战技能远远强于农耕生活养育的守土步军，尤其是中原王朝并没有将发明的火药大规模用于进攻军力组建上。马背上的游牧民族对中原王朝构成巨大威胁。

广大的土地、众多人口，以及悠久的文明令中原王朝总是俯视周边，并且因为缺乏一个可以与之持久抗衡的力量而没有参照时，天下中心的自我认知与道德和文化的自负使中原王朝应对外患还容易出现一个错误，即把内部王朝更迭的经验用于应对外族，用争夺王朝权力宝座的思维来确保王朝安全。在每个王朝前一两任打天下的皇帝治下，此种方式尚可在精明的统帅中使用，而延续数代后，技术与思想上的不思进取，总认为自己防卫即道德制高点思维却总是迂腐和昧于残酷现实。

中原王朝战略思维的偏见，并不仅仅存在于少数封建统治者身上，而是历史持续生长的必然，将统治范围视为利益边界的起点。秦始皇修建长城，这是大一统的开始，也是民族文化开始沉淀并稳定下来的起点。

中国地缘政治战略思维陷入了针对北方游牧民族的天然防卫者的角色定位并没有随着时间而活跃丰富。隋唐之后的历朝历代，总是将自己作为守成者而不是开拓者。中原王朝长达两千年的存在削弱了中华民族与外族交往的智慧与灵活性、决断力。以居高临下的心态对北方游牧民族，先示之于好，不成便晓之以利，最后再行军事威慑的套路，并没有足够灵活的辅之以综合运用实力资源。所以，中原王朝很难对北方游牧民族采取切实可行的战略措施，相反，最后完全与游牧民族分隔，孱弱的军力又使自己最终被吞并。

当北方游牧民族入主中原建立元朝后，中国传统的战略思维又出现一些新的特点。南宋与蒙古合力绞杀了灭亡北宋的金国之后，中原王朝直接面对的是更加强大更具扩张野心的蒙古帝国。结果不言而喻，中原王朝被并入横跨欧亚大陆的蒙古帝国的一部分。

元朝是中国历史上扩张能力最强的国家，但却成为中原王朝中最短命的王朝，其原因有两个：一是元朝统治者无法融入中原文化。尽管忽必烈有其开明一面，重视中原文化与科技，但是其继任者的战略视界与政治智慧、对权力体系的驾驭能力还不足以令蒙古王公贵族们愿意与中原民族维持文化联结的纽带。二是蒙古人无法在经济上管理中原。忽必烈为统治中原民族，需要争取人心，因而制定极低的税赋。但是，在民族矛盾催化下，经过连年对外扩张后，忽必烈的继任者无法获得足够的财政收入，支撑频繁的对外用兵。

元朝成为中国历史上首次进行海外开拓的朝代，忽必烈及其继任者却根据草原争霸和南下灭宋的经验，造船来渡海攻击日本，两次渡海进攻未果，使得中国与日本二者的心态上的差异令欧亚大陆东端的文明体系产生内部的裂痕。

忽必烈制造出了之前人类历史任何时期不可想象的大规模舰队。为了提高船员技能，忽必烈甚至还赦免海盗，使其加入舰队。然而，这一切努力并没有使日本屈服。元朝成为中国自秦朝后唯一没有北方威胁的朝代，但这是一个讽刺，因为中原在政治和军事上完全被北方游牧征服了。

日本没有被征服并不是因为强大，而是朝庭因为主要关注的是如何巩固少数的蒙古人对多数的汉人的统治。所以，在第三次组建远征日本的舰队时，当发现权力危机的苗头时，远征日本的战争准备便突然停止。

忽必烈死后，继任者不具备他那样的威信以压制少数统治者的狭隘民族主义倾向，更无可操作的政治技巧来按照中原文化、经济的本来面目来完善统治体制。虽然忽必烈的继任者恢复科举，但否定儒家文明，甚至引导中原居民信喇嘛教等，使元朝统治者失去了本来就非常脆弱的社会基础，加之权力斗争导致宫闱之乱，这些恶性循环使元朝走上末路。

扩张却无稳定的内部政治、经济、文化秩序，只是加速王朝衰亡的动力，而不是雄才大略的见证。所以，元朝之后的明朝，在短期内焕发了追求海权的活力，但仅仅是短期的。明朝如果没有郑和下西洋，那么便会真实地反映其在中原王朝历史中的地位，明朝之所以总被世人认为是中华民族实力地位的顶峰时期，原因在于开拓了海洋。然而真实情况是，明朝其实是中原王朝持续衰落前的鲜有的几个“回光返照”的现象之一。以明朝庞大的土地、众多的人口和无可匹敌的舰船，出现这种判断是正常不过的。因为明朝不可能，也没有超越唐、宋等所谓的正统华夏王朝的意志与能力。以明太祖朱元璋于1369年发往日本之诏书为例：“昔帝王之治天下，凡日月所照，无有远迩，一视同仁，故中国奠安，四夷得所，非有意于臣服之也……方与远迩相安于无事，以共享太平之福。”［明太祖朱元璋于1369年发往日本之诏书］虽是针对日本，但反映着明朝仍然以中原王朝固有的思维方式、一味以道德制高点与文化中心而定位自己与外族的关系。

军事上弱者、思维上被动、利益上对立，制造了越来越多的外部入侵的诱因。首先，明朝在朱棣成为皇帝之后，北方的蒙古威胁未除的同时，西部又出现了已经强势崛起的贴木尔集团。郑和下西洋的宣布国威之举，只是朱棣显示政权强大稳固和超越前任帝王的雄心，而不是文化和科技发展高峰时的内心自觉。

明朝是中国历史上帝王作用对国家命运更具决定性的朝代。因为明朝人为简化了发达的汉文化、完善和强化了官僚体系，造就了封建制度生命力新的飞跃，但并不是民族生命力的飞跃。

明朝经济的市场化程度比汉、唐、宋发达，但是经济发展的速度却非常滞后。由于市场的激励和由此而来的商业开拓，海上开拓只能是昙花一现，尽管它书写了中华民族史上光辉和浓墨重彩的一笔，但仅仅是单纯的政治成就和短暂的国际威望。

清朝的建立后，满族人吸取了蒙古人建立元朝的教训，建立起了较为稳固的少数民族权力体系。但是，满清安全态势的稳定使其封建制度没有任何创新。尤其是两次鸦片战争后，晚清在东部和南部等沿海受到英法压力，在北部从天山直到黑龙江受到俄罗斯的压力。

弱者总是“精于”两害相权取其轻。软弱的晚清为了尽量减少来自海陆双重压力，开始利用英法与俄罗斯的矛盾，即所谓的“以夷制夷”。这意味着中国正式加入了以欧洲为中心的世界大潮当中。中国如何以夷制夷，不是取决于自己的利益诉求，相反，自己的利益诉求取决于欧洲大国的博弈。

晚清政府开始洋务运动时期，正值英俄矛盾成为欧洲格局的中心。洋务运动激发出来的一些经济和军事成就，加上将领的卓绝的指挥，清政府利用英俄矛盾收回新疆，并利用普法战争之后法国的衰落，进行了中法战争，虽然并未完胜，但却也使风雨飘摇的晚清挽回一些颜面。

收回新疆和中法战争，意味着晚清虽然处于地动山摇的脆弱地位，但从未放弃海防，也从未放弃塞防。两次成果使海防与塞防的争论出现了二者并重的定论。晚清虽弱，但仍然要海陆并举。当然，洋务运动创造了大量的物质财富，在北部和西部暂时遏制了俄罗斯，而在海上开始发展海上力量。北洋水师成立当是中国近代史上第一支处于世界前沿的军队，指挥官要么在与太平天国战争中身经百战，要么经过先进的海外军事教育，舰队的装备与编制甚至管理，均师从于先进的欧洲舰队。

然而，尽管有一支看似令人生畏的舰队，但却在甲午战争中完败。首先，晚清将进攻性力量以消极防御的战略来建设与使用，先进舰船被当作了海上的“带刀护卫”。其次，政治集团派别斗争，促使北洋水师不能实现专业化的领导指挥。由于派系互斗，北洋大臣李鸿章只能任用自己的亲信——丁汝昌，这一在围剿太平天国陆战中成长起来的将领，担任舰队最高指挥官。技术含量极高的军队中，将领不具备专业化指挥能力，便无威信。作为最高指挥官的丁汝昌在受过西方海军强国专业教学与训练的舰长面前，没有足够的威严，致使舰队军纪松弛、腐败，军官小团体丛生等伤害战斗力的军队疾病吞噬了先进战舰的能力。最后，北洋水师的辖区只为北方海域一隅，由于无法获得其他水师的支援。晚清的近海防御体系中，各支水师只固守自己辖区，对外辖区作战甚至到了漠视的程度，整个近海无舰队协同配合，各个舰队“桩庄”式防御，使敌人有太多的可乘空间。

北洋水师的命运证明了持消极防御战略思想的军队对“和平病”的免疫力是极差的。甲午战争失败，晚清在东亚亦丧失中心地位，甚至须仰日本鼻息，中国的灾难自鸦片战争变得更大更深，中国已经彻底无法通过经略海洋来护卫陆地。

当日本成为恶邻后，晚清不仅要利用欧洲矛盾，还要利用欧洲与日本，美国与日本的矛盾，这一在海陆双边艰难中谋求生存的历史经历了晚清政权垮台、辛亥革命等，直到第二次世界大战才结束。

作为新中国的中华人民共和国成立后，素行和平与积极防御，分别在海陆两个方面上维持和平至今，而今中华人民共和国已经到了必须走向世界才能更好、更快发展的阶段，并且还面临着历史遗留的多个挑战。

纵观中国历史上的战略思维，战略理论智慧丰富，但战略思维却因为战略实践的重复而少有自我超越。

一是战略重心长期置于内部统治秩序，而缺乏在陆海双向上构建秩序，将权力简单地看成军事征服与文化传播，或者天朝大国的国威炫耀，再或者所谓的怀柔安抚，中国的传统战略思维中，对塑造海陆秩序的思考几乎一片空白。

二是从未将危机当作机遇，只是当作必须被动应对的危险，中国传统地缘政治战略思维中有勇气、决心，面对危险和困难，却不善于将危机当作动力，每次御敌之胜利，立即一味追求和平与安定，缺乏将战场胜利化为政治、经济、文化成果的实践，如果御敌战败，却总是拖延与掩盖导致商机与战败的矛盾和根源。

当然这两大弱点，不是中华民族天生基因，而是长期处于中心地位“养尊处优”，挫伤尚武开拓思想的必然结果。

中国在近代落后于西方的根源是中国没有西方国家（英法）面临的残酷环境所产生的外部压力，也没有地小人多的内部驱动力，当然在战略视界上也就一直忽视向外进取。中国的陆权一直是防御性的，这主要根源是中国内陆的生活生存条件导致的农业社会不需要中国越过西部的沙漠戈壁和北部的雪域高原。这样的物质条件导致的战略文化的历史惯性直到今天仍然没有完全消失，即使今天的中国已经感受到现有的自然条件和国际环境都“迫使”中国向外走。

有人认为郑和下西洋的历史证明：“中国 15 世纪的失败更多地是由于动

机而不是手段的相对缺乏。”[（美）伊曼纽尔·沃勒斯坦：《现代世界体系》（1卷），尤来寅等译，北京：高等教育出版社，1998年版，第43页]然而，事实上手段由于政策的束缚，最终丧失了开拓精神，民族性丧失向外开拓的动机，主要是因为自隋唐开始已经无法消灭的来自北方的外患，内心中的文化自信无法真正变成有效的武力政策和经济政策。

近代中国，中华民族在时代由相互割裂迈向弱肉强食的转变中，丧失了尊严，历经劫难。当今，中华民族又处于一个巨变的时代：即由弱肉强食迈向一体共存共融的巨变。中华民族又应如何争取新的尊严，这样的解答，最具决定意义的莫过于如何争取新的陆权作为强国之基。

有人总认为，中华民族受到上天垂青，拥有黄河长江两条巨大的水系来孕育文明，从而在中原地区，以丰富的可耕种土地繁育了世界历史上人口增长最快、密度最大的土地，几千年来，可以成为“世界中心”。但却忘记了中华民族有这一个事实，纵观几千年的民族兴衰史，在众多民族文明中，中华民族却成为王朝更迭最频繁的民族。中原地区也成为世界上少数几个治乱秩序最脆弱的地区。

因为王朝更迭频繁，秩序颠覆频繁，中华文明尽管拥有强大的生存意志与能力，但是很难实现主动的自我超越。长久的文明加上封闭的体系，使得封建统治总是示远方异类以德，施近身同类以威，这成为封建统治者的治国、治世的文化根基，也成为中国丧失陆权的根源。

当中国处于四周无法撼动的中心地位时，这条治世治国铁律成为稳定王朝政权的法宝。而当有不承认、不理解中华之“德”的西方列强（英法自海上，沙俄自陆地）出现在中华民族面前时，这条铁律却失效了。因为对民施以威无法凝聚民心国力，经过民族主义、民主主义洗礼过后的西方，认为中国既无德，也无威，中国在欧亚大陆东端陆权开始彻底丧失。时至今日，中国丧失陆权的“历史后遗症”仍然时有“并发症”的出现。

陆权在于民智、民心、民力，这是古代至近代逐渐丧失陆权的最大教训。自秦始皇统一中国开始，以中原为中心，逐渐吸纳周边而形成的中华民族，从未真正消除过来自陆地的威胁，因为农业技术落后和商业模式的稀缺，中华民族守祖先之土的意识逐步超越了开疆拓土，元清两个北方民族入主中原后，亦是守疆固边。政治控制扼杀农业经济活动，思想控制束约民众进取之心，使民众无法开拓新生事物，根植于民众的下一个王朝，因此又固步自封，固守土地而无商业进取，将商业视为异类统治，无法扩展领土，权力崩溃自扼杀商业开始。

经历曲折与辉煌的当代中国，市场经济已然成为基本生存载体，追求幸福的民智已开、民力已兴，难以满足以既定物质与精神享受来促进民力增长。中国已经到了必须超越历史的关口。

二、和平与战争的倒置：设计未来新型战争的新思维

拉姆斯菲尔德担任美国国防部长时，大力推动美军转型和作战方式变革，采纳了很多举措，其中有一条是美国空军的做法，为提升高级将领思考未来战争的能力，定期将好莱坞一些著名导演，比如，迈克尔贝、卡梅隆、斯皮尔伯格等，请到五角大楼中来进行思想交流，主要是讲解他们是怎样设计影片中战争场景的。这不由得使我产生这样的思考：一支强大的军队，眼光始终是盯着未来的，即不断以新的思维方式和新的视角来对未来战争进行设计，根据对未来战争的设计，来牵引技术装备、更新作战思想与理念、优化军队编制体制等军队建设，而不仅仅是简单地通过总结和研究已经发生了的战争，来确定未来军队怎样打仗、怎样建设。

未来充满不确定性，给人们提供了无限的遐想空间，深思未来战争，重点不是确切描述，而从历史与未来、思辨与逻辑、矛盾与耦合的本原性因素，去摸准它的变化方向和轨迹。眼睛盯住未来，对于我们而言，就是要在思想善于创新致胜机理，以新的致胜机理来推动作战方式变革、作战手段和作战思想的更新，使我们不断具备别人没有的新的能力，和平时期可以令对手来跟随我们而应接不暇，战争时期，我们则能令对手措手不及。所有的战争历史已经证明，用别人独创的作战方式很难战胜别人，而以别人没有的作战方式战胜敌人才是“性价比”最高的方式。

人类的历史就是两条主线，一是思想文明的历史，二是科技文明的历史。思想文明的前进是人类认识世界的主观成果，科技文明的进步是人类改造世界的客观力量。当然，思想文明和科技文明也是人类控制世界和创造世界的巨大动力。思想文明决定了战争的目的，科技文明决定了战争手段。

《战争论》和《孙子兵法》的伟大之处不在于被学习者熟读后便能解决所有战争的问题，而在于它们深刻而简明地指出了战争的本质。所以，建立在正确的逻辑起点的它们，比其他理论、思想更具生命力。

《战争论》认为战争是政治的继续，这有两层含义：一是战争被包含于政治，二是先有政治后有战争。前者是从属关系，后者是先后关系。政治的

根源就是战争的根源。当我们把政治深深地根植于人性当中时，个体的生存需要导致了个体渴望控制，而个体对控制的渴望导致了竞争。从本质出发，战争无非是人的竞争的群体化。

《孙子兵法》先是比同时代的理论思想更加深刻地看到：“兵者，国之大事，死生之地，存亡之道。”又看到了“兵者，诡道也。”战争是关乎国家命运的大事，战争需要“诡道”。前者说明，认识战争，必先认清战争的地位和价值，后者说明，追求战争胜利，不仅需要具有对手难以预料的方式，更加需要的是比对手更加发达的头脑。

当我们把它们这两个东西方关于战争观的集大成的思想进行综合后，不难发现，如果把从人类远古至今的战争观投射到未来时，越是对战争理解越透彻的军队，越容易获得未来战争的胜利。正如，我们对历史能够看多远，对未来就能看多远。

从某种程度看，当我们以历史回顾者的眼光认识战争时，那么战争就是人类争夺对世界的控制权，而我们以未来者的眼光来认识战争时，每一次战争都成为人类历史前进的分水岭，战争之后的时代都完成了对战争之前的时代的飞跃。

所以，当我们面临着如何打赢未来的战争时，必须克服单纯地回顾历史经验的眼光，而是通过回顾历史经验来创造新的时代。未来战争的胜利者属于正确地预见到未来的时代和对未来的时代具有更大的创造力的那一方。

把握时代大势是所有强大军队的共同特征。谁能准确洞见未来，就拥有未来，而错误地预测未来，便会失去未来。当时代行进至信息时代，作为一支大国的军队，必须自问是否准备好了打赢未来的战争。那么未来的战争到底是什么样子，我们怎样来打赢？这是任何一支大国军队必须解决的两大历史性课题。

我们应当站在历史与现实的长河中看待未来。恩格斯说过：“任何事物都是因为时代的需要而出现。”理解未来的战争，必先理解未来的时代。而理解未来的时代，又取决于我们怎样来看时代发展的客观规律。

每一个时代都存在这样两条并行不悖、复杂交织趋势：一是碎片化趋势，二是整体化趋势。自从石器时代至农牧业开始，人类所有的科技发展和思想文明进步，都是从碎片走向整体，而每一次社会革命又是从整体走向碎片的过程。

所谓碎片化过程，就是不断出现各个专业领域的划分。在石器时代和农牧业时代，没有专业化的政府、军队和企业，有的只是推行部落分工的首领和农战一体的民众，而到了今天，政治、经济、军事、文化、社会领域开始出现专业化机构与力量。在每个领域内都不断出现专业化的创新成果，如政治方面，逐步完善了法律和政府，在经济方面，有了不同产生职能的企业与金融机构，在军事方面，有了高度技术化和专业化的军队，在文化方面，又出现了各种不同的文化专业。所谓整体化过程，就是各个领域在自身不断专业化的同时，各个领域间也开始互相融合和交织，界线日益模糊，当然值得指出的是，不是没有界线，而是人们对“界线”的认识落后于不断融合交织的速度而导致了以传统的界线观念来认知新的界线。

战争形态和作战手段也由此演进。从冷兵器时代的生产工具与作战工具同一到工业时代的作战工具与生产工具开始专业化划分的过程，战争有三条历史铁律动：

一是战争目的逐渐由“物”偏重于“人”。 农业（畜牧业）时代的战争，敌对双方为了“肚皮”而大量使用冷兵器对对方有生力量残杀，最终目的是为了获得粮食、水源等生存的基本物质条件。战争双方着重运用自然资源（人口、粮食、土地）进行对抗。

工业时代的战争，双方大量使用钢铁铸造的装甲集群、航母舰队、大规模轰炸机群等武器攻击对方军队、能源系统、工业体系、交通设施、中心城市乃至自然人口，着重将自然资源（人口、粮食、土地、石油、矿藏）和社会资源（政府组织效率、结盟规模质量、科学技术水平）并重使用。

信息时代的战争，敌对双方广泛实施非线式、非接触作战，非对称作战直接打击敌方领导机构、指挥控制中心、信息枢纽和战争意志等战争体系的重心目标，将物理打击与心理震慑相结合，迫使对方就范。着重是自然资源、社会资源和信息资源（社会认知、思维方式、利益需求等）运用的有机组合，控制信息资源，影响敌人的认知、思维方式、行为规则。

战争发展的轨迹告诉人们，不同的时代，战争资源的内涵和组成结构不同，随着社会形态的发展而不断丰富发展。但无论哪个时代的战争，自然资源是物质基础、社会资源是组织方式、信息资源是高级阶段，战争双方围绕拥有和使用战争资源而展开的控制与反控制，技术手段的发展变化改变不了体现战争本质的行为方式，控制与反控制的斗争在战争中具有永恒的意义。

这条历史铁律，告诉我们，追本溯源，战争的原理存在于人类思考与活动的基本原理之中，谁能更加深刻认识“人”，谁就能掌握战争的制胜之道。战争的对象是人不是物，那么技术运用的对象是有血有肉、既有感情也有理性的人，而不是无意志的永远处于被驱使状态下的物。战争本质的最高境界是控制人，战争科学的最高境界是控制战争。

二是战争的双向矛盾日益明显。人类自进入文明时代以来，战争规模越来越大，参战的军队和卷入的人数越来越多，破坏性越来越烈，战争的原因和性质越来越复杂，对人类社会生活的影响也越来越深和广，也就是说，存在着一种战争越来越剧烈的趋势。但与此同时，人类战争历史运动中还存在着另一种趋势，即随着人类社会的进步，战争作为一种工具、一种手段，它在被利用的同时，又受到越来越多的制约和控制：战争的自由度在下降，战争的伤亡率在下降，战争向着约束大于自由的方向发展。

三是战场空间不断扩展和交织。空间是事物存在的基本载体，任何战争都是在一定的空间范围内进行的，战争的空间形态，实际上是科学技术在空间上的延伸形式。从陆、海分割战场变成“一战”之前的陆海一体战场，从二维战场变成立体战场，又变成了今天的陆海空天电网一体战场，战场的扩展与交织，既是作战工具不断在科技进步和生产扩大的基础上的必然，也是人们，尤其是军队不断要战胜对手，获得和巩固强势地位的需要使然。随着信息时代的到来，战场空间不仅涉及到陆、海、空，而且还进入了外层空间和网络、电磁领域。以制信息权为前提，以争夺制太空权、制空权、制海权、制陆权战争演变的历史告诉人们，战争往往是在多个的空间内行动，而空间又交叉甚至重叠。未来的战争就是避免过于突出或偏重某一个空间，强调的是综合控制战场空间。主要是通过确定点状、面状、线状、体状的空间，来完成军事力量的部署与展开，使各战场空间的局部行动之间有序配合，并且控制战场空间的变化，适时拓展或压缩战场空间，充分利用战场空间，不使任一空间领域“闲置”而为敌所趁，确保各种空间领域形成一体，形成战场空间的整体优势。

其一，凡是开辟新战场成功者胜，开辟新战场失败者负。

战争的战场不断拓展，胜利者都是利用了失败者在没有涉及到的战场空间内取得胜利的，而失败者总是在阻止了对方拓展战场空间而取得胜利的。在陆、海平面战场时期，作战胜利的一方，攻者总能在对手的后方和翼侧开辟新的战场，一击而胜；守者总能通过打破一路攻击力量，从而避免陷入包围而胜利。进入工业时代后，胜利者总是属于在新兴技术支撑下开辟新型战场的一方。英阿马岛战争中，英军在美国侦察卫星、通信卫星的支援下，对海、空战场一目了然，反观阿根廷军队只能通过传统的技术手段，甚至是人力手段进行侦察与通信，相对于阿根廷军队，英军的力量主导了阿根廷军队没有能力进入的外层空间。

其二，能够有效扩大战场或有效缩小战场范围的一方总能占据主动从而取得胜利。

科学技术的发展，敌对双方之间从近距离到远距离，直到超视距，远战能力强的一方可以利用早于对方发现目标、早行动者优势，先行出手，通常能够获得主动。在古代，弓箭手比手持长矛、大刀的步兵主动，在现代，在远程侦察系统支持下的航空兵、远程炮兵要比坦克、装甲车等更加有价值。如海湾战争中，除政治主动、地形有利等因素外，美军取胜的原因是能比伊拉克控制范围更大的战场，它的地面部队装备有大量武装直升机，坦克射程也比伊拉克军队远，美军能够在 100 小时地面作战中打得到伊拉克军队，而伊拉克军队始终打不到美军。

但是，能够控制战场并不能在任何情况下保证取得胜利，如果对手使用谋略和技术手段，有效利用地形，激发精神士气，将战场控制在有效的范围内，同样也可以取得胜利。比如朝鲜战争中的中国志愿军，缺乏飞机、大炮、反装甲兵器等远程打击力量，但是能够利用夜暗、朝鲜起伏的山地，并在激发出来的保家卫国的高昂士气的支撑下，和美军打近战，灵活运用坑道战、攻坚战、包围战等战法，打近战，缩小战场空间，限制了美军远程打击力量的作用，取得了胜利。

其三，控制更大战略空间的一方总是胜利者。

在工业革命以前，控制陆地，便成为世界上的霸权国，罗马帝国、秦帝国至明王朝的古代中国都是所有国际体系的霸权国家，因为人类生活资源集中在相对封闭的大陆区域内，所以，能控制更大的陆地范围的国家都成为当时的霸权国家。

工业革命后的工业化时代，控制海洋，便最终取得了战争的胜利。英国和美国，分别战胜了挑战自身的大陆强国，如路易十四时代和拿破仑时代的法国、威廉二世和纳粹德国，因为海洋的战略空间更加宏大，控制海洋可以控制更多的战略资源，将战略资源用于战争中，可以形成压倒性的力量优势。

从冷战开始以来直至信息时代的来临，全球化进程的加快，航天技术、网络技术、交通技术日新月异，取得战争胜利都是在战略层面上既控制了目视空间，又控制了物理空间和虚拟空间的一方，太空、网络、电磁等战略空间的优势带来了不可逆转的胜势。

无论远战，还是近战，无论是传统战场，还是新型战场，胜利者均是将控制战场的技术与艺术结合得最科学，而且能通过控制战场，来形成优势的军事资源或巧妙使用军事资源的一方。

从这条历史铁律中可以看到，每次出现新的战场时，那些新型战场都成为了具有决胜意义的制高点，而新型战场的出现，不是对原有战场的彻底否定和完全摒弃，而是对原有战场形成优势的累积与叠加。也就是说，赢得未来战场，就必须从现有战场的基础上开拓新型战场。

我们要用前瞻的思想来设计战争。赢得未来的前提是思想上领跑。思想上的领跑者，才能成为行动上的领先者。科学的设计未来，比对手站得更高、看得更远，也是打赢的最高境界。前瞻未来造就强者，历史上的强军（包括以弱胜强后变强的强军）无一不是注重设计未来的战争，从而主导战争。它们都善于把握战争发展的大势，超前科学地设想战争模式，提出战争思维，再根据本军队面临的战略形势，制订具体的作战计划、研制装备新型作战手段（武器系统）、实施先进教育训练提高军人素质、预置建设可靠的战场、制定战争规则，战端一启，便迅速控制战争走势，可以说，强者胜在战前。

弱军通常是偏重于战争的一个方面，或者侧重应对具体任务，忽略基础战争能力的建设，以致于出现了许多“短板”；要么过分突出技战术水平的提高，而忽略了战略层次上的整体筹划，以致于迷失了方向，赢得了战役、战斗却输了战争。从根本上说，弱军之所以弱，是弱在整体控制能力上，没有从最高层次上来锻造驾驭战争的头脑与行动能力，而是偏重于提高如何应对具体问题的手段，殊不知，这只能在战争的思维、战争能力的使用上处于被动应付的地位，主要表现是：

一是在平时热衷于“跟风”式地进行战争研究与准备，不顾战争的对抗性规律和自身的具体情况，沉迷于战争中具体作战手段和战法的创新与运用，缺乏深刻和系统的分析研究，处处仿效别人，作战只能“亦步亦趋”，殊不知，胜率高的军队几乎每一次取胜的方式都是不一样的。

二是受囿于具体行动的设计与运用。战争目光受限，只知谋“术”，不知谋“局”，获得暂时性战术性的主动权，却丧失了战略上的主动权，甚至因为道义上的“低门槛”成为战场上的孤家寡人。例如，纳粹德军，拥有技术装备优势、战术理论优势，在欧洲战场基本上都获得了主动权，但却在道义和战略上陷入空前孤立，最终所谓的“强军形象”只能是表面的。

强者的思路是设计战争，才能主导和打赢战争。强者总会比对手更加注重考虑“未来的战争”，就像优秀的运动员总会在比赛前设计好比赛，对于可能出现的情况进行预置措施，才能在比赛中保持优势和主动。

纵横古今中外，中国不乏设计战争的典范，毛泽东在艰苦卓绝的斗争环境中，写出了《中国革命战争的战略问题》《论持久战》等指导中国革命和反侵略的鸿篇巨著，其中的“游击战16字诀”“抗日战争三阶段论”“把游击战提高到战略地位”等被经过严酷的实践考验的著名论断无一不体现着设计战争的思想。

我们要看到未来的战争制胜机理，因为在未知领域内的智慧比技术重要。真正的智慧总是在盲然中体现的。智慧总是属于能够处理未知领域之人。因为当处于未知领域中，人难免盲然。

新的战略在技术的催化下会产生这样一个效果：少即是多。在当下的技术泛滥的今天，弱者只要拥有一些少许的技术便可以抑制强者，因此，技术化程度低的军队不可能，也没有必要与技术化程度高的军队比拼技术装备的规模、体系，它们更加注重的是战略设计，对战场的利用。而且随着知识和经验的累加，弱者越来越多地思考对战争的设计和对战场的利用，并发现强军的弱点，计划也越来越周密和超前，这些极大地增加了以弱胜强的可能性。对于追求战争胜利而言，战争技术永远不可能超越战争智慧。围绕技术的弱点和盲区设计战争和寻求有利条件，往往产生极具智慧的制胜之术。从现在准备未来战争的立足点不仅是技术，而是对技术的正确认知，不是要否定技术的作用，而是要突破技术优势对思维带来的局限。

真正的战争智慧不会被历史误导，而是利用历史的规律。每当新技术出现并运用于战场时，人们总是容易惊呼，战争又开始发生革命性变化了。其实，革命性变化的不是技术，而是因为技术的变化，带来的思想、组织和行为方式的变化，如果没有系统性的变化，新技术反而成为一种桎梏。这种桎梏，束缚了人们的思维，认为一旦否定新鲜技术，就意味着落后，而忘记了利用的技术优势的并没有冲击，也不可能冲击战争是活的力量的对抗的这一根本事实。毛泽东、胡志明的游击战，之所以成为以弱胜强的典范，他们的对手固守优势的思维束缚“功不可没”。弱者追求你打你的，我打我的，战场不遵从你的规则，我不跟你玩，但你的规则不被我遵从时，你就会被我玩。

战争的规则是双方斗争互动的规则，规则从来不是被一方制定的，智者制造自己的规则，使敌人遵从，而不是被敌人的规则牵着鼻子走，在哪里打、什么时候打、怎么打，我要说了算，你在哪里打、什么时候打、怎么打，我不奉陪。

平庸的军队缺乏的不是技术手段，而是思考力，以及比对方创造和利用避免失败并走向胜利的机会。真正的优势不是固守自身的特长，也不是完美地追求使自己毫无破绽，而是使敌人永远不可能找到自己致命的弱点，并且能够发现和利用敌人的弱点。历史上每次伟大的胜利都是思想和智慧释放了最大的能量，而每次惨痛的失败无一不是因为愚昧、僵化、保守的思想限制了能量的爆发。

未来战争的决胜战场将是“自然生物－人体意志”的一体战场。我们总是说，我们处于信息化战争的门槛时代。现有的和前沿的科技表明，我们目前的战场是陆海空天电网心多维一体的战场，然而，未来呢？未来的战场又是什么形态。要搞清楚未来的战场，必先搞清楚现有先进技术的局限性。现有科技只是自然生物功能的物化延续。比如，潜艇是人模仿海洋生物，飞机是人模仿鸟类生物，坦克是人模仿猛兽，无线电和声纳等是人模仿动物传递信息。而跨时代的网络和航天器等仍然只是这些传统技术的扩展和延续，并不是它们的跨越。未来的跨越是将这些自然生物功能的物化成果，脱离人的本体操作而自动进行。即两大合为一体的战场：一是陆海空天电网心等现有传统自然生物功能的对抗。二是超越自然生物功能的人体意志的对抗。人体意志在战场上的反映，不是进行战争的毅力和决心等情绪化因素，而是人的思维方式和价取向。前者的那个战场容易理解，而后者的战场却是一个未来容易忽略的战场。传统的心战是通过诱骗和威吓来使敌人作出自己期望的判断，而未来的战争是直接通过影响和控制人体思维器官使人作出自己期望的思考。现在，在政治上有和平演变，那么未来，在军事上就是战场突变。未来的战争，战场不仅在陆海空天电网心等传统领域展开，还将是对于人体意志的争夺，或者直接就是控制人体的思维器官。

目前，对于未来的战争两种似是而非的极端观点，一是战争可控化增强，即战争随着人类社会更加文明而更加文明，战争的规模有限、目的有限、手段使用有限，所以，战争的根本目标是将敌人变成朋友。二是因为战争全领域化，所以战争在所有领域内均不同程度的地存在。随着国家利益日益趋同，尤其是大国之间，存在核武器具有互相摧毁的能力，大国间战争更多地表现为非暴力性，甚至认为战争以后没有“流血”。这两种观点有一个共同的错误：即忽略了战争的特殊性，前者只看到了战争背景的变化，而没有对战争的本质进入深入认知。后者，将人类社会中的战争与非战争混淆。战争是常见的特殊之态，但不是人类社会的常态。作为对抗性博弈的人类活动方式之一。战争的本质就是代表着暴力，只是因为技术和文明的变化，暴力的表现形式也随之变化而已。战争的根本目标固然是和平，但并不是所有战争参与者都抱着和平的目的来从事战争。如果我们认为战争目的的和平性因素超过了对抗性因素，那么无疑是帮助敌人，使自己的战争进程与手段的运用被敌人牵着鼻子走。战争仍然具有长期性的极大可能，美国发动的阿富汗战争和伊拉克战争便是明证。当今的乌克兰危机和打击伊拉克境内极端组织的战争，断断续续仍然是长期化的作战行动。战争不可能在全领域内进行，国家间的关系已经非冷战时的零和博弈状态，国家间亦敌亦友，战争爆发时，交战国也许在其他领域内互相“握手”。这种情况，将会是常态。

所以，那种认为军队将“消失”和完全“社会化”的观点，并没有切准社会的规律，也没有切准军事领域的规律。未来仍然需要一支具有高度专业化技术装备、具有特殊的社会地位、严密的组织与坚定的价值观的军队，只是军队的组织结构、军人构成成分、军事思想与理论、军用资源的使用与更新等方面，将更多地侧重于适应并推动人类社会的多元性和开放性。